Eckstein · SPSS-Arbeitsbuch

Eckstein · SPSS-Arbeitsbuch

# Peter P. Eckstein

# SPSS-Arbeitsbuch

## Übungs- und Klausuraufgaben mit ausführlichen Lösungen

Unter Mitarbeit von
Monika Kummer und Rudolf Swat

**Prof. Dr. Peter P. Eckstein,** lehrt Statistik und Ökonometrie an der Fachhochschule für Technik und Wirtschaft in Berlin.

**Die Deutsche Bibliothek – CIP-Einheitsaufnahme**
**Ein Titeldatensatz für diese Publikation ist bei der Deutschen Bibliothek erhältlich.**



ISBN-13: 978-3-409-11593-3     e-ISBN-13: 978-3-322-86927-2
DOI: 10.1007/978-3-322-86927-2

## Vorwort

Das vorliegende Arbeitsbuch ist eine Zusammenstellung elementarer und anspruchsvoller Übungs- und Klausuraufgaben zur angewandten Statistik unter Verwendung des Programmpakets SPSS 8.0 für Windows in der deutschen Version. Das SPSS-Arbeitsbuch ist das Ergebnis einer fruchtbaren Zusammenarbeit mit meiner verehrten Kollegin Frau Dr. Monika KUMMER und meinem verehrten Kollegen Herrn Professor Dr. Rudolf SWAT, die in den vergangenen Semestern mit mir gemeinsam an der Fachhochschule für Technik und Wirtschaft Berlin in den betriebswirtschaftlichen Studiengängen die obligatorische Hauptstudienveranstaltung *Angewandte Statistik mit SPSS* realisierten.

Das Buch ist in zwei Teile gegliedert. Der erste Teil umfaßt die Aufgabenstellungen. Der zweite Teil hat die vollständigen und ausführlichen Lösungen zu den Aufgabenstellungen zum Gegenstand. Die Aufgabenstellungen und die zugehörigen Lösungen sind wiederum in die sechs Kapitel *SPSS-Datenmanagement, Verteilungsanalyse, Mittelwertanalyse, Korrelationsanalyse, Regressionsanalyse* und *Zeitreihenanalyse* aufgeteilt. Diese Kapitelaufteilung koinzidiert mit dem von mir verfaßten und gleichsam im GABLER Verlag in einer zweiten, vollständig überarbeiteten und erweiterten Auflage erschienenen Fach- und Lehrbuch *Angewandte Statistik mit SPSS*.

Den sechs Aufgabenkapiteln ist ein Kapitel vorgelagert, das mit *SPSS-Datendateien* überschrieben ist und nützliche Informationen über alle im Arbeitsbuch verwendeten SPSS-Datendateien bereitstellt. Die SPSS-Datendateien, die sowohl alphabetisch als auch kapitelbezogen geordnet sind, basieren sämtlich auf realen Daten, die von Studierenden, Diplomanden und Lehrenden in den betriebswirtschaftlichen Studiengängen an der FHTW Berlin in den letzten Jahren statistisch erhoben wurden. Sämtliche SPSS-Datendateien können via *Internet* abgerufen werden. Die erforderliche *Internet-Adresse* und der eigens dafür konstruierte *Download-Bereich* sind im Abschnitt 1.3 dargestellt.

Die Aufgabenstellungen im jeweiligen Kapitel stellen vor allem auf die inhaltlichen Schwerpunkte ab, die auf dem jeweiligen Deckblatt zum Kapitelbeginn vermerkt sind. Sie erleichtern nicht nur die Nutzung des Arbeitsbuches, sondern reflektieren auch den derzeitigen Stand der inhaltlichen Gestaltung der Hauptstudienveranstaltung *Angewandte Statistik mit SPSS*. Innerhalb eines jeden Kapitels sind die Aufgabenstellungen so angeordnet, daß elementare Übungsaufgaben anspruchsvolleren Übungs- und Klausuraufgaben vorgelagert sind. Aufgabenstellungen, die mit einem * gekennzeichnet sind, waren in den vergangenen Semestern integrale Bestandteile von Klausuren im Hauptstudienfach *Angewandte Statistik mit SPSS*.

Bei der Auswahl der Aufgabenstellungen wurde ein besonderes Augenmerk auf ihre Praxisnähe gelegt. Viele Aufgaben basieren auf praktischen betriebswirtschaftlichen Problemstellungen, die von Studierenden im Rahmen von Beleg-, Projekt- oder Diplomarbeiten auf der Basis von Realdaten einer Lösung zugeführt wurden. Den sachlogischen Hintergrund der erhobenen Realdaten bilden praktische Problemstellungen, die als integrale Bestandteile einer modernen, problemhaften und praxisnahen betriebswirtschaftlichen Ausbildung von Marktforschungsprojekten über Entscheidungsmodelle für die Bonitätsprüfung von Unternehmen bis hin zu Konzepten der technischen Wertpapieranalyse reichen.

Für jede in diesem Arbeitsbuch formulierte Aufgabenstellung wird unter der gleichen Numerierung eine vollständige und ausführliche Lösung angeboten. Dabei steht vor allem eine exakte sachbezogene und statistische Interpretation der Lösungen und Ergebnisse im Vordergrund. Lösungen, die zu Klausuraufgaben gehören, sind (wie die Aufgaben selbst) mit einem * gekennzeichnet. Da man bei der Darstellung von Lösungen nicht immer ohne Symbole auskommt, wurde zur Erleichterung der Arbeit mit der vorliegenden Aufgabensammlung im Anhang ein Verzeichnis der verwendeten Symbole einschließlich ihrer Semantik beigefügt. Zudem wurde der Anhang noch durch Anmerkungen zur Skalierung von Daten und durch theoretische und praktische Notizen zu Testentscheidungen ergänzt.

Das vorliegende Buch, das sich nahtlos in die von mir verfaßten und gleichsam im GABLER Verlag erschienenen Fach- und Lehrbücher *Repetitorium Statistik*, *Klausurtraining Statistik* und *Angewandte Statistik mit SPSS* einreiht, wäre ohne die Unterstützung von geschätzten Kolleginnen und Kollegen nicht zustande gekommen. In diesem Zusammenhang gilt mein besonderer Dank: Frau Jutta HAUSER-FAHR für ihre vorzügliche Betreuung seitens des GABLER Verlages, Frau Dr. Monika KUMMER und Herrn Professor Dr. Rudolf SWAT für ihr selbstloses Engagement als Mitautoren des Buches, Herrn Dr. Peter SCHWARZER für seine unschätzbaren Hinweise zur inhaltlichen Gestaltung des Buches, Herrn Diplom-Wirtschaftsinformatiker Frank STEINKE für die Sicherstellung des Datenzugriffs via Internet sowie meinen Assistentinnen Frau Stud. oec. Patricia KLUGMANN und Frau Stud. oec. Ramona POHL für die Datenaufbereitung und für die Sorgfalt bei der Korrektur des Manuskritps.

Für sachdienliche Hinweise, die die inhaltliche Gestaltung der Aufgabenstellungen und der angebotenen Lösungen betreffen, bin ich stets dankbar.


Berlin, im September 1999

Peter P. ECKSTEIN

# Inhaltsverzeichnis

# 1

# SPSS-Datendateien

Das erste Kapitel der Aufgabensammlung hat die Beschreibung der SPSS-Datendateien zum Gegenstand, die die Grundlage für die praktischen Problemstellungen in den folgenden Kapiteln bilden.

Aufgrund dessen, daß die bereitgestellten SPSS-Datendateien bezüglich ihrer Variablen durch die Variablenlabel semantisch hinreichend umfassend beschrieben sind, wird für jede SPSS-Datendatei lediglich ihr sachlogischer Hintergrund kurz skizziert, der stets eine sachliche, zeitliche und örtliche Abgrenzung der statistisch beschriebenen Merkmalsträger und somit auch eine plausible Datenanalyse und Ergebnisinterpretation garantiert.

Die SPSS-Datendateien basieren ausschließlich auf realen Daten, die von Studierenden der betriebswirtschaftlichen Studiengänge am Fachbereich Wirtschaftswissenschaften I der Fachhochschule für Technik und Wirtschaft Berlin im Verlaufe der letzten drei Jahre im Zuge von Marktforschungsprojekten, Beleg- oder Diplomarbeiten primär- oder sekundär statistisch erhoben und für die statistische Datenanalyse mit SPSS aufbereitet wurden.

Der Übersichtlichkeit und der einfacheren praktischen Handhabung halber sind die SPSS-Datendateien zum einen alphabetisch und zum anderen kapitelbezogen angeordnet.

Schließlich und endlich ist am Ende des Kapitels der Downloadbereich benannt, mit dessen Hilfe die aufgeführten SPSS-Datendateien via Internet abgerufen und für die Lösung der praktischen Problemstellungen verwendet werden können.

## 1.1    Alphabetische Auflistung

**ags_92.sav**: Diese SPSS-Datendatei enthält für die einzelnen regionalen Einheiten der Bundesrepublik Deutschland ausgewählte Informationen aus dem Amtlichen Gemeindeschlüssel. Die Informationen wurden aus der 1992-er Ausgabe der Regionaldatenbank EASYSTAT zusammengestellt.

**ags_97.sav**: Diese SPSS-Datendatei enthält für die einzelnen regionalen Einheiten der Bundesrepublik Deutschland ausgewählte Informationen aus dem Amtlichen Gemeindeschlüssel. Die Informationen wurden aus der 1997-er Ausgabe der Regionaldatenbank EASYSTAT zusammengestellt.

**alumni.sav**: Diese SPSS-Datendatei basiert auf einer empirisch gestützten Untersuchung über den beruflichen Werdegang von ehemaligen Absolventen des Studienganges Betriebswirtschaft an der FHTW Berlin, die im Wintersemester 1992/93 oder später das Studium erfolgreich abgeschlossen haben.

**arbeit.sav**: Diese SPSS-Datendatei beinhaltet die Zeitreihe der Anzahl der auf dem Berliner Arbeitsmarkt amtlich gemeldeten arbeitslosen Personen. Der Beobachtungszeitraum erstreckt sich von Januar 1992 bis Dezember 1998.

**arzt_92.sav**: Diese SPSS-Datendatei enthält für die einzelnen regionalen Einheiten der Bundesrepublik Deutschland Angaben zur Anzahl berufstätiger Ärzte. Die Informationen wurden aus der 1992-er Ausgabe der Regionaldatenbank EASYSTAT zusammengestellt.

**auto.sav**: Diese SPSS-Datendatei beinhaltet Angaben über Gebrauchtwagen unterschiedlichen Typs, die im II. Quartal 1998 in Berliner Tageszeitungen zum Verkauf angeboten wurden.

**baby.sav**: Diese SPSS-Datendatei beinhaltet Angaben von lebendgeborenen Babys, die 1998 in einem Berliner Geburtshaus entbunden wurden.

**bev_92.sav**: Die SPSS-Datendatei, die aus der 1992-er Ausgabe der Regionaldatenbank EASYSTAT zusammengestellt wurde, enthält für die regionalen Einheiten der Bundesrepublik Deutschland Angaben zum Bevölkerungsstand.

**bev_97.xls**: Diese Microsoft Excel-4.0-Datendatei, die aus der 1997-er Ausgabe der Regionaldatenbank EASYSTAT zusammengestellt wurde, enthält für die regionalen Einheiten der Bundesrepublik Deutschland Angaben aus der Bevölkerungsstatistik.

**bev_kfz.sav**: Diese SPSS-Datendatei ist das Ergebnis einer Recherche in der 1997-er Ausgabe der Regionaldatenbank EASYSTAT, wobei für die regionalen Einheiten der Bundesrepublik Deutschland Angaben aus der Bevölkerungsstatistik und der Kfz-Statistik zusammengestellt wurden. Die Datei enthält zusätzlich ausgewählte Angaben aus dem Amtlichen Gemeindeschlüssel, die der Beschreibung der regionalen Einheiten dienen.

**billard.sav**: Diese SPSS-Datendatei beinhaltet die Zeitreihe des monatlichen Umsatzes eines Billard-Salons in Dresden. Der Beobachtungszeitraum erstreckt sich von März 1993 bis Dezember 1996.

**bsfc.sav**: Diese SPSS-Datendatei basiert auf einem Marktforschungsprojekt, das im Wintersemester 1998/99 an der FHTW Berlin im Studiengang Betriebswirtschaft realisiert wurde und die Bekanntheit und die Akzeptanz eines Einkaufs- und Dienstleistungszentrums am Berliner Tierpark (**Bären-SchauFenster-Center, BSFC**) unter potentiellen und tatsächlichen Kunden zum Gegenstand hat.

**bws_92.xls**: Diese Micorsoft Excel-4.0-Datei ist das Ergebnis einer Recherche in der Regionaldatenbank EASYSTAT (Ausgabe 1992). Dabei wurden für die BRD insgesamt und für die einzelnen Bundesländer Informationen zur Bruttowertschöpfung nach Wirtschaftszweigen zusammengestellt. Zudem enthält die Datei Erläuterungen zu den Spaltenbezeichnungen und zum Aufbau des Amtlichen Gemeindeschlüssels.

**chip.sav**: Diese SPSS-Datendatei basiert auf einer primärstatistischen Erhebung, die im Wintersemester 1995/96 im Rahmen eines Marktforschungsprojektes von Studenten der Betriebswirtschaft der FHTW Berlin in Zusammenarbeit mit der SIEMENS AG Braunschweig zum Problem des bargeldlosen Zahlens (mittels Chipkarten) im Öffentlichen Personennahverkehr realisiert wurde.
(Quelle: PÖRNER, Ronald, Peter ECKSTEIN: Bargeldloses Zahlen im Öffentlichen Personennahverkehr (ÖPNV) – Chancen und Barrieren aus der Sicht der Berliner Fahrgäste, Marktforschungsprojekt, Ergebnisse einer Primärerhebung, in: fhtw-transfer Nr. 17-96)

**ehe.sav**: Diese SPSS-Datendatei stellt Daten bereit, deren sachlogischer Hintergrund 360 zufällig ausgewählte Ehen sind, die 1994 durch ein Berliner Gericht gelöst wurden.

**eier.sav**: Diese SPSS-Datendatei beinhaltet Angaben von 1000 zufällig ausgewählten Hühnereiern, die im Sommer 1995 in einer Freilandhaltung von Hühnern der Rasse „Loheimer braun" und „Loheimer weiß" gelegt wurden.

**essen.sav**: Diese SPSS-Datendatei enthält Daten, die aus einer Befragung von 307 Personen im II. Quartal 1996 in Berlin zu ihren Essengewohnheiten hauptsächlich in bezug auf die Einnahme der warmen Mahlzeit resultieren.

**export.sav**: Diese SPSS-Datendatei basiert auf Daten, die im Zusammenhang mit einer Studie zum Thema „Internationales Marketing Asien für kleine und mittlere Unternehmen (KMU) der Länder Berlin und Brandenburg" im Herbst

1996 mittels eines standardisierten Fragebogens für 269 zufällig ausgewählte Unternehmen primärstatistisch erhoben wurden. Mit der SPSS-Datendatei ist ein Auszug aus dieser Stichprobe gegeben. Sie enthält in den entsprechenden SPSS-Variablen die Befragungsergebnisse zu den folgenden vier ausgewählten Fragen:

| Frage | | |
|---|---|---|
| Nr. | Inhalt | Variable |
| 10-3 | Einschätzung der Wichtigkeit technischer Kooperations-abkommen) für den Eintritt auf asiatische Märkte | f10_3 |
| 13-1 | Einschätzung des finanziellen Aufwandes für eine Prä-sentation auf einer Auslandsmesse in Hongkong | f13_1 |
| 18-7-A | Unternehmensklassifikation nach dem Umsatz | f18_7a |
| F2 | Branche, zu der das befragte Unternehmen gehört | branche |

**fkk.sav**: Diese SPSS-Datendatei basiert auf einer Umfrage unter Studierenden an Berliner Hochschulen, die im Sommersemester 1996 durchgeführt wurde und in deren Rahmen unter anderem die Einstellung der Studierenden zur Freikörper-kultur erfragt wurde.

**flug.sav**: Diese SPSS-Datendatei beinhaltet die Zeitreihe der Anzahl der Fluggä-ste auf den Berliner Flughäfen. Der Beobachtungszeitraum umspannt die Jahre von 1994 bis 1998.

**gewicht.sav**: Diese SPSS-Datendatei beinhaltet lediglich definierte Gewichts-klassen für männliche Studierende, die im Wintersemester 1996/97 die Hauptstu-dienveranstaltung „Angewandte Statistik mit SPSS" im Studiengang Betriebswirt-schaft an der FHTW Berlin besuchten.

**golf_2.sav**: Den sachlogischen Hintergrund dieser SPSS-Datendatei bilden Ge-brauchtwagen vom Typ VW Golf II, Benziner, mit einem 55-PS- bzw. einem 75-PS-Triebwerk, die im Dezember 1996 auf dem der Berliner Gebrauchtwagen-markt via Annonce in der „Zweiten Hand" angeboten wurden.

**golf_3.sav**: Diese SPSS-Datendatei basiert auf 200 in der Region Wolfsburg im zweiten Quartal 1998 zum Verkauf angebotenen Gebrauchtwagen vom Typ VW Golf III.

**kredit.sav**: Diese SPSS-Datendatei basiert auf Kennzahlen von 83 vergleichba-ren Berliner Unternehmen, die aus dem jeweiligen Jahresabschluß für das Wirt-schaftsjahr 1995 berechnet und auf deren Grundlage die Unternehmen banktech-nisch als solvent bzw. als insolvent eingestuft wurden.

**kurse.sav**: Diese SPSS-Datendatei beinhaltet amtliche Kassakurse von drei an der Frankfurter Börse gehandelten Aktien.

**miete.sav**: Diese SPSS-Datendatei beinhaltet Daten von 6000 Mietwohnungen, die im zweiten Quartal 1998 auf dem Berliner Wohnungsmarkt angeboten wurden.

**partner.sav**: Diese SPSS-Datendatei basiert auf zufällig ausgewählten Annoncen zur Partnersuche, die im II. Quartal 1998 in Berliner Tageszeitungen veröffentlicht wurden.

**pkw.sav**: Diese SPSS-Datendatei beinhaltet Daten von verschiedenen PKW-Typen, die im IV. Quartal 1997 auf dem Berliner Gebrauchtwagenmarkt angeboten wurden.

**prozess.sav**: Diese SPSS-Datendatei beinhaltet fünf simulierte stochastische Prozesse.

**rast.sav**: Diese SPSS-Datendatei basiert auf einer Befragung von Gästen zweier Raststätten an der Autobahn A10, die im Wintersemester 1996/97 im Kontext einer Kundenzufriedenheitsanalyse durchgeführt wurde.

**reise.sav**: Diese SPSS-Datendatei beinhaltet Informationen über Preise von zweiwöchigen Reisen mit Unterbringung in einem Zweibettzimmer nach Thailand und in die Dominikanische Republik aus dem Jahr 1996.

**rekruten.sav**: Diese SPSS-Datendatei beinhaltet die Körpergrößen von 906 im Jahre 1912 im k.u.k. Militärbezirk Mistelbach, Österreich, eingezogenen 21-jährigen Rekruten.
(Quelle: Wilhelm WINKLER, Statistik, 2. Auflage, Verlag Quelle & Meyer, Leipzig 1933, S. 48)

**schule.sav**: Diese SPSS-Datendatei basiert auf sekundärstatistischen Daten von 200 Fahrschülern einer Berliner Fahrschule, die im Wirtschaftsjahr 1995 ihren Führerschein erwarben.

**sport.sav**: Diese SPSS-Datendatei basiert auf einer Umfrage zu den sportlichen Aktivitäten von Studierenden, die im Wintersemester 1996/97 an der FHTW Berlin unter den Teilnehmern der Hauptstudienveranstaltung „Angewandte Statistik mit SPSS" durchgeführt wurde.

**student.sav**: Die der SPSS-Datendatei zugrundeliegenden Daten wurden in den Sommer- bzw. Wintersemestern der Jahre 1996 und 1997 von und an Studierenden statistisch erhoben, die im Studiengang Betriebswirtschaft an der FHTW Berlin immatrikuliert waren und die Hauptstudienveranstaltung „Angewandte Statistik mit SPSS" besuchten.

**umfrage.sav**: Diese SPSS-Datendatei basiert auf einer Umfrage, die physiologische Eigenschaften von Studierenden zum Gegenstand hatte.

**unf_97.xls**: Diese Microsoft Excel-4.0-Datendatei enthält für die einzelnen regionalen Einheiten der Bundesrepublik Deutschland Angaben aus der amtlichen Straßenverkehrsunfallstatistik, die aus der 1997-er Ausgabe der Regionaldatenbank EASYSTAT zusammengestellt wurden.

**vw_opel.sav**: Diese SPSS-Datendatei beruht auf einer empirischen Untersuchung des Gebrauchtwagenmarktes in der Region Berlin/Brandenburg bezüglich der PKW Typen VW Golf (Benziner) und Opel Kadett (Benziner), die im April 1996 in der Zeitschrift „Zweite Hand - Autohandel" angeboten wurden.

**wein.sav**: Diese SPSS-Datendatei basiert auf Angaben von 350 zufällig ausgewählten und im Juni 1997 befragten Kunden eines Berliner Weinfachgeschäfts.

**wunsch.sav**: Diese SPSS-Datendatei basiert auf einer Befragung, die im III. Quartal 1997 für Bewohner von Mietwohnungen einer Berliner Wohnungsbaugesellschaft durchgeführt wurde. Dabei wurden die Mieter unter anderem nach der tatsächlichen und der gewünschten Wohnfläche ihrer Mietwohnungen befragt.

**zeitung.sav**: Diese SPSS-Datendatei basiert auf einer primärstatistischen Erhebung von 450 zufällig ausgewählten Berlinern, die im Wintersemester 1996/97 hinsichtlich ihres Leseverhaltens bei Tageszeitungen befragt wurden.

## 1.2    Kapitelbezogene Auflistung

In den einzelnen Kapiteln bilden die folgenden SPSS-Datendateien den sachlogischen Hintergrund für die zu lösenden Problemstellungen.

### Kapitel 2: SPSS-Datenmanagement

| | |
|---|---|
| ags_92.sav | eier.sav |
| ags_97.sav | export.sav |
| alumni.sav | gewicht.sav |
| arzt_92.sav | golf_3.sav |
| auto.sav | miete.sav |
| bev_unf.sav | reise.sav |
| bev_92.sav | schule.sav |
| bev_97.xls | student.sav |
| bws_92.sav | umfrage.sav |
| bws_92.xls | unf_97.xls |

### Kapitel 3: Verteilungsanalyse

| | |
|---|---|
| alumni.sav | miete.sav |
| bev_kfz.sav | reise.sav |
| bsfc.sav | rekruten.sav |

chip.sav      schule.sav
eier.sav      sport.sav
essen.sav      wein.sav
golf_2.sav      zeitung.sav

## Kapitel 4: Mittelwertanalyse

auto.sav      schule.sav
baby.sav      student.sav
bsfc.sav      vw_opel.sav
golf_2.sav      wein.sav
miete.sav      wunsch.sav
pkw.sav      zeitung.sav

## Kapitel 5: Korrelationsanalyse

baby.sav      miete.sav
ehe.sav      partner.sav
eier.sav      rast.sav
essen.sav      schule.sav
fkk.sav      wein.sav

## Kapitel 6: Regressionsanalyse

auto.sav      kredit.sav
baby.sav      pkw.sav
golf_2.sav

## Kapitel 7: Zeitreihenanalyse

arbeit.sav      kurse.sav
billard.sav      prozess.sav
flug.sav

## 1.3    Downloadbereich

Alle in diesem Buch verwendeten SPSS-Datendateien sind im Internet unter der
Adresse

**http://www.rz.fhtw-berlin.de/~eckstein/download**

verfügbar. Der Downloadbereich ist in der folgenden Abbildung skizziert. Die
Liste der alphabetisch geordneten SPSS-Datendateien ist im konkreten Fall nur
auszugsweise dargestellt.

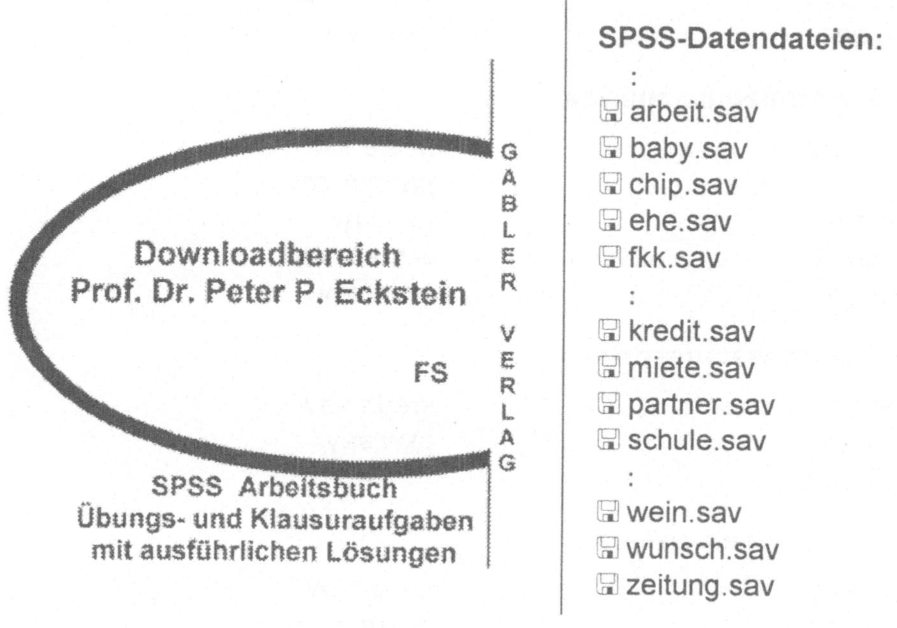


Das „Herunterladen" einer SPSS-Datendatei vom Internet kann wie folgt reali-
siert werden:
* Mauszeiger auf die jeweilige SPSS Datendatei plazieren
* Rechte Maustaste anklicken
* Im angezeigten Menü die Option **Save Link as** auswählen
* Laufwerk und Pfad angeben, in dem die SPSS Datei gespeichert werden soll
* „Heruntergeladene" und gespeicherte SPSS-Datendatei in SPSS einlesen.

# 2

# Aufgaben zum SPSS-Datenmanagement

## Schwerpunkte

Variable definieren
Daten eingeben
Daten speichern
Daten einlesen
Daten berechnen
Daten umkodieren

Daten sortieren
Daten bearbeiten
Merkmalsträger auswählen
Merkmalsträger zählen
Dateien zusammenfügen
Datei beschreiben

Das zweite Kapitel der Aufgabensammlung hat praktische Problemstellungen des SPSS-Daten- und Dateimanagements zum Gegenstand.

Der sachlogische Hintergrund der SPSS-Datendateien, die den praktischen Problemstellungen zugrunde liegen, ist im ersten Kapitel dargestellt.

Die mit einem * gekennzeichneten Aufgaben waren in den vergangenen Semestern integrale Bestandteile von Klausuren im Hauptstudienfach „Angewandte Statistik mit SPSS".

Die zu den nachfolgenden Aufgaben angebotenen Lösungen sind im abschließenden Kapitel der Aufgabensammlung zusammengestellt.

## Aufgabe 2-1

Es sollen die in der Berliner Zeitung vom 10./11. Oktober 1998 im Berliner Bezirk Zehlendorf angebotenen Mietwohnungen hinsichtlich folgender Merkmale analysiert werden: Zimmeranzahl, Wohnfläche in $m^2$, Mietart (Warmmiete, Kaltmiete), monatliche Miete in DM, Etagenlage, Ausstattung mit Balkon und/oder Fußbodenheizung. Nachfolgend ist ein Auszug aus der Urliste gegeben:

| ZI | $m^2$ | MIETE in DM | BK/ NK FREI AB | PROV | LAGE, AUSSTATTUNG, ANBIETER |
|---|---|---|---|---|---|
| | 84 | 1300,- k | inkl. | + | **Zehlendorf,** Dachgeschoß mit Wintergarten, Immobilien, Sonntagsbesichtigung |
| 1 | 20 | 200,- w | inkl. sofort | 0 | **Dahlem, Schwendener Str.:** 20-30 $m^2$, Zimmer in SV, FU-Nähe, an männl. Studienanf. |
| 1 | 41 | 660,- | sofort | 0 | **1.OG,** kleiner Balkon Hilpert HV |
| 1 | 46 | 740,- k | 140,- sofort | 0 | **Zehlendorf-Süd,** 1-Zi.-Designer-Appartment (33 $m^2$) + 26 $m^2$ Loggia, Fußbodenhzg. bodentiefe Verglasung, ruhige Grünlage |
| 2 | 75 | 1.190,- k | zzgl. 11/98 | 0 | **Nikolassee, Libellenstr. 10,** Erstbez., Fußboden-hzg., EBK, Wintergarten |
| 2 | 80 | 1.500,- k | zzgl. sofort | 0 | **Nikolassee,** Komf. Whg. im ZFH, EBK, 2 Bäder, Abstellkammer, Boden |
| 2 | 84 | 1.280,- k | 220,- sofort | 0 | **Zehlendorf-Süd,** 2-Zi.-Designer-Appartment (45 $m^2$) + 23 $m^2$ Loggia + Sonnenterr., Fußbodenhzg., bodentiefe Verglasung, ruhige Grünlage, EBZ |
| 3 | 90 | 1.490,- k | 300,- 01.11. | 0 | **Nikolassee, Katteweg,** 1. OG, Fußbodenheiz., Kabel, EBK, Bad, Balkon, Keller, HV |
| 3 | 93 | 1.940,- | inkl. sofort | + | **Breisgauerstr.:** 1.OG, Gäste-WC, EBK, 30 $m^2$ Terrasse, Oberlicht. Birkfeld Immobilien |
| 3 ▲ | 104 | 2.585,05 | inkl. | + | **Jänickestr.,** Maisonette, amerik. Küche, Erstbezug, Exklusivität und hoher Ausstattungskomfort, zzgl. Galerie und 12 $m^2$ Dachbereich, 2 Terrassen, Fußbodenheizung, inkl. Tiefgaragenstellplatz, iMM-surance GmbH |

Für die oben skizzierte Problemstellung ist eine SPSS-Datendatei anzulegen. Gehen Sie hierbei in folgenden Schritten vor:

a) Charakterisieren Sie die Grundgesamtheit (Merkmalsträger; sachliche, örtliche und zeitliche Abgrenzung der Gesamtheit der Merkmalsträger).

b) Nennen Sie die Erhebungsmerkmale und diskutieren Sie diese hinsichtlich der Ausprägungen und des Skalenniveaus. Notieren Sie Ihre Aussagen in der unter c) angegebenen Arbeitstabelle.

c) Definieren Sie die Variablen der SPSS-Datendatei. Protokollieren Sie die Festlegungen in der angegebenen Arbeitstabelle.

| Definition Erhebungsmerkmal | | | Definition Variable | | | |
|---|---|---|---|---|---|---|
| Merkmal | Ausprägung | Skala | Name | Label | Typ, Format | Werte-Label |
| (1) | (2) | (3) | (4) | (5) | (6) | (7) |
| | | | | | | |

d) Zur eindeutigen Identifizierung der Merkmalsträger legen Sie eine Variable mit folgender Struktur an: 23xx , wobei 23 die Nummer für den Bezirk Zehlendorf ist und xx eine fortlaufende Numerierung von 01, 02 usw. für den einzelnen Merkmalsträger.

e) Erstellen Sie für die mit dem Auszug aus der Urliste gegebenen Informationen die entsprechende SPSS-Datendatei und speichern Sie diese.

## Aufgabe 2-2

Man erhebe an 10 Personen aus dem Kreis von Kommilitonen oder Freunden die folgenden Daten: Körpergröße (Angaben in cm), Körpergewicht (Angaben in kg), Geschlecht (Angaben begrifflich: männlich, weiblich), fasse die erhobenen Daten in einer Urliste zusammen, definiere vollständig geeignete SPSS-Variablen, gebe die Urlistendaten in den SPSS-Dateneditor ein und speichere die eingegebenen Daten in einer SPSS-Datendatei. In die SPSS-Datendatei füge man jeweils eine (vollständig definierte) Variable ein, die für alle statistisch erfaßten Personen

a) eine Erfassungsnummer beinhaltet

b) den **Körper-Masse-Index** (Angaben in kg/m²), definiert als Quotient aus dem Körpergewicht (Angaben in kg) und dem Quadrat der Körpergröße (Angaben in m²), angibt

c) die Ausprägungen des Erhebungsmerkmals *Geschlecht* derart kodiert, daß die Ausprägung *männlich* auf die Null und die Ausprägung *weiblich* auf die Eins abgebildet wird

d) eine Klassifizierung auf der Basis des **Körper-Masse-Indexes** vornimmt, wobei gelten soll: KMI < 20 → untergewichtig, 20 ≤ KMI < 25 → normalgewichtig und KMI ≥ 25 → übergewichtig.

## Aufgabe 2-3

Aus der SPSS-Datendatei **miete.sav** erstelle und speichere man separate SPSS-Datendateien, die die Katasterfläche Berlins wie folgt gliedern:

a) Ostteil: alle Stadtbezirke mit einer West-Ost-Ordinate größer als 7

b) Südteil: alle Stadtbezirke mit einer Nord-Süd-Ordinate kleiner oder gleich 4

c) Zentrum: alle Stadtbezirke mit einer West-Ost-Ordinate größer als 5, aber kleiner als 8 und einer Nord-Süd-Ordinate größer als 4, aber kleiner als 6

d) Randgebiet: alle Stadtbezirke, die nicht zum Zentrum gehören.

Für jede separat angelegte Datei gebe man die Anzahl der Merkmalsträger an.

## Aufgabe 2-4

Es kann nicht ausgeschlossen werden, daß die SPSS-Datendatei **export.sav** infolge fehlerhafter Dateneingabe falsche Angaben enthält. Ermitteln Sie die Fragebogen-Nummern der Unternehmen aus der Branche „Investitionsgüterhersteller", die die Fragen 10-3 und 13-1, nicht aber die Frage nach der Größe des Unternehmens beantworteten.

Lassen Sie sich die Datensätze für die betreffenden Unternehmen (Fragebogen-Nummer und die Werte aller anderen Variablen) auflisten.

## Aufgabe 2-5*

Verwenden Sie die SPSS-Datendatei **reise.sav**.

a) Ergänzen Sie die SPSS-Datendatei durch eine Spalte, in der die Reisepreise in Euro abzulesen sind. Dabei gilt: 1 Euro = 1,95583 DM.

b) Eine Reiserücktrittskosten-Versicherung wird für eine Reise, die höchstens 1000 DM kostet, für 20 DM, für eine Reise, die mehr als 1000 DM, aber höchstens 2000 DM kostet, für 28 DM und für eine Reise mit einem Preis über 2000 DM für 32 DM angeboten.

Berechnen Sie den Preis der jeweiligen Reise einschließlich Reiserücktritts-kosten-Versicherung in Euro und geben Sie den minimalen und den maximalen Wert dieses Gesamtpreises an.

## Aufgabe 2-6

Gehen Sie von der SPSS-Datendatei **student.sav** aus.

a) Teilen Sie die Daten zur Analyse so auf, daß die durchschnittliche Körpergröße und die Standardabweichung der Körpergröße für unter-, normal- und übergewichtige Studenten bestimmt werden kann. Geben Sie die berechneten Werte an und interpretieren Sie diese sachlogisch.

b) Wählen Sie diejenigen Studenten aus, die Raucher und männlich sind und geben Sie die Anzahl derjenigen unter ihnen an, die normalgewichtig sind.

## Aufgabe 2-7*

Die SPSS-Datendatei **schule.sav** enthält Daten über Fahrschüler einer Berliner Fahrschule. Es wird angenommen, daß der Fahrstundenbedarf je Fahrschüler normalverteilt mit einem Erwartungswert von 38,43 Fahrstunden und einer Standardabweichung von 11,91 Fahrstunden ist.

Erzeugen Sie eine SPSS-Variable, die die Wahrscheinlichkeit angibt, daß ein zufällig ausgewählter Fahrschüler dieser Fahrschule höchstens so viele Fahrstunden braucht wie der betreffende Fahrschüler in der SPSS-Datendatei.

a) Welchen Wert hat diese neue Variable für den jüngsten männlichen Fahrschüler aus der gegebenen Stichprobe? Interpretieren Sie das Ergebnis.

b) Mit welcher Wahrscheinlichkeit braucht ein zufällig ausgewählter Fahrschüler mehr Fahrstunden als der in der gegebenen SPSS-Datendatei unter der Nummer 110 abgespeicherte Fahrschüler?

### Aufgabe 2-8*

Unter den Studenten der FHTW Berlin von den Statistik-Dozenten durchgeführten Erhebungen zum Körpergewicht ergaben, daß das Körpergewicht eines zufällig ausgewählten männlichen Studenten des Studiengangs Betriebswirtschaft im Wintersemester 1996/97 als eine normalverteilte Zufallsvariable mit dem Erwartungswert 76,3 kg und der Standardabweichung 8,5 kg aufgefaßt werden kann.

Ermitteln Sie für die mit der SPSS-Datendatei **gewicht.sav** gegebenen Gewichtsklassen der männlichen Studierenden im Studiengang Betriebswirtschaft an der FHTW im Wintersemester 1996/97 die Wahrscheinlichkeit dafür, daß ein zufällig ausgewählter männlicher Studierender im Studiengang Betriebswirtschaft an der FHTW im Wintersemester 1996/97 zu der jeweiligen Gewichtsklasse gehört. Ergänzen Sie die Werte für die Variable WK.

### Aufgabe 2-9

Auf der Grundlage der mit der SPSS-Datendatei **golf_3.sav** gegebenen Urliste soll die Situation auf dem Gebrauchtwagenmarkt in der Region Wolfsburg analysiert werden.

a) Charakterisieren Sie die mit der SPSS-Datendatei gegebene Gesamtheit der Merkmalsträger (Merkmalsträger; sachliche, zeitliche und örtliche Abgrenzung).

b) Charakterisieren Sie die durch die Variablen abgebildeten Erhebungsmerkmale (Maßeinheit; mögliche Ausprägungen; Skala).

c) Auf der Grundlage der SPSS-Datendatei soll die durchschnittliche jährliche Laufleistung der erfaßten Gebrauchtwagen (gemessen in 1000 km pro Jahr) analysiert werden. Legen Sie die für diese Analyse notwendige Variable an.

d) Für die folgende Aufgabenstellung sollen nur die Gebrauchtwagen, deren Alter zwischen 12 und 24 Monaten liegt (Untergrenze ausgeschlossen; Obergrenze eingeschlossen), berücksichtigt werden. Weiterhin wird unterstellt, daß der Preis, zu dem Gebrauchtwagen dieser Altersgruppe in der Region Wolfsburg angeboten werden, als eine normalverteilte Zufallsgröße mit einem Erwartungswert von 18,04 [1000 DM] und einer Standardabweichung von 3,83 [1000 DM] aufgefaßt werden kann.

Legen Sie eine Variable an, die für jeden in der Datei enthaltenen Gebrauchtwagen dieser Altersgruppe die Wahrscheinlichkeit angibt, daß der Preis eines zufällig ausgewählten Gebrauchtwagens dieses Typs in der Region Wolfsburg nicht größer ist als der Preis des betreffenden Gebrauchtwagens in der SPSS-Datendatei.

e) In Vorbereitung der Zusammenfassung von Dateien verschiedener Belegarbeiten sollen folgende Variablen ergänzt werden:

| Variablenname | Format | Werte | Werte-Label |
|---|---|---|---|
| AUTOTYP | numerisch, 1.0 | 3 | Golf III |
| REGION | String, 10 | Wolfsburg | |

Speichern Sie die modifizierte Datei.

f) Für eine vergleichende Analyse nach Hubraumklassen soll jeder der in der Datei enthaltenen Gebrauchtwagen einer der folgenden drei Hubraumklassen zugeordnet werden: höchstens 1400 cm³, über 1400 cm³ bis höchstens 1600 cm³, über 1600 cm³. Legen Sie eine entsprechende Variable unter Berücksichtigung folgender Vereinbarungen an:

| Var.-Name | Var.-Label | Format | Wert | Werte-Label |
|---|---|---|---|---|
| HUB_KL | Hubraumklasse | Numerisch, 1.0 | 1 | bis 1400 cm³ |
| | | | 2 | 1400 bis 1600 cm³ |
| | | | 3 | über 1600 cm³ |

Speichern Sie die modifizierte Datei.

g) Für eine weitere Analyse benötigt man eine Aufteilung der 200 analysierten Gebrauchtwagen Golf III in zwei Gruppen. Die Gruppe 1 soll alle Gebrauchtwagen der Typen GOLF III GL und GOLF III GL Automatik enthalten. In der zweiten Gruppe sollen die Gebrauchtwagen aller anderen Typen zusammengefaßt sein. Legen Sie die notwendige Variable unter Berücksichtigung folgender Vereinbarungen an:

| Var.-Name | Var.-Label | Format | Werte | Werte-Label |
|---|---|---|---|---|
| MOD_GR | Modellgruppen | Numerisch, 1.0 | 1 | Golf III GL |
| | | | 2 | sonstige Golf III |

h) Legen Sie eine Variable an, in der für jeden Gebrauchtwagen angegeben ist, welchen Rangplatz er in der Gesamtheit der 200 analysierten Gebrauchtwagen hinsichtlich des Alters einnimmt. Der jüngste Gebrauchtwagen soll den Rangplatz 1 erhalten. Bei Ranggleichheit soll den betreffenden Gebrauchtwagen der kleinste Rangplatz zugeordnet werden.

Verschieben Sie die neue Variable so, daß diese rechts neben der Variablen ALTER steht. Sortieren Sie die Datei aufsteigend nach der Variablen ALTER und speichern Sie die neue Datei.

i) Erzeugen Sie mittels des Dialogfeldes **Rangfolge bilden...** eine Rangvariable unter Einstellung folgender Optionen: Variable: *alter*, Rangtyp: **Prozentränge**, Rangbindung: **Maximum**.

Speichern Sie die neue SPSS-Datendatei und interpretieren Sie die Werte in der Spalte der neu erzeugten Rangvariablen.

## Aufgabe 2-10

Erstellen Sie unter Verwendung der SPSS-Datendateien **ags_92.sav**, **bev_92.sav** und **arzt_92.sav** eine SPSS-Datendatei **bevzarzt.sav**, in der für die einzelnen Regionen der BRD folgende Informationen zusammengestellt sind:

- der amtliche Gemeindeschlüssel
- der Name der Region
- der Typ der Region
- die Nummer des Bundeslandes, zu dem die Region gehört
- die Bevölkerung in Personen
- das Berichtsjahr der Bevölkerungsdaten
- die Anzahl der berufstätigen Zahnärzte
- das Berichtsjahr für die Anzahl der berufstätigen Zahnärzte
- Bevölkerung in 100 Personen pro berufstätiger Zahnarzt (vernachlässigen Sie hierbei, daß die Daten für die zwei Basiskennziffern aus unterschiedlichen Berichtsjahren sind)

Nennen Sie die Region (Name und Typ) des Landes Bayern, die die geringste Bevölkerungszahl pro Zahnarzt aufweist.

## Aufgabe 2-11

Erstellen Sie auf Grundlage der SPSS-Datendatei **umfrage.sav** eine Datei, in der für jede einzelne Lehrveranstaltung folgende Angaben enthalten sind:

- das Gewicht des leichtesten Studenten,
- das Gewicht des schwersten Studenten,
- das mittlere Gewicht (arithmetisches Mittel) der Studenten,
- die durchschnittliche quadratische Abweichung der einzelnen Körpergewichte vom arithmetischen Mittel,
- die Anzahl der Studenten, für die Merkmalswerte vorlagen und
- die Anzahl der Studenten in der Lehrveranstaltung.

Fassen Sie hierbei die vier Lehrveranstaltungen als Merkmalsträger und die oben geforderten Angaben als Ausprägungen entsprechender Merkmale, die diese Lehrveranstaltung beschreiben, auf. Speichern Sie die erzeugte SPSS-Datendatei.

## Aufgabe 2-12

Auf der Grundlage der Excel-Datei **bws_92.xls** ist eine SPSS-Datendatei **bws_92.sav** mit folgenden Variablen anzulegen:

| Name | Label | Format |
|---|---|---|
| L_NR | Landnummer | Numerisch, 2.0 |
| LAND | Landname | Zeichenkette, 24 Zeichen |
| BJ | Berichtsjahr | Numerisch, 4.0 |
| BWS_1_7 | Bruttowertschöpfung der Unternehmen insgesamt (in Mill. DM) | Numerisch, 8.0 |
| ANT_LFF | Anteil Lawi/Fowi/Fischerei an Bruttowertschöpfung (Prozent) | Numerisch, 5.2 |

## Aufgabe 2-13

Auf der Grundlage der mit den Excel-Dateien **bev_97.xls** und **unf_97.xls** sowie der SPSS-Datendatei **ags_97.sav** gegebenen Auszüge aus der Ausgabe der Regionaldatenbank EASYSTAT für das Jahr 1997 sind verschiedene SPSS-Datendateien zu erstellen.

Informieren Sie sich zunächst über den Inhalt der drei Basisdateien und modifizieren Sie gegebenenfalls die Excel-Dateien für den Import in SPSS.

a) Erstellen Sie eine SPSS-Datendatei **bev_unf.sav**, die für jede regionale Einheit die Ausprägungen zu folgenden Merkmalen enthält:

- AGS, 8-Steller
- Name der regionalen Einheit
- Typ der regionalen Einheit
- Nummer des Bundeslandes, in dem die regionale Einheit liegt
- Berichtsjahr der Bevölkerungsdaten
- jahresdurchschnittlicher Bevölkerungsbestand, in Anzahl Personen
- Berichtsjahr der Daten der Verkehrsunfallstatistik
- Anzahl Straßenverkehrsunfälle insgesamt
- Anteil der Unfälle mit Personenschaden an der Anzahl der Verkehrsunfälle insgesamt, in Prozent (1 Dezimalstelle)
- Anzahl verunglückter Personen (Getötete und Verletzte insgesamt)
- Anzahl Straßenverkehrsunfälle (insgesamt) pro 1000 der Bevölkerung (2 Dezimalstellen)
- durchschnittliche Anzahl verunglückter Personen bei einem Straßenverkehrsunfall mit Personenschaden (1 Dezimalstelle)

b) Erstellen Sie in Auswertung der SPSS-Datendatei **bev_unf.sav** eine neue SPSS-Datendatei, in der für die nach dem Typ der Region gebildeten Gruppen von regionalen Einheiten das arithmetische Mittel, der kleinste Wert und der größte Wert für das Merkmal *Anzahl der Straßenverkehrsunfälle (insgesamt) pro 1000 der Bevölkerung* zusammengestellt sind.

c) Geben Sie für die Gruppe Regionen vom Typ Kreis den Namen der Kommune mit der kleinsten Anzahl der Straßenverkehrsunfälle (insgesamt) pro 1000 der Bevölkerung an.

## Aufgabe 2-14

Man verwende die SPSS-Datendatei **miete.sav**, deute die nachfolgend genannten Auswahlbedingungen inhaltlich und gebe die Anzahl der Berliner Mietwohnungen an, die der jeweiligen Auswahlbedingung genügen.

a) bezirk = „Mar"

b) bezirk = „Mar" | bezirk = „Spa"

c) bezirk = „Mar" & bezirk = „Spa"

d) zimmer = 2 & bezirk = „Hel" | bezirk = „Spa"

e) zimmer = 2 & (bezirk = „Hel" | bezirk = „Spa")

f) zimmer = 3 & west_ost > 10 & ~ bezirk = „Köp"

g) zimmer = 3 & west_ost > 9 & ~ (bezirk = „Mar" | bezirk = „Hel" | bezirk = „Hoh") & größe = 2

## Aufgabe 2-15

Man verwende die SPSS-Datendatei **auto.sav** und

a) benenne den Merkmalsträger, die Anzahl der Merkmalsträger in der Datei, die Erhebungsmerkmale, ihre zugehörigen Variablennamen und –typen, das vereinbarte Meßniveau und ggf. benutzte Kodierungen.

b) erweitere die Datei durch eine Variable, die die jahresdurchschnittliche Fahrleistung eines jeden erfaßten Gebrauchtwagens (Angaben in 1000 km pro Jahr) zurückgibt.

c) notiere die folgenden Auswahlbedingungen in der für SPSS verbindlichen Syntax und gebe jeweils die Anzahl der Gebrauchtwagen an, die dieser Auswahlbedingung genügen: Gebrauchtwagen

- mit einer jahresdurchschnittlichen Fahrleistung unter 15000 km pro Jahr

- mit einer jahresdurchschnittlichen Fahrleistung von 30000 km pro Jahr oder mehr und einem Hubraum von mindestens 2 Litern

- vom Typ Audi A4 oder Audi A6 mit einer jahresdurchschnittlichen Fahrleistung von 15000 km pro Jahr oder mehr

- mit einem Alter unter 2 Jahren und einem Zeitwert von mindestens 25000 DM, aber nicht vom Typ Audi A4 oder Audi A6

- vom Typ Opel Vectra mit einem Hubraum von 1,8 Litern und einer jahres-durchschnittlichen Fahrleistung von 10000 km pro Jahr oder mehr, aber weniger als 15000 km pro Jahr
- vom Typ BMW oder Audi A4 oder Audi A6, die höchstens 2 Jahre alt sind, eine bisherige Fahrleistung von 50000 km oder mehr, mindestens einen Zeitwert von 30000 DM und mindestens ein 2-Liter-Triebwerk besitzen.

### Aufgabe 2-16*

Zur Lösung der folgenden Problemstellungen verwende man die SPSS-Daten-datei **eier.sav**.

a) Man benenne den Merkmalsträger, die an ihm statistisch erhobenen Eigen-schaften sowie die bei der Datenerhebung verwendeten Skalen. Zudem gebe man die Anzahl der in der SPSS-Datendatei erfaßten Merkmalsträger an.

b) Man erzeuge und speichere unter einem geeigneten Namen eine SPSS-Daten-datei, die nur die statistisch erhobenen Daten von Hühnereiern mit den folgen-den Eigenschaften beinhaltet: Farbe Braun, leichter als 77 Gramm, aber schwerer als 48 Gramm, kleiner als 63 Millimeter, aber höher als 49 Millime-ter, schmaler als 47 Millimeter, aber breiter als 41 Millimeter. Wie viele Hüh-nereier besitzen diese Eigenschaften?

c) Welchen Erlös würde eine Bäuerin auf einem Wochenmarkt erwartungsgemäß erzielen, wenn sie 2810 Eier der Hühnerrasse Loheimer Braun verkauft und ein Ei der Gewichtskategorie
- S: leichter als 53 Gramm für 30 Pfennige
- M: 53 Gramm oder schwerer, aber leichter als 63 Gramm für 40 Pfennige
- L: 63 Gramm oder schwerer, aber leichter als 73 Gramm für 50 Pfennige
- XL: 73 Gramm oder schwerer für 60 Pfennige

anbietet?

*Hinweis*: Bei der Erlöshochrechnung gehe man davon aus, daß das Gewicht von Eiern der besagten Hühnerrasse eine normalverteilte Zufallsvariable mit einem Erwartungswert von 63 Gramm und einer Standardabweichung von 5 Gramm ist.

d) Unter Verwendung des unter c) genannten Verteilungsgesetzes und der SPSS-Funktionen CDF.NORMAL bzw. IDF.NORMAL gebe man
- die Wahrscheinlichkeit dafür an, daß ein zufällig ausgewähltes Hühnerei hinsichtlich seines Gewichtes für alle $k = 1, 2, 3$ dem jeweiligen zentralen Schwankungsintervall [63 g - k·5 g; 63 g + k·5 g]
- für das Gewicht das jeweilige zentrale Schwankungsintervall an, dem ein zufällig ausgewähltes Hühnerei mit einer Wahrscheinlichkeit von 0,90, 0,95 bzw. 0,99

zugeordnet wird.

# 3

# Aufgaben zur Verteilungsanalyse

## Schwerpunkte

| | |
|---|---|
| Explorative Datenanalyse | Kreis- und Balkendiagramm |
| Verteilungsparameter | PARETO-Diagramm |
| Konfidenzintervall | K-S-Anpassungstest |
| Box-and-Whisker Plot | Chi-Quadrat-Anpassungstest |
| Q-Q Plot | Binomialtest |
| Histogramm | Test auf Gleichverteilung |
| Stem-and-Leaf Plot | Analyse von Mehrfachantworten |

Das dritte Kapitel der Aufgabensammlung hat praktische Problemstellungen der empirischen Verteilungsanalyse zum Gegenstand.

Der sachlogische Hintergrund der SPSS-Datendateien, die den praktischen Problemstellungen zugrunde liegen, ist im ersten Kapitel dargestellt.

Die mit einem * gekennzeichneten Aufgaben waren in den vergangenen Semestern integrale Bestandteile von Klausuren im Hauptstudienfach „Angewandte Statistik mit SPSS".

Die zu den nachfolgenden Aufgaben angebotenen Lösungen sind im abschließenden Kapitel zusammengestellt.

## Aufgabe 3-1

Nutzen Sie die SPSS-Datendatei **reise.sav**.

a) Stellen Sie fest, wieviel Prozent der Hotels Mittelklassehotels sind.

b) Wieviel Prozent der Hotels sind besser als gehobene Mittelklasse?

c) Bestimmen Sie geeignete Lage- und Streuungsmaße für das Merkmal *Hotelkategorie* und interpretieren Sie diese.

d) Erstellen Sie Kreisdiagramme zur Veranschaulichung der Verteilung der Hotelkategorien der Reiseangebote getrennt für die erfaßten Länder.

## Aufgabe 3-2

Unter Verwendung der SPSS-Datendatei **eier.sav**

a) ermittle man für die kardinal skalierten Erhebungsmerkmale *Gewicht* und *Höhe* von 1000 Hühnereiern retrospektiv mit Hilfe von Verfahren der Explorativen Datenanalyse die Klassierungsvorschrift für die jeweils auf einer Ordinalskala definierten und in den SPSS-Variablen *gewkat* und *hoekat* abgebildeten Gewichts- und Höhenkategorien.

b) vermerke man in den Wertelabels der SPSS-Variablen *gewkat* und *hoekat* die entsprechenden Gewichts- bzw. Höhenklassen und speichere die Neuerungen.

c) überprüfe man unter Verwendung der unter a) ermittelten Klassen durch Umkodieren der originären Gewichts- und Höhenangaben die Richtigkeit der identifizierten Klassierungsvorschriften.

## Aufgabe 3-3

Man verwende die SPSS-Datendatei **rekruten.sav** und beschreibe die Körpergrößenverteilung der Mistelbacher Rekruten anhand

a) der modalen Körpergröße, der durchschnittlichen Körpergröße, des unteren, mittleren und oberen Körpergrößenquartils, des Interquartilsabstands, der Körpergrößenvarianz, der Standardabweichung der Körpergrößen sowie des Schiefe- und des Wölbungsmaßes nach CHARLIER.

b) eines Histogramms, das zum einen auf äquidistanten Klassenbreiten von einem Zentimeter und absoluten Häufigkeiten und zum anderen auf äquidistanten Klassenbreiten von zwei Zentimetern und relativen Häufigkeiten beruht. Zudem gebe man die Gesamtfläche aller Säulen im jeweiligen Histogramm an.

c) eines Stem-and-Leaf-Plot und eines Box-and-Whisker-Plot. Zudem benenne man die unter a) bestimmten Maßzahlen, die im Boxplot ihre bildhafte Deutung finden, gebe ihre Werte an und interpretiere sie sachlogisch.

*Hinweis*: Zur Problemlösung bediene man sich der Option **Fälle gewichten mit**, die man via **Daten** → **Fälle gewichten** aktivieren kann. Als **Häufigkeitsvariable** verwende man die SPSS-Variable *anzahl*.

### Aufgabe 3-4*

Verwenden Sie die SPSS-Datendatei **reise.sav**.

a) Wie sind die Erhebungsmerkmale skaliert?

b) Bestimmen Sie geeignete Lage- und Streuungsmaße zur Analyse der Verteilung der Reisepreise. Was kann man über die Schiefe und die Kurtosis der Verteilung aussagen? Ergänzen Sie die Verteilungsmaßzahlen noch durch die Reisepreis-Quartile und das 0,95-Quantil für den Reisepreis. Interpretieren Sie sämtliche Werte sachlogisch.

c) Wählen Sie nur Reisen nach Thailand aus. Bestimmen Sie den durchschnittlichen Reisepreis und die Standardabweichung der Reisepreise. Welcher Preis wurde von einem Fünftel der angebotenen Thailand-Reisen überschritten? Wie viele der untersuchten Reisen hatten Thailand zum Ziel?

### Aufgabe 3-5*

Auf der Grundlage der mit der SPSS-Datendatei **bev_kfz.sav** gegebenen Urliste ist die Verteilung ausgewählter Erhebungsmerkmale zu beschreiben. Berücksichtigen Sie hierbei für die weitere Auswertung, daß die in der Datei enthaltenen 470 regionalen Einheiten von unterschiedlichem Typ (Variable *reg_typ*) sind.

a) Legen Sie eine SPSS-Variable *pkw_bev* an, die für jede in der Datei enthaltene regionale Einheit den Ausstattungsgrad mit Personenkraftwagen, gemessen in Anzahl PKW pro 100 Personen der Bevölkerung, angibt.

b) Für die Gesamtheit der regionalen Einheiten, für die in der Variablen *pkw_bev* valide Angaben vorliegen, ist die Verteilung des Merkmals Regionentyp mittels geeigneter Verteilungsmaßzahlen und graphischer Methoden darzustellen. *Hinweis*: Berücksichtigen Sie durch entsprechende Einstellungen in SPSS, daß nur regionale Einheiten mit einer validen Angabe in der Variablen *pkw_bev* in die Auswertung einbezogen werden.

- Nennen Sie die der Problemstellung adäquaten Maßzahlen und graphischen Methoden. Begründen Sie Ihre Auswahl.

- Ermitteln Sie die Verteilungsmaßzahlen, erstellen Sie eine entsprechende Graphik und kommentieren Sie Ihre Ergebnisse.

c) Im Kontext einer deskriptiven Verteilungsanalyse soll für die Gesamtheit der 435 Kreise die Verteilung des Merkmals Ausstattungsgrad der Region mit Personenkraftwagen, gemessen in Anzahl PKW pro 100 Personen der Bevölkerung, unter Verwendung geeigneter Maßzahlen und Graphiken analysiert werden. Berücksichtigen Sie durch entsprechende Einstellungen in SPSS, daß die regionalen Einheiten vom Typ Bundesland und Regierungsbezirk nicht in die Auswertung einbezogen werden.

- Nennen Sie die der Datenlage adäquaten Verteilungsmaßzahlen und begründen Sie Ihre Auswahl.

- Ermitteln Sie die entsprechenden Maßzahlen und geben Sie in Auswertung dieser Maßzahlen und charakterisieren Sie kurz die Verteilung des Merkmals *Ausstattungsgrad der Region mit Personenkraftwagen.*

d) Erstellen Sie unter Berücksichtigung aller 435 Kreise für das Erhebungsmerkmal Ausstattungsgrad der Region mit Personenkraftwagen eine Graphik, die insbesondere für die Darstellung der Symmetrie bzw. Asymmetrie, der Quartile der Verteilung und extremer Merkmalsausprägungen geeignet ist. Welche Schlußfolgerungen ziehen Sie aus der Graphik bezüglich der Form der Verteilung des Merkmals.

e) Erzeugen Sie zur Darstellung der Verteilung des Merkmals Ausstattungsgrad mit Personenkraftwagen für die Gesamtheit der 435 Kreise ein Histogramm, das folgende Anforderungen erfüllt: die kreisfreie Stadt Wiesbaden (AGS-Nr.: 6414000) wird aus der Auswertung ausgeschlossen; die Klassenanzahl soll 10 betragen; die Gesamtfläche des Histogramms (Summe der Flächen aller Säulen) soll auf Eins standardisiert sein.

Was stellen die Werte der vertikalen Achse des Histogramms dar? Berechnen Sie (manuell) den entsprechenden Wert für die Klasse, die die größte relative Häufigkeit aufweist.

Welche Schlußfolgerungen ziehen Sie aus der Graphik bezüglich der Form der Verteilung des Merkmals? Geben Sie zusätzlich die Werte der Verteilungsparameter an, die Ihre Schlußfolgerungen quantifizieren.

## Aufgabe 3-6

Verwenden Sie die SPSS-Datendatei **schule.sav**.

a) Bestimmen Sie die Quartile für den Fahrstundenbedarf.

b) Erstellen Sie ein Histogramm, in dem der Fahrstundenbedarf der mittleren 50% der Fahrschüler graphisch veranschaulicht wird.

*Hinweise*: Wählen Sie im Histogramm als Untergrenze des ersten Intervalls das untere Quartil und als Obergrenze des letzten Intervalls das obere Quartil des Fahrstundenbedarfs. Verwenden Sie eine Darstellung, in der eine Unterteilung in 10 Intervalle erfolgt. Lassen Sie sich die Klassengrenzen angeben und lesen Sie die Klassenobergrenze der ersten Klasse ab.

## Aufgabe 3-7

Nutzen Sie die SPSS-Datendatei **reise.sav**, die im folgenden als Ergebnis einer einfachen Zufallsstichprobe aufgefaßt wird, und führen Sie eine Explorative Datenanalyse der Reisepreise getrennt nach Winter- und Sommersaison durch.

a) Werten Sie die Maßzahlen der Rubrik „univariate Statistik" aus. Geben Sie die drei höchsten Reisepreise der Sommersaison an. In welches Land führen diese Reisen?

b) Bestimmen Sie die Schätzintervalle für den durchschnittlichen Saison-Reisepreis zum Konfidenzniveau von 0,99.

c) Erstellen Sie saisonspezifische Boxplots und Stem-and-Leaf Plots für den Preis und interpretieren Sie diese.

## Aufgabe 3-8*

Grundlage für diese Aufgabe ist die SPSS-Datendatei **schule.sav**, die als Ergebnis einer einfachen Zufallsstichprobe aufgefaßt werden soll und Daten von ausgewählten Fahrschülern einer Berliner Fahrschule enthält.

a) Geben Sie für jedes Erhebungsmerkmal den Skalierungstyp an.

b) Es soll die Verteilung des Merkmals Fahrstundenbedarf dargestellt werden.

- Bestimmen Sie das 95%-Quantil und geben Sie die 5 kleinsten und die 5 größten Fahrstundenbedarfszahlen an. Interpretieren Sie die Ergebnisse.
- Bestimmen Sie das arithmetische Mittel, den Median, den Modus, die Standardabweichung, den Interquartilsabstand, die Schiefe und die Kurtosis. Interpretieren Sie die Werte.

c) Geben Sie das 90%-Schätzintervall für den durchschnittlichen Fahrstundenbedarf von Fahrschülern dieser Fahrschule an und interpretieren Sie Ihr Ergebnis.

d) Erzeugen Sie ein Histogramm und ein Boxplot für den Fahrstundenbedarf und interpretieren Sie diese Graphiken.

- Entnehmen Sie aus dem Boxplot einen ungefähren Wert für eine Fahrstundenzahl, die von dem Viertel der Fahrschüler mit dem höchsten Fahrstundenbedarf überschritten wurde.
- Geben Sie die Klassenmitte der Klasse mit der größten Klassenhäufigkeit im Histogramm an.

e) Bestimmen Sie die durchschnittliche Fahrstundenzahl und die 90%-Schätzintervalle für die durchschnittliche Fahrstundenzahl getrennt für Fahrschüler, die jünger als 30 Jahre sind und für Fahrschüler, die mindestens 30 Jahre alt sind. Stellen Sie die Schätzintervalle graphisch dar.

## Aufgabe 3-9*

Auf der Grundlage der SPSS-Datendatei **bsfc.sav** will die Geschäftsleitung des Einkaufs- und Dienstleistungszentrums am Berliner Tierpark (BSFC) Punkt- und Intervallschätzungen für das durchschnittliche Alter bestimmter Kundengruppen berechnet haben. Weiterhin sollen Hypothesen über das durchschnittliche Alter bestimmter Kundengruppen getestet werden. Für die folgenden Auswertungen wird unterstellt, daß die mit der SPSS-Datendatei gegebenen Umfrageergebnisse das Ergebnis einer einfachen Zufallsstichprobe sind.

a) Die Geschäftsleitung des Bären-Schaufenster-Centers am Tierpark möchte das Durchschnittsalter seiner Stammkunden wissen. Unter einem Stammkunden wird eine Person subsumiert, die das BSFC ungestützt kennt und es mindestens einmal in der Woche aufsucht (siehe Hinweise unter c)).

Geben Sie eine Punktschätzung für den Erwartungswert der Zufallsvariablen *Alter eines zufällig ausgewählten Stammkunden des BSFC* (durchschnittliches Alter der Stammkunden des BSFC) an. Ergänzen Sie die Punktschätzung durch die Schätzintervalle (realisierte Konfidenzintervalle) zu den Konfidenzniveaus 0,90, 0,95 und 0,99. Kommentieren Sie Ihre Ergebnisse.

b) Testen Sie zu einem vorgegebenen Signifikanzniveau von 0,05 folgende Nullhypothese: *Der weibliche Stammkunde des BSFC ist im Durchschnitt 41 Jahre alt.* Gehen Sie hierbei von der unter a) gegebenen Definition eines Stammkunden aus.

c) Testen Sie auf einem Signifikanzniveau von 0,05 die folgende Aussage: *Personen, die das BSFC kennen (egal, ob ungestützt oder gestützt) und Radio hören und nur einen Sender bevorzugt hören und bevorzugt Berliner Rundfunk hören, sind im Durchschnitt signifikant älter als 45 Jahre.*

*Hinweise*: Ungestützte Bekanntheit – eine befragte Person gibt an, das BSFC zu kennen, ohne daß ihr der Begriff *Bären-Schaufenster-Center* vorher genannt wird. Gestützte Bekanntheit – eine befragte Person gibt an, das BSFC zu kennen, erst nachdem ihr der Begriff *Bären-Schaufenster-Center* genannt wurde.

## Aufgabe 3-10

Verwenden Sie die SPSS-Datendatei **golf_2.sav**, die im folgenden als Ergebnis einer einfachen Zufallsstichprobe aufgefaßt werden soll.

Testen Sie mit Hilfe der gegebenen Stichprobe zum Signifikanzniveau 0,05, ob man davon ausgehen kann, daß das Alter der im Dezember 1996 in Berlin in der „Zweiten Hand" annoncierten VW Golf II diskret gleichverteilt ist.

## Aufgabe 3-11*

Auf der Grundlage der in der SPSS-Datendatei **alumni.sav** enthaltenen ausgewählten Ergebnisse der Absolventen-Umfrage sollen Hypothesen über die Verteilung des durchschnittlichen monatlichen Bruttoeinkommens der FHTW-Absolventen getestet werden. Es wird unterstellt, daß mit der Vorbereitung und Durchführung der Umfrage die Anforderungen einer einfachen Zufallsstichprobe erfüllt wurden.

Im Vorfeld der Umfrage wurden über die Verteilung des durchschnittlichen monatlichen Bruttoeinkommens im ersten Job der FHTW-Absolventen, die im Sommersemester 1996 oder später das Studium im Studiengang Betriebswirtschaft erfolgreich abgeschlossen hatten, von zwei Arbeitsgruppen zwei unter-

schiedliche Vermutungen geäußert, die in der folgenden Tabelle zusammengefaßt
sind.

| Einkommensklasse (Angaben in DM) | Anteil an der Gesamtheit der Absolventen seit Sommersemester 1996 (in Prozent) | |
| --- | --- | --- |
| | erste Arbeitsgruppe | zweite Arbeitsgruppe |
| unter 3500 | 15 | 20 |
| 3500 bis unter 5500 | 65 | 60 |
| 5500 oder mehr | 20 | 20 |

Die Vermutung welcher Arbeitsgruppe(n) ist mit dem Stichprobenergebnis vereinbar? Fassen Sie diese Vermutungen über die Einkommensverteilung der Absolventen des Studienganges Betriebswirtschaft als Nullhypothesen auf und testen Sie diese mit einem geeigneten statistischen Testverfahren zu einem Signifikanzniveau von 0,05.

## Aufgabe 3-12*

Unter Verwendung der SPSS-Datendatei **miete.sav**, die als Ergebnis einer einfachen Zufallsstichprobe aufgefaßt wird, prüfe man mit Hilfe eines geeigneten
Testverfahrens auf einem Signifikanzniveau von 0,05 die folgende Hypothese:
*Die angebotenen Mietwohnungen der Wohnflächenkategorie „klein" (weniger
als 40 m² Wohnfläche) sind auf die zentralen Stadtbezirke Berlins gleichverteilt.*

Zudem gebe man den Stichprobenumfang, die beobachtete und die theoretisch
erwartete absolute Häufigkeitsverteilung an und stelle die empirische Verteilung
gemeinsam mit der Verteilungserwartung in einem geeigneten Diagramm graphisch dar.

*Hinweis*: Alle Berliner Stadtbezirke mit einer West-Ost-Ordinate größer als 5,
aber kleiner als 8 und einer Nord-Süd-Ordinate größer als 4, aber kleiner als 6
gelten als zentrale Stadtbezirke.

## Aufgabe 3-13*

Ein Student, der in einem Weinfachgeschäft jobbt, hat die Vermutung, daß Kunden dieses Geschäftes lieblichen Wein etwa mit gleicher Wahrscheinlichkeit wie
halbtrockenen Wein verlangen, daß trockener Wein dagegen doppelt so häufig
wie halbtrockener Wein verlangt wird.

Testen Sie zum Signifikanzniveau 0,05, ob diese Vermutung durch die in der
SPSS-Datendatei **wein.sav** gegebene Stichprobe gestützt wird.

a) Welchen Test wenden Sie an?

b) Geben Sie das empirische Signifikanzniveau an, begründen und interpretieren
   Sie Ihre Testentscheidung.

c) Für welche Weinausbauart unterscheidet sich die Anzahl von Kunden in der Stichprobe betragsmäßig am deutlichsten von jener Kundenanzahl, die beim Vorliegen des vom Studenten vermuteten Verhältnisses zu erwarten wäre?

### Aufgabe 3-14

Aus der SPSS-Datendatei **miete.sav** wähle man alle Mietwohnungen aus, die zur Wohnflächenkategorie „mittelgroß" (40 m² oder mehr, aber weniger als 60 m² Wohnfläche) gehören und kodiere alle ausgewählten Wohnungen derart, daß die Zimmeranzahl *ein Zimmer* auf die Null und die Zimmeranzahl *zwei oder mehr Zimmer* auf die Eins abgebildet werden.

Ferner fasse man die ausgewählten Mietwohnungen als eine einfache Zufallsstichprobe auf und prüfe mit Hilfe eines geeigneten Testverfahrens auf einem Signifikanzniveau von 0,05 die folgende Hypothese: *50% der auf dem Berliner Wohnungsmarkt angebotenen Mietwohnungen der Wohnflächenkategorie „mittelgroß" (40 m² oder mehr, aber weniger als 60 m² Wohnfläche) sind 1-Zimmer-Wohnungen.*

### Aufgabe 3-15*

Auf Grundlage der SPSS-Datendatei **zeitung.sav**, die als Ergebnis einer einfachen Zufallsstichprobe aufzufassen ist, sollen bestimmte Hypothesen über die Häufigkeitsverteilung ausgewählter Merkmale des Leseverhaltens der Berliner bei Tageszeitungen getestet werden.

a) Es bezeichne X die Zufallsvariable *Ort, an dem ein zufällig ausgewählter Berliner hauptsächlich seine Tageszeitung liest.*

- Charakterisieren Sie diese Zufallsvariable. Geben Sie für jede mögliche Realisierung dieser Zufallsvariablen die von Ihnen vermutete Wahrscheinlichkeit ihrer Realisierung an (hypothetische Wahrscheinlichkeitsfunktion in Tabellenform).
- Fassen Sie die von Ihnen aufgestellte hypothetische Wahrscheinlichkeitsfunktion als Nullhypothese über das Verteilungsmodell der Zufallsvariablen X auf und testen Sie diese unter Verwendung der gegebenen Stichprobe bei einem Signifikanzniveau von 0,05.

b) Im folgenden soll für die Berliner, die regelmäßig eine oder auch mehrere Tageszeitungen lesen, eine Verteilungshypothese über die Anzahl der gelesenen Tageszeitungen postuliert und getestet werden.

Testen Sie folgende Nullhypothese: *75% der regelmäßig eine Tageszeitung lesenden Berliner lesen (genau) eine Tageszeitung, 20% lesen zwei Tageszeitungen und 5% lesen mehr als zwei Tageszeitungen.*

Definieren Sie die Grundgesamtheit sowie die Zufallsvariable und notieren Sie die mit der Nullhypothese gegebene Wahrscheinlichkeitsfunktion. Legen Sie Ihrer Testentscheidung ein Signifikanzniveau von 0,04 zugrunde.

c) Testen Sie auf einem Signifikanzniveau von 0,05 die folgende Nullhypothese mit Hilfe des Binomialtests: *Der Anteil der Berliner (an der Gesamtzahl aller Berliner), die nicht regelmäßig die Tageszeitung lesen, ist höchstens 12%.*

- Definieren Sie die der Problemstellung und dem Binomialtest adäquate Zufallsvariable. Formulieren Sie in Übereinstimmung mit der Problemstellung und dem Testverfahren die Nullhypothese.

- Ist, ein gleiches Signifikanzniveau unterstellt, das Stichprobenergebnis auch mit einem hypothetischen Anteil von höchstens 10% vereinbar?

d) Testen Sie auf einem Signifikanzniveau von 0,05 mit Hilfe des Binomialtests folgende Hypothese: *Der Anteil der Berliner (an der Gesamtzahl der eine Tageszeitung lesenden Berliner), die ihre Tageszeitung zu Hause lesen, beträgt 50%.*

- Definieren Sie die der Problemstellung und dem Binomialtest adäquate Zufallsvariable. Formulieren Sie in Übereinstimmung mit der Problemstellung und dem Testverfahren die Nullhypothese.

- Erzeugen Sie durch Dichotomisierung der Variablen $X\_6$ eine neue, für die Durchführung des Binomialtests geeignete Variable.

## Aufgabe 3-16

Nutzen Sie die SPSS-Datendatei **golf_2.sav**, die im folgenden als Ergebnis einer einfachen Zufallsstichprobe aufgefaßt werden soll.

Testen Sie zum Signifikanzniveau 0,05, ob man davon ausgehen kann, daß mehr als die Hälfte der im Dezember 1996 in Berlin in der „Zweiten Hand" annoncierten VW Golf II über Zubehör verfügt (d.h. mit Ausstattung wie z.B. Schiebedach, Klimaanlage ausgerüstet ist).

a) Welchen Test wenden Sie an?

b) Geben Sie die Nullhypothese und die Gegenhypothese für den Test an.

c) Zu welchem Testergebnis gelangen Sie?

d) Wieviel Prozent der mit der Stichprobe ausgewählten Gebrauchtwagen werden mit Zubehör angeboten?

## Aufgabe 3-17

Nutzen Sie die SPSS-Datendatei **golf_2.sav**, die im folgenden als Ergebnis einer einfachen Zufallsstichprobe aufgefaßt werden soll.

Testen Sie zum Signifikanzniveau 0,05, ob sich mit dieser Stichprobe statistisch sichern läßt, daß mehr als 70% der im Dezember 1996 in Berlin in der „Zweiten Hand" annoncierten VW Golf II höchstens 10 Jahre alt sind.

a) Welchen Test wenden Sie an?

b) Geben Sie die Nullhypothese und die Gegenhypothese für den Test an.

c) Zu welchem Testergebnis gelangen Sie? Interpretieren Sie das Testergebnis statistisch und sachlogisch.

d) Erklären Sie den Unterschied zwischen statistischer und sachlogischer Signifikanz.

### Aufgabe 3-18*

Arbeiten Sie mit der SPSS-Datendatei **wein.sav**.

a) Charakterisieren Sie die Erhebungsmerkmale (Skalentyp, Stetigkeit, Häufbarkeit, Dichotomie) und die zugehörigen Variablen *ek* und *konsum* (Variablentyp, Variablen- und Wertelabel).

b) Bestimmen Sie für die Kunden, die ein monatliches Nettoeinkommen von höchstens 1500 DM haben, den Mittelwert der durchschnittlichen monatlichen Ausgaben für Wein.

c) Bestimmen Sie den Median für die durchschnittlichen monatlichen Ausgaben für Wein für jene Kunden, die mehr als 3000 DM als monatliches Nettoeinkommen beziehen.

d) Gehen Sie von allen befragten Kunden aus und fassen Sie diese als eine einfache Zufallsstichprobe aus allen Kunden dieses Weinfachgeschäftes auf.

Testen Sie zum Signifikanzniveau 0,05, ob sich mit dem Stichprobenbefund statistisch sichern läßt, daß mindestens 20% aller Kunden dieses Weinfachgeschäftes im Durchschnitt monatlich mehr als 100 DM für Wein ausgaben.

- Welchen Test wenden Sie an?
- Wieviel Prozent der befragten Kunden gaben höchstens 100 DM aus?
- Welches empirische Signifikanzniveau liefert der Test?
- Interpretieren Sie Ihre Testentscheidung.

### Aufgabe 3-19

Grundlage für diese Aufgabe ist die SPSS-Datendatei **schule.sav**, die als Ergebnis einer einfachen Zufallsstichprobe aufgefaßt werden soll. Testen Sie zum Signifikanzniveau von 0,01, ob man davon ausgehen kann, daß die Zufallsgröße „Fahrstundenbedarf" normalverteilt ist.

a) Welche Nullhypothese haben Sie getestet, wie heißt das Testverfahren?

b) Geben Sie sowohl den Wert der Testgröße als auch das empirische Signifikanzniveau an und interpretieren Sie Ihre Testentscheidung.

### Aufgabe 3-20

Nutzen Sie die SPSS-Datendatei **golf_2.sav**, die im folgenden als Ergebnis einer einfachen Zufallsstichprobe aufgefaßt werden soll.

Testen Sie zum Signifikanzniveau 0,01, ob man davon ausgehen kann, daß der Preis der im Dezember 1996 in Berlin in der „Zweiten Hand" annoncierten VW Golf II mit einem 55 PS-Triebwerk normalverteilt ist.

## Aufgabe 3-21

Man führe das folgende Zufallsexperiment durch, notiere die Ergebnisse in einer Urliste, übertrage die Urlistendaten in eine SPSS-Datendatei und speichere diese unter dem Namen **würfel.sav**: Ein Spielwürfel mit sechs Augenzahlen wird unter sonst gleichen Bedingungen und voneinander unabhängig 60 mal geworfen.

a) Man erläutere am konkreten Sachverhalt die Begriffe: Merkmalsträger, Grundgesamtheit, Stichprobe, Erhebungsmerkmal und seine Skalierung.

b) Wie oft müßte jede Augenzahl erscheinen, wenn der Spielwürfel ideal wäre? Welches theoretische Verteilungsmodell liegt einem idealen Spielwürfel zugrunde? Man füge in die SPSS-Datendatei **würfel.sav** eine Variable ein, die die Ergebnisse eines idealen Spielwürfels simuliert.

c) Man stelle gemeinsam in einem geeigneten Diagramm die beobachtete und die theoretisch erwartete absolute Häufigkeitsverteilung für das in Rede stehende Zufallsexperiment dar, begründe und erläutere kurz die graphische Darstellung.

d) Man prüfe mit Hilfe des Chi-Quadrat-Anpassungstests auf einem Signifikanzniveau von 0,05 die folgende Hypothese: *Der Spielwürfel kann als ideal angesehen werden.*

e) Man stelle gemeinsam in einem geeigneten Diagramm die empirisch beobachtete und die theoretisch erwartete Verteilungsfunktion für das in Rede stehende Zufallsexperiment dar, begründe und erläutere kurz die graphische Darstellung.

*Hinweis*: Zur Lösung des Problems

- sortiere man die Werte des Erhebungsmerkmals der Größe nach in aufsteigender Ordnung
- füge man in die SPSS-Datendatei **würfel.sav** Variablen ein, die die relative Rangfolge (also die kumulierten relativen Häufigkeiten) der beobachteten und der theoretisch erwarteten Augenzahlen beinhalten
- stelle man mit Hilfe eines überlagerten und im SPSS Viewer unter Verwendung der entsprechenden Interpolationslinien bearbeiteten Streudiagramms die empirische und theoretische Verteilungsfunktion graphisch dar.

f) Man prüfe mit Hilfe des KOLMOGOROV-SMIRNOV-Anpassungstests auf einem Signifikanzniveau von 0,05 die Hypothese: *Der Spielwürfel kann als ideal angesehen werden.*

g) Man vergleiche, bewerte und interpretiere die Ergebnisse aus den Aufgabenstellungen d) und f).

## Aufgabe 3-22

Grundlage für diese Aufgabe ist die SPSS-Datendatei **schule.sav**, die als Ergebnis einer einfachen Zufallsstichprobe aufgefaßt werden soll.

a) Erzeugen Sie ein Balkendiagramm, um die Anzahl der Prüfungswiederholungen der theoretischen Prüfung für die erfaßten Fahrschüler zu veranschaulichen. Bestimmen Sie aus der Graphik den Modus.

b) Berechnen Sie aus der gegebenen Stichprobe Schätzwerte für den Erwartungswert und die Varianz der Zufallsgröße „Anzahl der Wiederholungen der theoretischen Prüfung". Vergleichen Sie diese Werte.

c) Welche Vermutung über die Verteilung des untersuchten Merkmals gewinnen Sie aus a) und b)? Begründen Sie Ihre Vermutung.

d) Testen Sie zum Signifikanzniveau 0,05, ob man davon ausgehen kann, daß die Anzahl der Wiederholungen der theoretischen Prüfung poissonverteilt ist mit dem Parameter 0,4. Deuten Sie den vorgegebenen Parameterwert sachlogisch.

## Aufgabe 3-23

Aus der SPSS-Datendatei **miete.sav** wähle man alle Friedrichshainer und Neuköllner 2-Zimmer-Mietwohnungen aus und fasse die ausgewählten Mietwohnungen als das Ergebnis einer einfachen Zufallsauswahl auf.

a) Man führe für beide Stadtbezirke eine bezirksspezifische Verteilungsanalyse der Quadratmeterpreise durch, indem man die Quadratmeterpreisverteilungen mit Hilfe von Statistiken, Boxplots, Normal Q-Q Plots beschreibt und mittels eines geeigneten Testverfahrens auf einem Signifikanzniveau von 0,05 jeweils die folgende bezirksspezifische Hypothese prüft: *Die Quadratmeterpreise von 2-Zimmer-Mietwohnungen sind normalverteilt.*

b) Man bewerkstellige für den Stadtbezirk, für den die Normalverteilungshypothese der Quadratmeterpreise nicht aufrecht erhalten werden kann, eine Datentransformation, um näherungsweise normalverteilte Daten zu erhalten und untersuche die transformierten Daten auf Normalverteilung.

c) Man gebe bei Annahme einer Normalverteilung die Wahrscheinlichkeit dafür an, daß eine zufällig ausgewählte Friedrichshainer 2-Zimmer-Mietwohnung für einen Quadratmeterpreis von mindestens 10 DM/m², aber höchstens 12 DM/m² angeboten wird. Die Verteilungsparameter schätze man aus dem Stichprobenbefund und interpretiere sie sachlogisch.

## Aufgabe 3-24*

Bei einer Umfrage, deren Ergebnisse in der SPSS-Datendatei **essen.sav** vorliegen, wurde u.a. nach der bevorzugten Küche gefragt. Als Antwortmöglichkeiten wurde vorgegeben: deutsche, italienische, griechische, chinesische, andere Küche. Bei der Beantwortung dieser Frage waren Mehrfachantworten zugelassen.

a) Fassen Sie die Antworten auf diese Frage, die jeweils in einer extra Variable abgespeichert sind, zu einem Set zusammen.

b) Erzeugen Sie eine Häufigkeitstabelle, aus der man entnehmen kann, wieviel Prozent der Befragten die griechische Küche bevorzugen.

c) Entnehmen Sie aus der Häufigkeitstabelle, wieviel Prozent der Nennungen die Entscheidungen für die chinesische Küche ausmachen.

d) Erstellen Sie eine geeignete Kreuztabelle, aus der Sie ablesen können, wie groß die Anzahl der befragten Personen ist, die mittags bzw. abends warm essen und die italienische, chinesische, deutsche, griechische bzw. eine andere Küche bevorzugen. Fordern Sie geeignete Zelleninhalte an und stellen Sie fest, wieviel Prozent derjenigen, die mittags warm essen, die deutsche Küche bevorzugen.

## Aufgabe 3-25

In Auswertung der SPSS-Datendatei **sport.sav** soll die Verteilung des Merkmals *Art und Weise, wie ein Studierender regelmäßig Sport treibt* analysiert werden.

a) Charakterisieren Sie die statistische Masse und das der analytischen Aufgabenstellung entsprechende Erhebungsmerkmal. Wie wird dieses Erhebungsmerkmal in der SPSS-Datendatei abgebildet?

b) Überlegen Sie sich, welche sachlogischen Zusammenhänge zwischen den SPSS-Variablen *sport*, *sport_1*, *sport_2* und *sport_3* bestehen.

c) Prüfen Sie, ob diese sachlogischen Zusammenhänge für die einzelnen Merkmalsträger erfüllt sind.

Listen Sie die Merkmalsträger auf, für die diese sachlogischen Zusammenhänge nicht erfüllt sind.

d) Modifizieren Sie die Datei so, daß merkmalsträgerweise der SPSS-Variablen *sport* immer dann der Wert 1 zugewiesen ist, wenn in den entsprechenden Zellen der SPSS-Variablen *sport_1* bis *sport_3* mindestens eine valide Angabe (Wert 1) enthalten ist.

e) Erstellen Sie zur Darstellung des Merkmals *Art und Weise, wie ein Studierender regelmäßig Sport treibt* eine Häufigkeitstabelle und werten Sie diese aus.

f) Stellen Sie die absolute Häufigkeitsverteilung des Merkmals *Art und Weise, wie ein Studierender ... Sport treibt* mittels eines PARETO-Diagramms dar.

g) Legen Sie eine SPSS-Variable an, die das Merkmal *Anzahl Nennungen in SPORT_1 bis SPORT_3 je Studierender* abbildet. Geben Sie die theoretisch möglichen Merkmalsausprägungen dieses Merkmals an.

h) Beschreiben Sie die Verteilung des Merkmals *Anzahl Nennungen in SPORT_1 bis SPORT_3 je Studierender* durch geeignete statistische Maßzahlen. Werten Sie die statistischen Maßzahlen aus.

Vergleichen Sie diese Maßzahlen mit den Angaben der Häufigkeitstabelle, die unter e) erstellt wurde.

i) Stellen Sie die empirische Verteilungsfunktion des Merkmals *Anzahl Nennungen in SPORT_1 bis SPORT_3 je Studierender* graphisch dar.

## Aufgabe 3-26

Man verwende die SPSS-Datendatei **chip.sav** und

a) benenne konkret den Merkmalsträger, die Grundgesamtheit, die Stichprobe, die Identifikationsmerkmale und das Erhebungsmerkmal bezüglich der SPSS-Variablen f3 einschließlich der Skalierung seiner erfaßten Ausprägungen.

b) erläutere das Prinzip einer geschichteten Zufallsauswahl.

c) stelle die empirische Verteilung des interessierenden Erhebungsmerkmals tabellarisch dar und gebe die Anzahl sowie den Anteil der befragten Fahrgäste an, die den Fahrkartenerwerb als umständlich bzw. als sehr umständlich bewerteten.

d) kodiere die SPSS-Variable *f3*, die eine Bewertung des Fahrkartenerwerbs zum Gegenstand hat, in eine Variable *f3_0_1* derart um, daß die Ausprägungen *umständlich* und *sehr umständlich* auf den Code Null und die restlichen gültigen Fahrgastbewertungen auf den Code Eins abgebildet werden. Zudem stelle man die empirische Häufigkeitsverteilung tabellarisch dar und vergleiche die Ergebnisse mit den Ergebnissen aus c).

e) prüfe unter Verwendung der SPSS-Variablen *f3_0_1* mit Hilfe eines geeigneten Testverfahrens auf einem Signifikanzniveau von 0,05 die folgende Hypothese: *Mindestens ein Viertel aller Fahrgäste des Berliner ÖPNV bewerten einen Fahrkartenerwerb als umständlich bzw. als sehr umständlich.*

f) charakterisiere die Variablen *f3b1* bis *f3b6*. Zudem erläutere man das Grundprinzip des Verfahrens der multiplen Dichotomien.

g) nenne die auf der Interviewer-Vorlage vermerkten Gründe und gebe den Grund an, der am häufigsten genannt wurde.

- Wieviel Prozent der betreffenden Fahrgäste gaben den am häufigsten genannten Grund an?
- Man vermerke den am häufigsten genannten Grund und gebe den zugehörigen prozentualen Anteil an den Gesamtnennungen an.
- Wie viele Gründe wurden im Durchschnitt von einem befragten Fahrgast, der den Fahrkartenerwerb als umständlich bzw. sehr umständlich erachtete, genannt?

*Hinweis*: Die Fahrgäste, die den Fahrkartenerwerb als umständlich bzw. als sehr umständlich erachteten, wurden anhand einer Interviewer-Vorlage nach Gründen befragt, wobei Mehrfachnennungen von Gründen möglich waren. Die Befragungsergebnisse sind in den Variablen *f3b1* bis *f3b6* zusammengefaßt.

# 4

# Aufgaben zur Mittelwertanalyse

## Schwerpunkte

| | |
|---|---|
| Mittelwerttabelle | Multiple Mittelwerttests |
| Einfacher t-Test | t-Test für gepaarte Stichproben |
| Doppelter t-Test | MANN-WHITNEY-Test |
| WELCH-Test | KRUSKAL-WALLIS-Test |
| LEVENE-Varianzhomogenitätstest | WILCOXON-Test |
| Einfache Varianzanalyse | LLR-Glättung |

Das vierte Kapitel hat praktische Problemstellungen der statistischen Mittelwertanalyse zum Gegenstand. Gleichwohl die oben genannten Tests von MANN-WHITNEY und KRUSKAL-WALLIS Verteilungstests sind, werden sie in diesem Kapitel als das nichtparametrische Pendant zu den parametrischen Mittelwerttests angesehen und appliziert.

Der sachlogische Hintergrund der SPSS-Datendateien, die den praktischen Problemstellungen zugrunde liegen, ist im ersten Kapitel dargestellt.

Die mit einem * gekennzeichneten Aufgaben waren in den vergangenen Semestern integrale Bestandteile von Klausuren im Hauptstudienfach „Angewandte Statistik mit SPSS".

Die zu den nachfolgenden Aufgaben angebotenen Lösungen sind im abschließenden Kapitel zusammengestellt.

**Aufgabe 4-1**

Nutzen Sie die SPSS-Datendatei **golf_2.sav**, die im folgenden als Ergebnis einer einfachen Zufallsstichprobe aufgefaßt werden soll.

Stellen Sie sich vor, Sie wollen einen gebrauchten Golf, der 5 oder 6 Jahre alt ist und ein 55 PS-Triebwerk besitzt, kaufen. Um sich ein Bild über den Preis eines besagten Golfs zu verschaffen, befragen Sie voneinander unabhängig fünf sachkundige Kommilitonen, notieren deren Preisvorstellungen und verwenden das arithmetische Mittel von 9200 DM als einen Richtpreis, mit dem im Durchschnitt beim Kauf eines besagten Golf zu rechnen ist.

Testen Sie Ihren ermittelten Richtpreis mit Hilfe der in der SPSS-Datendatei gegebenen Stichprobe zum Signifikanzniveau 0,1. Geben Sie die Nullhypothese und die Gegenhypothese an, prüfen Sie, ob eventuelle Voraussetzungen für die Anwendbarkeit des Tests erfüllt sind und interpretieren Sie Ihr Testergebnis.

**Aufgabe 4-2**

Verwenden Sie die SPSS-Datendatei **golf_2.sav**, die im folgenden als Resultat einer einfachen Zufallsauswahl aufgefaßt werden soll.

Prüfen Sie zum Signifikanzniveau 0,01, ob sich statistisch sichern läßt, daß gebrauchte VW Golf II mit einem 55 PS-Triebwerk im Durchschnitt billiger sind als gebrauchte VW Golf II mit einem 75 PS-Triebwerk.
a) Welchen Test wenden Sie an?
b) Geben Sie die Nullhypothese und die Gegenhypothese für den Test an.
c) Sind die Testvoraussetzungen erfüllt?
d) Geben Sie das empirische Signifikanzniveau an, begründen und interpretieren Sie Ihre Testentscheidung.

**Aufgabe 4-3**

Nutzen Sie die SPSS-Datendatei **golf_2.sav**, die im folgenden als Resultat einer einfachen Zufallsstichprobe aufgefaßt werden soll.

Prüfen Sie zum Signifikanzniveau 0,05, ob sich statistisch sichern läßt, daß gebrauchte VW Golf II, die mindestens 8 Jahre alt sind, im Durchschnitt billiger zu haben sind, als gebrauchte VW Golf II, die jünger als 8 Jahre sind.

**Aufgabe 4-4***

Grundlage für diese Aufgabe ist die SPSS-Datendatei **schule.sav**, die als Ergebnis einer einfachen Zufallsstichprobe aufgefaßt wird.

Untersuchen Sie die Fragestellung: Brauchen Fahrschüler, die jünger als 30 Jahre sind, im Durchschnitt weniger Fahrstunden als die Fahrschüler, die mindestens 30 Jahre alt sind?

a) Vergleichen Sie zunächst deskriptiv die Lagemaße der empirischen altersspezifischen Fahrstundenverteilungen. Erzeugen und interpretieren Sie vergleichend geeignete altersspezifische Boxplots.

b) Testen Sie zum Signifikanzniveau von 0,05, ob der durchschnittliche Fahrstundenbedarf für Fahrschüler, deren Alter unter 30 Jahren liegt, signifikant geringer ist als für Fahrschüler, die mindestens 30 Jahre alt sind.

   Welches Testverfahren haben Sie benutzt? Geben Sie die Nullhypothese an und prüfen Sie, ob die Testvoraussetzungen erfüllt sind. Geben Sie den Wert der Testgröße und das empirische Signifikanzniveau an. Interpretieren Sie ihre Testentscheidung sachlogisch und statistisch.

## Aufgabe 4-5*

Auf Grundlage der mit der SPSS-Datendatei **vw_opel.sav** gegebenen Stichprobe ist eine vergleichende Analyse der durchschnittlichen jährlichen Laufleistung (in km pro Jahr) der Gebrauchtwagen der Marken VW Golf und Opel Kadett durchzuführen. Insbesondere soll auch die Vermutung, daß sich die im Frühjahr 1996 im Raum Berlin/Brandenburg angebotenen Gebrauchtwagen der Marken Opel Kadett und VW Golf nicht signifikant bezüglich der mittleren durchschnittlichen jährlichen Laufleistung unterscheiden, überprüft werden.

a) Führen Sie zunächst einen deskriptiven Mittelwertvergleich durch.

b) Überprüfen Sie die oben formulierte Vermutung mittels eines geeigneten statistischen Tests zu einem vorgegebenen Signifikanzniveau von 0,05.

## Aufgabe 4-6*

Man verwende die SPSS-Datendatei **schule.sav**, fasse sie als eine Realisation einer einfachen Zufallsstichprobe auf und

a) benenne den Merkmalsträger und charakterisiere die SPSS-Variablen *bedarf* und *sex*

b) teste auf einem Signifikanzniveau von 0,05 mittels eines geeigneten Verfahrens die folgenden geschlechtsspezifischen Hypothesen: *Der Fahrstundenbedarf von männlichen bzw. von weiblichen Berliner Fahrschülern ist eine normalverteilte Zufallsvariable.*

c) prüfe unter Beachtung der Testvoraussetzungen auf einem Signifikanzniveau von 0,05 mit Hilfe eines geeigneten Testverfahrens die folgende Hypothese: *Der durchschnittliche Fahrstundenbedarf von Berliner Fahrschülern ist für beide Geschlechter gleich.*

## Aufgabe 4-7*

Nutzen Sie die SPSS-Datendatei **wein.sav**. Gehen Sie davon aus, daß Ihnen mit dieser Datei das Ergebnis einer einfachen Zufallsstichprobe gegeben sei.

Untersuchen Sie, ob sich zum Signifikanzniveau 0,1 statistisch sichern läßt, daß Kunden, die halbtrockenen Wein bevorzugen, im Durchschnitt jünger sind als Kunden, die lieblichen Wein bevorzugen.

a) Geben Sie folgende Werte an:

- die Anzahl der Kunden, die lieblichen Wein bevorzugen

- die Standardabweichung des Alters dieser Kunden

b) Um wie viele Jahre unterscheidet sich das Durchschnittsalter der befragten Kunden, die halbtrockenen Wein bevorzugen vom Durchschnittsalter der befragten Kunden, die lieblichen Wein mögen?

c) Geben Sie die Nullhypothese zur Untersuchung der oben formulierten Fragestellung an (erläutern Sie, falls Sie dabei Symbole benutzen, was diese bedeuten).

d) Geben Sie das empirische Signifikanzniveau an, begründen und interpretieren Sie Ihre Testentscheidung.

e) Auf welche Grundgesamtheit bezieht sich die Aussage?

## Aufgabe 4-8*

Die Geschäftsleitung eines Einkaufs- und Dienstleistungszentrums am Berliner Tierpark (**Bären-Schau-Fenster-Center**) möchte im Zusammenhang mit einer optimalen Gestaltung der Werbung detaillierte Informationen zum Alter der Kunden des BSFC erfassen. Im Auftrage der Geschäftsleitung wurde eine Umfrage unter den potentiellen und tatsächlichen Kunden des BSFC durchgeführt. Mit der SPSS-Datendatei **bsfc.sav** stehen Ihnen die Umfrageergebnisse zu ausgewählten Fragen zur Verfügung. Die mit der SPSS-Datendatei **bsfc.sav** gegebenen Umfrageergebnisse werden im weiteren als Ergebnis einer einfachen Zufallsstichprobe aufgefaßt.

a) Führen Sie einen deskriptiven Mittelwertvergleich für das Erhebungsmerkmal Alter nach den folgenden Kundengruppen durch:

- die befragte Person kennt das BSFC nicht (Nichtkunde)

- die befragte Person kennt das BSFC, aber sie hat es noch nie besucht (Nichtkunde)

- die befragte Person kennt das BSFC und besucht es weniger als einmal pro Woche (Gelegenheitskunde)

- der befragte Kunde kennt das BSFC und besucht es mindestens einmal in der Woche (Stammkunde).

b) Testen Sie zu einem vorgegebenen Signifikanzniveau von 0,05 folgende Nullhypothese: *Das durchschnittliche Alter der weiblichen Gelegenheitskunden des BSFC ist gleich dem durchschnittlichen Alter der männlichen Gelegenheitskunden des BSFC.*

c) In Auswertung der Stichprobendaten ergibt sich, daß die Personen, die im Einzugsgebiet 4-8 wohnen und das BSFC kennen, im Durchschnitt älter sind als die Personen, die nicht im Einzugsgebiet wohnen und das BSFC kennen. Kann man bei einem vorgegebenen Signifikanzniveau von 0,05 diesen Unterschied im Durchschnittsalter als signifikant deuten?

**Aufgabe 4-9***

Man verwende die SPSS-Datendatei **auto.sav**, fasse sie als das Ergebnis einer einfachen Zufallsauswahl auf und

a) benenne am konkreten Sachverhalt den Merkmalsträger sowie die Skalierung der Erhebungsmerkmale.

b) füge in die Datei eine Variable ein, die für jeden Merkmalsträger die durchschnittliche Fahrleistung pro Altersjahr angibt.

c) bestimme sowohl für die Gebrauchtwagen vom Typ Ford Fiesta als auch vom Typ Ford Escort die mittlere jahresdurchschnittliche Fahrleistung sowie die jeweilige Standardabweichung der jahresdurchschnittlichen Fahrleistungen.

d) gebe jeweils ein realisiertes Konfidenzintervall für die mittlere jahresdurchschnittliche Fahrleistung eines Ford Fiesta bzw. eines Ford Escort auf einem Konfidenzniveau von 0,9 an und stelle die realisierten Konfidenzintervalle gemeinsam in einem Diagramm graphisch dar.

e) prüfe mit Hilfe eines geeigneten Tests auf einem Signifikanzniveau von 0,05 die folgenden Verteilungshypothesen: *Die jahresdurchschnittliche Fahrleistung von gebrauchten Ford Escort bzw. gebrauchten Ford Fiesta ist jeweils eine normalverteilte Zufallsvariable.*

f) gebe bei Annahme einer Normalverteilung und unter Verwendung der Ergebnisse aus c) die Wahrscheinlichkeit dafür an, daß jeweils ein zufällig ausgewählter Gebrauchtwagen vom Typ Ford Fiesta im Jahresdurchschnitt mehr als 15000 km gefahren wird.

g) teste unter Beachtung der theoretischen Voraussetzungen mit Hilfe eines geeigneten Verfahrens auf einem Signifikanzniveau von 0,05 die folgende Hypothese: *Die mittlere jahresdurchschnittliche Fahrleistung von gebrauchten Ford Fiesta ist gleich der von gebrauchten Ford Escort.*

**Aufgabe 4-10***

Im Rahmen einer Untersuchung zu den Lebensgewohnheiten von Personen sollen die Gewohnheiten der Berliner, die regelmäßig eine Tageszeitung lesen, analysiert werden. Unter „... regelmäßig eine Tageszeitung lesen..." wird subsumiert, daß die betreffende Person täglich mindestens eine Tageszeitung liest.

Nutzen Sie für die Analyse die mit der SPSS-Datendatei **zeitung.sav** gegebenen Umfrageergebnisse. Fassen Sie dabei die mit der Datei gegebenen Umfrageergebnisse als eine Realisation einer einfachen Zufallsstichprobe auf.

a) Unter anderem interessiert die Frage, ob sich die durchschnittliche tägliche Lesedauer für eine Tageszeitung der Berliner, die regelmäßig nur eine Tageszeitung lesen und insbesondere den Tagesspiegel favorisieren, signifikant von der durchschnittlichen täglichen Lesedauer für eine Tageszeitung der Berliner unterscheidet, die regelmäßig nur eine Tageszeitung lesen und insbesondere die Morgenpost bevorzugen.

   Gehen Sie bei der Lösung des Problems in den folgenden Schritten vor:
   - Führen Sie zunächst einen deskriptiven Mittelwertvergleich durch.
   - Definieren Sie die Zufallsvariable(n) und formulieren Sie die Null- und die Gegenhypothese entsprechend der oben gegebenen Aufgabenstellung.
   - Charakterisieren Sie die Problemstellung aus statistisch-methodischer Sicht und wählen Sie ein geeignetes Testverfahren aus.
   - Erzeugen Sie den entsprechenden SPSS-Output und werten Sie diesen aus.

b) Kann man für den Test der Nullhypothese: *Die durchschnittliche tägliche Lesedauer für eine Tageszeitung der Berliner, die regelmäßig nur eine Tageszeitung lesen und insbesondere die Frankfurter Allgemeine favorisieren, ist gleich der durchschnittlichen täglichen Lesedauer für eine Tageszeitung der Berliner, die regelmäßig nur eine Tageszeitung lesen und insbesondere die Süddeutsche Zeitung bevorzugen.* das gleiche Testverfahren wie unter a) vorgeschlagen, anwenden? Begründen Sie kurz Ihre Antwort.

c) Überprüfen Sie unter Verwendung eines geeigneten Testverfahrens, ob die Leser der Berliner Morgenpost im Durchschnitt signifikant älter sind als die Leser des Berliner Tagesspiegels.
   - Definieren Sie die Zufallsvariable(n) und formulieren Sie die Null- und die Gegenhypothese entsprechend der Aufgabenstellung.
   - Wählen Sie ein geeignetes Testverfahren aus und begründen Sie Ihre Auswahl.
   - Führen Sie den Test durch und werten Sie den entsprechenden SPSS-Output aus. Treffen Sie Ihre Testentscheidung und begründen Sie diese unter Verwendung des beobachteten Signifikanzniveaus.

### Aufgabe 4-11*

Verwenden Sie zur Beantwortung der folgenden Fragestellungen die SPSS-Datendatei **baby.sav** und fassen Sie die Daten als das Ergebnis einer einfachen Zufallsauswahl auf.

a) Benennen Sie den Merkmalsträger, die Erhebungsmerkmale und die Skalierung ihrer Ausprägungen.

b) Prüfen Sie mit Hilfe eines geeigneten Verfahrens auf einem Signifikanzniveau von 0,05 die Hypothese: *Der Körper-Masse-Index (Angaben in kg Körpergewicht je quadrierte und in Metern gemessene Körperlänge) von lebendgeborenen Knaben bzw. lebendgeborenen Mädchen ist jeweils eine normalverteilte Zufallsvariable.* Fügen Sie dazu in die Datei eine Variable ein, die für jeden Merkmalsträger den Körper-Masse-Index zurückgibt.

c) Wie groß ist bei Unterstellung einer Normalverteilung die Wahrscheinlichkeit dafür, daß ein zufällig ausgewählter lebendgeborener Knabe einen Körper-Masse-Index unter 12 kg/m², zwischen 13 kg/m² und 14 kg/m², über 15 kg/m² besitzt?

    *Hinweis*: Schätzen Sie die Normalverteilungsparameter aus dem Stichprobenbefund, geben Sie ihre Werte an und interpretieren Sie diese sachlogisch.

d) Ermitteln Sie unter den angenommenen Bedingungen aus der Fragestellung c) den Körper-Masse-Index für einen lebendgeborenen Knaben, der mit einer Wahrscheinlichkeit von 0,8 nicht überschritten wird.

e) Geben Sie ein realisiertes Konfidenzintervall für den durchschnittlichen Körper-Masse-Index von lebendgeborenen Knaben auf einem Konfidenzniveau von 0,99 an.

f) Prüfen Sie mit Hilfe eines geeigneten Testverfahrens auf einem Signifikanzniveau von 0,05 die folgenden Hypothesen:

- *Lebendgeborene Knaben und lebendgeborene Mädchen besitzen einen im Durchschnitt gleichen Körper-Masse-Index.*
- *Der Kopfumfang von lebendgeborenen Knaben ist im Durchschnitt gleich oder kleiner als der lebendgeborener Mädchen.*

Welches Testverfahren verwenden Sie? Können die Testvoraussetzungen als erfüllt angesehen werden? Welches Testergebnis erhalten Sie?

## Aufgabe 4-12

Gehen Sie davon aus, daß Ihnen mit der SPSS-Datendatei **golf_2.sav** das Ergebnis einer einfachen Zufallsstichprobe aus allen im Dezember 1996 in Berlin angebotenen Gebrauchtwagen vom Typ Golf mit einem 55-PS- oder einem 75-PS-Triebwerk gegeben ist.

Es sollen nur die Gebrauchtwagen berücksichtigt werden, die mindestens 5 Jahre und höchstens 8 Jahre alt sind. Für die Wagen dieser Altersklasse soll zum Signifikanzniveau 0,05 geprüft werden, ob sich die mittlere Laufleistung für die vier Altersgruppen (5 Jahre alt, 6 Jahre alt, 7 Jahre alt, 8 Jahre alt) insgesamt signifikant unterscheidet.

a) Prüfen Sie, ob die Laufleistung für 5 Jahre alte, für 6 Jahre alte, für 7 Jahre alte und für 8 Jahre alte Gebrauchtwagen vom Typ Golf jeweils als eine normalverteilte Zufallsgröße aufgefaßt werden kann.

b) Testen Sie, ob für die Laufleistung in den vier Altersgruppen Varianzhomogenität vorliegt.

c) Prüfen Sie, ob sich die mittlere Laufleistung in den vier Altersgruppen signifikant unterscheidet.

d) Stellen Sie mit Hilfe eines geeigneten Post Hoc Testes fest, für welche Altersgruppenpaare ein signifikanter Laufleistungsunterschied festgestellt werden kann.

### Aufgabe 4-13*

Man verwende die SPSS-Datendatei **pkw.sav**, fasse sie als das Ergebnis einer einfachen Zufallsauswahl auf und

a) benenne den Merkmalsträger, die Erhebungsmerkmale sowie deren Skalierung.

b) füge in die Arbeitsdatei eine vollständig definierte SPSS-Variable ein, die die jahresdurchschnittliche Fahrleistung eines jeden gebrauchten PKW beschreibt.

c) stelle die typenspezifischen empirischen Verteilungen der jahresdurchschnittlichen Fahrleistung mit Hilfe von Boxplots derart dar, daß alle Boxplots in einem Diagramm erscheinen.

d) treffe mit Hilfe eines geeigneten Verfahrens eine Aussage hinsichtlich der folgenden Behauptung: *Die jahresdurchschnittliche Fahrleistung eines jeden in der Datendatei erfaßten Gebrauchtwagentyps ist eine normalverteilte Zufallsvariable.*

e) gebe auf einem Konfidenzniveau von 0,95 eine Intervallschätzung für die mittlere jahresdurchschnittliche Fahrleistung eines jeden statistisch erfaßten Gebrauchtwagentyps an und stelle die realisierten Schätzintervalle gemeinsam in einer Graphik dar.

f) prüfe mit Hilfe eines geeigneten Verfahrens auf einem Signifikanzniveau von 0,05 die folgende Hypothese: *Im Durchschnitt besitzen die erfaßten Gebrauchtwagentypen eine gleiche jahresdurchschnittliche Fahrleistung.* und interpretiere das Ergebnis. Zudem benenne man das Verfahren, skizziere die statistischen Voraussetzungen für seine sinnvolle Anwendung und prüfe diese hinsichtlich ihrer (zumindest näherungsweisen) Erfüllung.

g) gebe die Gebrauchtwagentypen an, die sich auf einem Signifikanzniveau von 0,05 hinsichtlich ihrer jahresdurchschnittlichen Fahrleistung im Durchschnitt wesentlich voneinander unterscheiden. Zudem benenne und begründe man das applizierte Post-Hoc-Testverfahren.

h) formuliere und prüfe mit Hilfe linearer Kontraste auf einem Signifikanzniveau von 0,05 eine Mittelwerthypothese, die einem Ergebnis aus der Aufgabenstellung g) entspricht.

i) prüfe die Hypothese aus der Aufgabenstellung f) unter der Prämisse, daß die jahresdurchschnittliche Fahrleistung eines jeden Gebrauchtwagentyps keine normalverteilte Zufallsvariable ist, benenne das applizierte statistische Verfahren und interpretiere das Testergebnis statistisch und sachlogisch.

j) deute die Auswahlbedingung **typ ~= 4** semantisch, prüfe auf deren Basis die unter f) genannte Hypothese und interpretiere das Ergebnis. Zudem bestimme man das zugehörige Quantil der F-Verteilung und führe den F-Test auf klassische Art und Weise durch.

## Aufgabe 4-14

Nutzen Sie zur Bearbeitung der folgenden Aufgabe die SPSS-Datendatei **student.sav**. Fassen Sie die gegebenen Daten als das Ergebnis einer einfachen Zufallsstichprobe auf.

Für die folgenden Fragestellungen sollen nur Studenten berücksichtigt werden, die mindestens 1,70 m und höchstens 1,76 m groß sind, wobei letztlich untersucht werden soll, ob sich für Studenten im angegebenen Größenbereich statistisch sichern läßt, daß Raucher im Durchschnitt weniger wiegen als Nichtraucher. Dabei sollen alle angestrebten Testentscheidungen zum Signifikanzniveau von 0,05 herbeigeführt werden.

a) Testen Sie, ob das Gewicht von Studenten im angegebenen Größenbereich, die Nichtraucher sind, als normalverteilte Zufallsgröße aufgefaßt werden kann.

b) Testen Sie, ob das Gewicht von Studenten im angegebenen Größenbereich, die Raucher sind, als normalverteilte Zufallsgröße aufgefaßt werden kann.

c) Welchen Test wenden Sie an, um zu prüfen, ob Raucher im Durchschnitt weniger wiegen als Nichtraucher? Warum? Geben Sie das empirische Signifikanzniveau an und interpretieren Sie die Testentscheidung.

## Aufgabe 4-15*

Man verwende die SPSS-Datendatei **wunsch.sav**, fasse sie als eine Realisation einer einfachen Zufallsstichprobe auf, teste auf einem Signifikanzniveau von 0,05 mit Hilfe eines geeigneten Verfahrens die folgenden Hypothesen, benenne das applizierte Verfahren und interpretiere das Testergebnis statistisch und sachlogisch:

a) *Die Differenz zwischen der tatsächlichen und der gewünschten Wohnfläche ist in der Grundgesamtheit der Bewohner von Treptower Mietwohnungen normalverteilt.* Die getroffene Testentscheidung vergleiche man mit dem zugehörigen Normal Q-Q Plot.

b) *In der Grundgesamtheit der Bewohner von Treptower Mietwohnungen gibt es im Durchschnitt keinen Unterschied zwischen der tatsächlichen und der gewünschten Wohnfläche zu verzeichnen.* Diesen statistischen Verteilungsvergleich unterlege man bildhaft mit Hilfe zweier (in einem Diagramm dargestellter) Boxplots.

**Aufgabe 4-16**

Man verwende die Urlistendaten aus der Aufgabe 5-12, fasse diese als das Ergebnis einer einfachen Zufallsstichprobe auf und prüfe unter Beachtung der nachfolgend genannten Prämissen jeweils mit Hilfe eines geeigneten Verfahrens auf einem Signifikanzniveau von 0,05 die folgende Hypothese: *Studierende im grundständigen Fernstudium des Wirtschaftsingenieurwesens erreichen in der Mathematik- und in der Statistikabschlußklausur im Mittel bzw. im Durchschnitt eine gleiche Punktezahl.*

a) Prämisse: Die Punktezahldifferenzen sind Realisationen einer normalverteilten Zufallsgröße.

b) Prämisse: Die Punktezahldifferenzen sind nicht normalverteilt.

   Zudem begründe man kurz die Wahl des applizierten statistischen Verfahrens und interpretiere die Ergebnisse sowohl aus statistisch-methodischer als auch aus sachlogischer Sicht.

**Aufgabe 4-17**

Man verwende die SPSS-Datendatei **miete.sav** und

a) deute die Auswahlbedingung **zimmer = 2 & nord_süd > 4 & nord_süd < 5** semantisch und benenne die Berliner Stadtbezirke, die dieser Auswahlbedingung genügen.

b) stelle für die unter a) ausgewählten Berliner Stadtbezirke die bezirksspezifischen empirischen Wohnflächenverteilungen von 2-Zimmer-Mietwohnungen mit Hilfe gruppierter Boxplots (in einem Diagramm) dar und interpretiere das Ergebnis der vergleichenden explorativen Datenanalyse.

c) teste auf einem Signifikanzniveau von 0,05 mit Hilfe eines geeigneten Verfahrens die folgende bezirksspezifische Verteilungshypothese: *Die Wohnfläche von 2-Zimmer-Mietwohnungen kann in jedem der besagten Berliner Stadtbezirke als eine normalverteilte Zufallsvariable aufgefaßt werden.*

d) prüfe auf einem Signifikanzniveau von 0,05 mit Hilfe des KRUSKAL-WALLIS-Tests die Hypothese: *Die Verteilung der Wohnflächen von 2-Zimmer-Mietwohnungen ist in den in Rede stehenden Berliner Stadtbezirken homogen.*

e) benenne die Berliner Stadtbezirke, die der Auswahlbedingung **zimmer = 2 & west_ost > 8 & nord_süd > 3** genügen, stelle die empirischen Wohnflächenverteilungen mit Hilfe dreidimensionaler gruppierter (also ortslagespezifischer) Boxplots dar, ergänze die ortslagespezifischen Boxplots durch ein „Wohnflächengebirge", das mit Hilfe einer L(okalen)L(inearen)R(egressions)-Glättung erzeugt wurde, prüfe gleichsam mit dem KRUSKAL-WALLIS-Test die unter d) angegebene Homogenitätshypothese und interpretiere das Ergebnis statistisch und sachlogisch.

# 5

# Aufgaben zur Korrelationsanalyse

## Schwerpunkte

| | |
|---|---|
| Kreuztabelle | Streudiagramm |
| Kontingenzmaße | Einfache Maßkorrelation |
| Chi-Quadrat-Unabhängigkeitstest | Partielle Maßkorrelation |
| Wahrscheinlichkeitstheoreme | Korrelationsmatrix |
| Rangkorrelation | Streudiagramm-Matrix |

Das fünfte Kapitel der Aufgabensammlung hat praktische Problemstellungen der statistischen Zusammenhangsanalyse zum Gegenstand.

Der sachlogische Hintergrund der SPSS-Datendateien, die den praktischen Problemstellungen zugrunde liegen, ist im ersten Kapitel dargestellt.

Die mit einem * gekennzeichneten Aufgaben waren in den vergangenen Semestern integrale Bestandteile von Klausuren im Hauptstudienfach „Angewandte Statistik mit SPSS".

Die zu den nachfolgenden Aufgaben angebotenen Lösungen sind im abschließenden Kapitel zusammengestellt.

## Aufgabe 5-1*

Verwenden Sie zur Beantwortung der folgenden Problemstellungen die SPSS-Datendatei **fkk.sav** und fassen sie diese als ein Ergebnis einer einfachen Zufallsauswahl auf.

a) Benennen Sie am konkreten Sachverhalt den Merkmalsträger sowie die Skalierung der Erhebungsmerkmale *Herkunftsland* und *Einstellung* (zur **Frei-K**örper-**K**ultur).

b) Erstellen Sie für die SPSS-Variablen *land* und *fkk* eine Kreuztabelle und geben Sie die Wahrscheinlichkeit dafür an, daß ein aus dem Kreis der Befragten zufällig ausgewählter Student

- FKK-Fan ist (Ereignis F), also P(F)
- nicht aus Ostdeutschland stammt (Ereignis $\overline{O}$), also P($\overline{O}$)
- FKK-Fan ist und nicht aus Ostdeutschland stammt, also P(F $\cap$ $\overline{O}$).

c) Gilt im konkreten Fall P(F $\cap$ $\overline{O}$) = P(F)·P($\overline{O}$)? Welches Wahrscheinlichkeitstheorem liegt hier zugrunde?

d) Geben Sie die durch das Merkmal *fkk* definierten Konditionalverteilungen an und interpretieren Sie diese. Zu welcher Aussage gelangen Sie?

e) Kann aufgrund der Befragungsergebnisse die Hypothese: *Die Einstellung zur FKK ist stochastisch unabhängig vom Herkunftsland des Befragten* aufrecht erhalten werden? Welches Testverfahren verwenden Sie? Zu welcher Testentscheidung gelangen Sie bei Vorgabe eines Signifikanzniveaus von 0,05?

f) Wieviel Befragte müßten unter der Unabhängigkeitshypothese FKK-Fans sein und aus Ostdeutschland stammen?

g) Messen und interpretieren Sie die Stärke der statistischen Kontingenz zwischen *land* und *fkk* mit Hilfe einer geeigneten Maßzahl.

## Aufgabe 5-2*

Auf der Grundlage von 360 zufällig ausgewählten Ehen, die 1994 durch ein Berliner Gericht gelöst wurden, soll untersucht werden, ob zwischen dem Merkmal *Antragsteller* einerseits und den Merkmalen *Ehedauer, Wer ist der ältere Ehepartner?* bzw. *Wohnort* andererseits ein stochastischer Zusammenhang besteht. Die dazu erforderlichen Daten sind in der SPSS-Datendatei **ehe.sav** gespeichert.

a) Benennen Sie den Merkmalsträger und charakterisieren Sie die Erhebungsmerkmale bezüglich des Skalenniveaus.

b) Erstellen Sie für die Analyse des Zusammenhangs zwischen den Merkmalen *Antragsteller* und *Wer ist der ältere Ehepartner?* eine Kreuztabelle, die folgende Anforderungen erfüllt:

- Die Ausprägungen des Merkmals *Antragsteller* sind über die Zeilen abgetragen und die Ausprägungen des Merkmals *Wer ist der ältere Ehepartner?* über die Spalten.

- Die Zellen beinhalten
  - die beobachteten absoluten und prozentualen relativen Häufigkeiten zur Darstellung der bivariaten Verteilung von *Antragsteller* und *Wer ist der ältere Ehepartner?*
  - die beobachteten prozentualen relativen Häufigkeiten zur Darstellung der univariaten Verteilungen der Merkmale *Antragsteller* und *Wer ist der ältere Ehepartner?*
  - die beobachteten prozentualen relativen Häufigkeiten zur Darstellung der zwei bedingten Verteilungen: Verteilung des Merkmals *Antragsteller* unter der Bedingung *der Ehemann ist älter* und Verteilung des Merkmals *Antragsteller* unter der Bedingung *die Ehefrau ist älter.*
- Interpretieren Sie die Ergebnisse. Diskutieren Sie die Ergebnisse insbesondere auch hinsichtlich der Frage nach einem Zusammenhang zwischen den beiden Merkmalen.

c) Stellen Sie die mit der Kreuztabelle gegebenen bedingten Verteilungen graphisch dar.

d) Testen Sie zu einem Signifikanzniveau von 0,01 die Hypothese: *Die Merkmale „Antragsteller" und „Wer ist der ältere Ehepartner?" sind stochastisch unabhängig voneinander.*

e) Untersuchen Sie, ob zwischen den Merkmalen *Antragsteller* und *Wohnort* ein stochastischer Zusammenhang besteht. Gehen Sie in der mit b) bis d) gegebenen Schrittfolge vor.

f) Messen Sie durch eine geeignete Maßzahl die Stärke des statistischen Zusammenhangs zwischen dem Merkmal *Antragsteller* einerseits und den Merkmalen *älterer Ehepartner* und *Wohnort* andererseits. Kommentieren Sie die Ergebnisse.

## Aufgabe 5-3

Grundlage für diese Aufgabe ist die SPSS-Datendatei **schule.sav**, die als Ergebnis einer einfachen Zufallsstichprobe aufgefaßt werden soll.

Untersuchen Sie, ob es einen stochastischen Zusammenhang zwischen dem Geschlecht eines Fahrschülers und seinem Erfolg bei der ersten Praxisprüfung gibt.

a) Erstellen Sie eine Kreuztabelle mit der Angabe von Zeilenprozenten und erwarteten Häufigkeiten. Interpretieren Sie die Werte in der Zelle der Kreuztabelle, die zu den männlichen Fahrschülern, die keinen Erfolg bei der ersten Praxisprüfung hatten, gehört.

b) Erzeugen Sie ein gruppiertes Balkendiagramm und interpretieren Sie die Graphik hinsichtlich des zu untersuchenden Zusammenhanges.

c) Testen Sie zum Signifikanzniveau 0,05, ob sich der fragliche Zusammenhang statistisch sichern läßt. Welchen Test haben Sie benutzt? Geben Sie die Nullhypothese an und prüfen Sie, ob die Testvoraussetzung erfüllt ist. Interpretieren Sie die Testentscheidung.

### Aufgabe 5-4*

Nutzen Sie die SPSS-Datendatei **wein.sav**. Die Daten sollen im folgenden als Ergebnis einer einfachen Zufallsauswahl aufgefaßt werden.

Erzeugen Sie eine Kreuztabelle mit geeigneten Zelleninhalten für die Variablen *ek* und *weinfg*.

a) Wieviel Prozent der befragten Kunden kaufen nur in diesem Geschäft ein und haben ein Nettoeinkommen von unter 1500 DM monatlich?

b) Wieviel Prozent der befragten Kunden, die ein monatliches Nettoeinkommen von über 3000 DM haben, kaufen nur in diesem Geschäft ein?

c) Wieviel Prozent der befragten Kunden, die nicht nur in diesem Geschäft einkaufen, haben ein monatliches Nettoeinkommen von über 3000 DM?

d) Testen Sie mit einem geeigneten Verfahren zum Signifikanzniveau 0,05 die folgende Nullhypothese: *Es gibt keinen Zusammenhang zwischen der Einkommensklasse, zu der ein Kunde gehört, und dem Fakt, ob er den Wein nur in diesem Weinfachgeschäft kauft oder nicht.*

  • Welchen Test nutzen Sie?
  • Sind die Testvoraussetzungen erfüllt? Warum?
  • Welches empirische Signifikanzniveau lesen Sie ab?
  • Interpretieren Sie Ihre Testentscheidung!

### Aufgabe 5-5

Gehen Sie von der SPSS-Datendatei **wein.sav** aus.

Kunden, die nur in diesem Weinfachgeschäft einkaufen, sollen in dieser Aufgabe als Stammkunden bezeichnet werden. Erzeugen Sie mit Hilfe der SPSS-Variable *konsum* eine neue SPSS-Variable *kons*, die folgendes leisten soll: Die Variable *kons* soll den Wert 1 annehmen, falls der Kunde ein Stammkunde ist und höchstens 100 DM im Monatsdurchschnitt ausgibt. Die Variable *kons* soll den Wert 2 annehmen, falls der Kunde ein Stammkunde ist und im Monatsdurchschnitt mehr als 100 DM ausgibt. Für Kunden, die nicht Stammkunde in diesem Weinfachgeschäft sind, soll die Variable *kons* den Wert 0 annehmen.

a) Erstellen Sie eine Häufigkeitstabelle und entnehmen Sie die relativen Häufigkeiten der Werte der Variable *kons*.

b) Erstellen Sie eine Kreuztabelle, mit der Sie feststellen können, wieviel Prozent der Stammkunden, die mehr als 100 DM ausgeben, lieblichen Wein bevorzugen.

c) Wieviel Prozent der Kunden, die trockenen Wein bevorzugen, sind nicht Stammkunden dieses Geschäfts?

## Aufgabe 5-6

Ein im Bereich der Systemgastronomie tätiges Unternehmen betreibt unter anderem an der Autobahn A10 zwei Autobahnraststätten. Im Rahmen des Qualitätsmanagements ist die Unternehmensleitung an einer Marktanalyse zur Untersuchung der Zufriedenheit ihrer Kunden interessiert. Unter anderem sind für das Unternehmen folgende Fragen von Interesse:

- Sind die Gäste von Autobahnraststätten mit dem Preis-Leistungsverhältnis bei Speisen zufrieden?
- Unterscheiden sich die einzelnen Gästegruppen bestimmter Gästegruppierungen hinsichtlich der Zufriedenheit mit dem Preis-Leistungsverhältnis bei Speisen?

In der Phase der Konzipierung der Untersuchung wurde von den Leitern der zwei Raststätten die Vermutung geäußert, daß die Zufriedenheit der Raststättenbesucher mit dem Preis-Leistungsverhältnis bei Speisen unabhängig von der Raststätte, aber nicht unabhängig vom Kundentyp (nach Reisegrund) ist.

Können für die erhobenen Daten, die in der SPSS-Datendatei **rast.sav** gespeichert sind und als Ergebnis einer einfachen Zufallsauswahl betrachtet werden, die Vermutungen der zwei Raststättenleiter bestätigt werden?

a) Geben Sie die Grundgesamtheit an.

b) Charakterisieren Sie die Erhebungsmerkmale hinsichtlich ihres Skalenniveaus.

c) Welches Testverfahren wenden Sie an, um die Vermutungen der Raststättenleiter mittels eines statistischen Tests zu prüfen?

*Hinweise*: Zur Einhaltung der Testvoraussetzungen soll die Zufriedenheitsvariable *zf_plv_s* nach folgender Vorschrift dichotomisiert werden: 1) die Ausprägungen *sehr zufrieden* und *zufrieden* werden zu der Ausprägung *zufrieden* zusammengefaßt, 2) die Ausprägungen *unzufrieden* und *sehr unzufrieden* werden zu der Ausprägung *nicht zufrieden* zusammengefaßt.

Ergänzen Sie die SPSS-Datendatei durch eine entsprechende Variable und führen Sie die Tests durch. Gehen Sie hierbei in folgenden Schritten vor:

- Formalisierung des Problems (Definition der Zufallsvariablen sowie der Null- und der Gegenhypothese)
- Erzeugung des entsprechenden SPSS-Outputs
- Auswertung der Testergebnisse.

## Aufgabe 5-7*

Verwenden Sie zur Beantwortung der folgenden Fragestellungen die SPSS-Datendatei **partner.sav**.

a) Geben Sie den Merkmalsträger, den Stichprobenumfang und die Skalierung der Erhebungsmerkmale *Reisen* bzw. *Kultur* an.

b) Erstellen Sie für die Merkmale *Reisen* und *Kultur* eine Kontingenztabelle. Geben Sie auf der Grundlage der Kontingenztabelle die Wahrscheinlichkeit dafür an, daß in einer aus der Datei zufällig entnommenen Annonce
   - das Interessengebiet Reisen bzw. sein Komplement
   - das Interessengebiet Kultur
   - sowohl das Interessengebiet Reisen also auch das Interessengebiet Kultur
   - das Interessengebiet Reisen unter der Bedingung des Kulturinteresses
   - das Interessengebiet Kultur unter der Bedingung des Reiseinteresses
   - das Interessengebiet Kultur unter der Bedingung des Nicht-Reiseinteresses

   genannt werden. Definieren Sie dazu geeignete Ereignisse.

c) Treffen Sie unter Verwendung der unter b) bestimmten Wahrscheinlichkeiten eine Aussage über die Gültigkeit der
   - allgemeinen Additionsregel für zwei zufällige Ereignisse.
   - Multiplikationsregel für Wahrscheinlichkeiten zweier stochastisch unabhängiger Ereignisse.
   - allgemeinen Multiplikationsregel für zwei zufällige Ereignisse.
   - totalen Wahrscheinlichkeit
   - Formel von BAYES.

d) Stellen Sie jeweils die durch die Merkmale *Kultur* und *Reisen* definierten Konditionalverteilungen mit Hilfe eines geeigneten Diagramms graphisch dar und interpretieren Sie diese. Zu welcher Aussage gelangen Sie?

e) Prüfen Sie mit Hilfe eines geeigneten Tests auf einem Signifikanzniveau von 0,05 die Hypothese: *In der Partnersuche sind die Interessengebiete Reisen und Kultur (stochastisch) voneinander unabhängig.* Welches Testverfahren verwenden Sie? Zu welcher Testentscheidung gelangen Sie? Warum?

f) Messen und interpretieren Sie die Stärke der statistischen Kontingenz zwischen den Interessengebieten Reisen und Kultur mit Hilfe einer geeigneten Maßzahl. Begründen Sie die Wahl der verwendeten Maßzahl.

## Aufgabe 5-8

Arbeiten Sie mit den in der SPSS-Datendatei **essen.sav** gegebenen Daten, die als Ergebnis einer einfachen Zufallsauswahl gedeutet werden sollen.

a) Messen Sie mit Hilfe einer geeigneten Maßzahl die Intensität des Zusammenhanges zwischen dem Ort, wo die warme Mahlzeit am häufigsten eingenommen wird und der Zeit, wann das der Fall ist.

b) Prüfen Sie, ob sich zum Signifikanzniveau 0,01 ein stochastischer Zusammenhang zwischen dem Ort und der Zeit der Einnahme der warmen Mahlzeit statistisch sichern läßt.

c) Wieviel Prozent der Befragten, die mittags warm essen, essen in der Kantine? Wieviel Prozent müßten es sein, wenn man davon ausgehen würde, daß kein Zusammenhang zwischen dem Ort und der Zeit der Einnahme einer warmen Mahlzeit besteht?

### Aufgabe 5-9

Gehen Sie von der SPSS-Datendatei **wein.sav** aus.

a) Erzeugen Sie ein Scatterplot, das den Zusammenhang zwischen dem Alter eines Kunden und seinen durchschnittlichen monatlichen Ausgaben für Wein veranschaulicht. Würden Sie anhand der Graphik einen linearen Zusammenhang vermuten? Begründen Sie kurz Ihre Vermutung.

b) Stützen Sie Ihre Vermutung über einen möglichen linearen Zusammenhang mit einer geeigneten Maßzahl. Welche Maßzahl wählen Sie? Warum? Interpretieren Sie den Wert dieser Maßzahl.

### Aufgabe 5-10

Unter Verwendung der SPSS-Datendatei **miete.sav**

a) erstelle man für die Erhebungsmerkmale *Wohnfläche, monatliche Kaltmiete* und *Quadratmeterpreis* von Treptower 3-Zimmer-Mietwohnungen die Matrix der einfachen linearen Korrelationskoeffizienten und interpretiere die Ergebnisse sachlogisch. Zudem fasse man die ausgewählten Mietwohnungen als eine einfache Zufallsstichprobe auf und teste die Korrelationskoeffizienten auf einem Signifikanzniveau von 0,05 auf ihre statistische Signifikanz.

b) analysiere, interpretiere und teste man (bei Annahme der gleichen Auswahlbedingungen wie unter a)) auf einem Signifikanzniveau von 0,05 den linearen statistischen Zusammenhang zwischen

- Wohnfläche und Kaltmiete bei unveränderlichem Quadratmeterpreis
- Kaltmiete und Quadratmeterpreis bei unveränderlicher Wohnfläche
- Wohnfläche und Quadratmeterpreis bei unveränderlicher Kaltmiete.

Zudem benenne und begründe man das zugrundeliegende Analysekonzept.

### Aufgabe 5-11

Zur Lösung der nachfolgenden Problemstellungen verwende man die SPSS-Datendatei **schule.sav** und fasse sie als das Ergebnis einer einfachen Zufallsstichprobe auf.

a) Man benenne den Merkmalsträger, gebe den Stichprobenumfang an und charakterisiere die Skalierung der erhobenen Merkmale.

b) Man treffe mit Hilfe einer geeigneten Maßzahl eine Aussage über die Stärke und die Richtung des linearen statistischen Zusammenhangs zwischen den Erhebungsmerkmalen *Alter* und *Fahrübungsbedarf* von Berliner Fahrschülern insgesamt und getrennt nach dem Geschlecht.

c) Man erweitere die Datei durch zwei vollständig definierte SPSS-Variablen, die
   sich aus der Umkodierung der Erhebungsmerkmale *Alter* und *Fahrübungsbe-*
   *darf* von Berliner Fahrschülern gemäß der nachfolgend angegebenen Alters-
   und Bedarfsklassen (Angaben in Jahren bzw. Stunden) ergeben.

| Klassenkode | Altersklasse | Bedarfsklasse |
|:---:|---|---|
| 1 | jünger als 25 | weniger als 20 |
| 2 | 25 bis unter 30 | 20 bis unter 30 |
| 3 | 30 bis unter 35 | 30 bis unter 40 |
| 4 | 35 bis unter 40 | 40 bis unter 50 |
| 5 | 40 bis unter 45 | 50 bis unter 60 |
| 6 | 45 oder älter | 60 oder mehr |

d) Man führe analog zur Aufgabenstellung b) und unter Verwendung der unter c)
   angegebenen Tabelle eine Korrelationsanalyse durch, teste und interpretiere
   die jeweiligen Ergebnisse zum Signifikanzniveau 0,05. Zudem begründe man
   die Wahl des Analyseverfahrens.

## Aufgabe 5-12

Die folgende Tabelle beinhaltet die erreichten Punktezahlen in der Mathematik-
und in der Statistik-Klausur von n = 26 Studierenden im grundständigen Fernstudium des Wirtschaftsingenieurwesens an der FHTW Berlin im Wintersemester
1998/99.

| Student | Mathe | Statistik | Student | Mathe | Statistik |
|:---:|:---:|:---:|:---:|:---:|:---:|
| A | 38 | 39 | N | 3 | 2 |
| B | 9 | 19 | O | 34 | 38 |
| C | 23 | 18 | P | 17 | 13 |
| D | 40 | 48 | Q | 17 | 34 |
| E | 20 | 24 | R | 28 | 37 |
| F | 14 | 20 | S | 38 | 29 |
| G | 15 | 30 | T | 21 | 33 |
| H | 19 | 31 | U | 19 | 25 |
| I | 25 | 23 | V | 15 | 29 |
| J | 11 | 31 | W | 13 | 21 |
| K | 26 | 27 | X | 45 | 48 |
| L | 31 | 23 | Y | 27 | 22 |
| M | 5 | 9 | Z | 34 | 28 |

a) Man benenne den Merkmalsträger, die Gesamtheit, die Identifikations- und
   Erhebungsmerkmale sowie die Skalierung der Erhebungsmerkmale.

b) Man vereinbare für die Erhebungsmerkmale entsprechende SPSS-Variablen, gebe die Urlistendaten in SPSS ein und speichere die SPSS-Datendatei unter einem geeigneten Namen.

c) Man messe und interpretiere mit Hilfe einer geeigneten Maßzahl die Stärke und die Richtung des statistischen Zusammenhangs zwischen den Klausurergebnissen in den Fächern Mathematik und Statistik.

d) Man ergänze die SPSS-Datendatei durch Variablen, die folgende Sachverhalte widerspiegeln: 1) den jeweiligen Rangplatz eines Studierenden im Ensemble aller Studierenden hinsichtlich der fachspezifischen Klausurergebnisse; 2) die Rangplatzdifferenz und die quadrierte Rangplatzdifferenz eines Studierenden hinsichtlich der fachspezifischen Klausurergebnisse.

e) Man erstelle eine Tabelle, die lediglich die Rangsummen der unter d) erzeugten SPSS-Variablen beinhaltet.

f) Man berechne auf der Grundlage der Rangsummen aus der Aufgabenstellung e) den Rangkorrelationskoeffizienten nach SPEARMAN und interpretiere das Ergebnis sachlogisch.

g) Man erkläre die unterschiedlichen Ergebnisse aus den Aufgabenstellungen c) und f).

h) Man bestimme unter Verwendung der Rangplätze aus der Aufgabenstellung d) den PEARSON´schen Korrelationskoeffizienten und vergleiche diese Maßzahl mit der in der Aufgabenstellung f) berechneten Maßzahl. Zudem erkläre man aus statistisch-methodischer Sicht das Ergebnis des Maßzahlenvergleichs.

i) Man fasse die in der Urliste aufgeführten Daten als das Resultat einer einfachen Zufallsstichprobe auf und prüfe auf einem Signifikanzniveau von 0,05 die folgende Hypothese: *Die Klausurergebnisse in den Fächern Mathematik und Statistik sind für Studierende im grundständigen Fernstudium des Wirtschaftsingenieurwesens stochastisch voneinander unabhängig.*

## Aufgabe 5-13

Man verwende die SPSS-Datendatei **eier.sav** und

a) gebe die Anzahl der Hühnereier an, die die folgenden Eigenschaften besitzen: Farbe Weiß, leichter als 78 Gramm, Breite unter 48 Millimeter, Höhe von mehr als 50 Millimeter, aber weniger als 65 Millimeter.

b) teste jeweils auf einem Signifikanzniveau von 0,05 mit Hilfe eines vollständig spezifizierten KOLMOGOROV-SMIRNOV-Anpassungstests die folgenden Hypothesen: *Gewicht, Breite bzw. Höhe der unter a) betrachteten Hühnereier sind jeweils Realisationen einer normalverteilten Zufallsvariablen.*

*Hinweis*: Der vollständig spezifizierte KOLMOGOROV-SMIRNOV-Anpassungstest (auf eine Normalverteilung) kann via Statistik → Nichtparametrische Tests → K-S bei einer Stichprobe → Normal angefordert werden.

c) erstelle für die kardinal skalierten Erhebungsmerkmale *Gewicht*, *Breite* und *Höhe* eine Streudiagramm-Matrix und deute diesen graphischen Befund sachlogisch.

d) ergänze die unter c) erstellte Streudiagramm-Matrix durch die Matrix der einfachen linearen Maßkorrelationskoeffizienten und interpretiere die Koeffizienten statistisch und sachlogisch.

e) bestimme die Stärke und die Richtung der partiellen linearen statistischen Maßkorrelation zwischen *Breite* und *Höhe* bei konstantem *Gewicht* und interpretiere das Ergebnis statistisch und sachlogisch.

f) deute die unter a) abgegrenzte Gesamtheit als das Ergebnis einer einfachen Zufallsstichprobe und teste die unter e) bestimmten partiellen linearen Maßkorrelationskoeffizienten auf einem Signifikanzniveau von 0,01.

g) bestimme den einfachen linearen Maßkorrelationskoeffizienten zwischen *Breite* und *Höhe* für die gemäß a) ausgewählten Hühnereier, die mindestens 61 Gramm wiegen, aber leichter als 62 Gramm (also nahezu gleich schwer) sind, interpretiere das Ergebnis statistisch und sachlogisch, gebe die Anzahl der zugehörigen Hühnereier an und stelle die einfache lineare Korrelation zwischen *Breite* und *Höhe* dieser mehr oder weniger gleichgewichtigen Hühnereier in einem einfachen Streudiagramm graphisch dar.

## Aufgabe 5-14

Man verwende die SPSS-Datendatei **baby.sav** und analysiere im Kontext einer jeweils geschlechtsspezifischen einfachen linearen bzw. einer partiellen linearen Maßkorrelationsanalyse die folgenden Zusammenhänge:

a) zwischen dem Körpergewicht und der Körpergröße

b) zwischen dem Körper-Masse-Index und der Körpergröße

c) zwischen dem Körper-Masse-Index und der Körpergröße von Lebendgeborenen bei gleichem Gewicht

d) zwischen dem Körper-Masse-Index und dem Körpergewicht von Lebendgeborenen bei gleicher Körpergröße

e) zwischen der Körpergröße und dem Kopfumfang

f) Man fasse die in Rede stehende Datei als das Ergebnis einer einfachen Zufallsauswahl auf, formuliere für die Problemstellungen a) bis e) die jeweils zugehörige Unabhängigkeitshypothese und teste diese jeweils auf einem Signifikanzniveau von 0,05.

*Hinweis*: Der Körper-Masse-Index einer Person ist definiert als Quotient aus dem Körpergewicht (gemessen in Kilogramm) und dem Quadrat der Körpergröße (gemessen in Meter).

# 6

# Aufgaben zur Regressionsanalyse

## Schwerpunkte

| | |
|---|---|
| Streudiagramm | Test der Regressionsparameter |
| Scatterplot-Matrix | Grenzfunktion |
| Lineare Regression | Grenzneigung |
| Nichtlineare Regression | Elastizitätsfunktion |
| Logit-Modell | Multikollinearität |
| Bestimmtheitsmaß | Prognose |

Das sechste Kapitel der Aufgabensammlung hat praktische Problemstellungen der statistischen Abhängigkeitsanalyse zum Gegenstand.

Der sachlogische Hintergrund der SPSS-Datendateien, die den praktischen Problemstellungen zugrunde liegen, ist im ersten Kapitel dargestellt.

Die mit einem * gekennzeichneten Aufgaben waren in den vergangenen Semestern integrale Bestandteile von Klausuren im Hauptstudienfach „Angewandte Statistik mit SPSS".

Die zu den nachfolgenden Aufgaben angebotenen Lösungen sind im abschließenden Kapitel zusammengestellt.

## Aufgabe 6-1

Man verwende die SPSS-Datendatei **baby.sav** und

a) erstelle ein einfaches Streudiagramm für die Körpergrößen und Körpergewichte von lebendgeborenen Mädchen und ergänze dieses durch den Graphen einer einfachen inhomogenen linearen Regression des Körpergewichts über der Körpergröße.

b) gebe die unter a) erzeugte und mit Hilfe der Methode der kleinsten Quadratesumme bestimmte einfache lineare Regressionsfunktion an und interpretiere ihre Parameter statistisch und sachlogisch.

c) interpretiere das Bestimmtheitsmaß statistisch und sachlogisch.

d) schätze anhand der unter b) bestimmten Regression das Körpergewicht eines lebendgeborenen Mädchens mit einer Größe von 50 cm.

## Aufgabe 6-2*

Nutzen Sie die SPSS-Datendatei **golf_2.sav**, die im folgenden als das Ergebnis einer einfachen Zufallsstichprobe aufgefaßt werden soll.

a) Analysieren Sie den statistischen Zusammenhang zwischen

- Preis und Alter
- Preis und Laufleistung
- Laufleistung und Alter

mit Hilfe einer geeigneten Maßzahl.

b) Erstellen Sie eine Scatterplot-Matrix (Streudiagramm-Matrix), in der die unter a) angegebenen Zusammenhänge veranschaulicht werden.

c) Wählen Sie aus den drei angegebenen Merkmalspaaren dasjenige mit dem stärksten linearen statistischen Zusammenhang aus und bestimmen Sie eine Regressionsgerade auf der Grundlage der Methode der kleinsten Quadratesumme. Stellen Sie diese Regressionsgerade im Scatterplot graphisch dar.

d) Geben Sie die Gleichung für die in c) bestimmte Regressionsgerade an und interpretieren Sie die Regressionsparameter aus statistischer und sachlogischer Sicht.

## Aufgabe 6-3

In der nachfolgenden Tabelle sind die Angebotspreise $p_i$ (Angaben in 1000 DM) und die Altersangaben $a_i$ (Angaben in Jahren) von 12 zufällig ausgewählten Gebrauchtwagen vom Typ BMW der 3er Reihe zusammengefaßt, die in den Beilagen *Auto Markt* der Berliner Zeitung vom Mai 1999 angeboten wurden:

| $i$ | 1 | 2 | 3 | 4 | 5 | 6 | 7 | 8 | 9 | 10 | 11 | 12 |
|---|---|---|---|---|---|---|---|---|---|---|---|---|
| $p_i$ | 6,1 | 3,5 | 7 | 10,5 | 14 | 14,8 | 7,9 | 4,8 | 3,5 | 8,1 | 4,1 | 4,5 |
| $a_i$ | 10 | 16 | 8 | 7 | 6 | 6 | 8 | 12 | 14 | 9 | 13 | 11 |

a) Man lege eine SPSS-Datendatei an, erweitere die Arbeitsdatei durch zwei Variablen, die jeweils den *logarithmus naturalis* der beobachteten Werte zurückgeben und speichere die Arbeitsdatei unter dem Namen **bmw.sav**.

b) Man stelle die originären Wertepaare $\{(a_i, p_i), i = 1,2,...,12\}$ und die transformierten Wertepaare $\{(\ln(a_i), \ln(p_i)), i = 1,2,...,12\}$ jeweils in einem einfachen Streudiagramm dar und treffe anhand der jeweiligen Punktewolke eine Aussage über die statistische Abhängigkeit des Preises vom Alter.

c) Man messe mit Hilfe des PEARSONschen Korrelationskoeffizienten die Stärke und die Richtung des statistischen Zusammenhanges zwischen Preis und Alter sowohl für die originären als auch für die transformierten Wertepaare, vergleiche und interpretiere die Ergebnisse statistisch und sachlogisch.

d) Man regressiere die originären Beobachtungen unter Verwendung einer einfachen inhomogenen Potenzfunktion und stelle die numerisch bestimmte nichtlineare Regression des Preises über dem Alter sowohl explizit in ihrer funktionalen Form als auch graphisch im Streudiagramm dar. Zudem benenne man den applizierten nichtlinearen Funktionsansatz im Kontext der neoklassischen makro-ökonomischen Theorie.

e) Man regressiere die transformierten Beobachtungen unter Verwendung einer einfachen linearen Funktion und stelle die numerisch bestimmte lineare Regression des logarithmierten Preises über dem logarithmierten Alter sowohl explizit in ihrer funktionalen Form als auch graphisch im Streudiagramm dar.

f) Man schätze jeweils auf der Grundlage der unter d) und e) bestimmten Regression den Preis für einen 10 Jahre alten BMW, vergleiche und interpretiere die Ergebnisse sachlogisch.

## Aufgabe 6-4*

Analysieren Sie unter Verwendung der SPSS Datendatei **pkw.sav** die Abhängigkeit des Wertes eines Gebrauchtwagens vom Typ Audi von seinem Alter. Fassen Sie dabei die ausgewählten Gebrauchtwagen vom Typ Audi als eine Realisation einer einfachen Zufallsauswahl auf.

a) Benennen und notieren Sie die funktionale Form desjenigen inhomogenen Modells mit zwei Parametern, das unter den in SPSS angebotenen Modellen die beste Anpassung an die beobachteten Daten liefert.

b) Welches Anpassungsmaß verwenden Sie? Interpretieren Sie seinen Wert.

c) Treffen Sie mit Hilfe einer geeigneten Maßzahl eine Aussage über die Stärke und die Richtung des linearen statistischen Zusammenhanges zwischen dem Alter und dem Zeitwert von gebrauchten PKW vom Typ Audi.

d) Bilden Sie das Quadrat der unter c) ermittelten Maßzahl, benennen, interpretieren und vergleichen Sie diese Maßzahl mit dem unter b) bestimmten Anpassungsmaß. Woraus erklären sich die unterschiedlichen Werte?

e) Testen Sie unter Verwendung der Ergebnisse aus a) auf einem Signifikanzniveau von 0,05 die folgende Hypothese: *Im Marktsegment gebrauchter PKW vom Typ Audi ist das Alter kein wesentlicher Wertfaktor*. Interpretieren Sie Ihr Ergebnis statistisch und sachlogisch.

f) Geben Sie die Grenzfunktion für das von Ihnen ausgewählte Modell an.
   *Hinweis*: In der Ökonometrie bezeichnet man die Ableitung erster Ordnung einer stetigen und differenzierbaren Funktion als Grenzfunktion.

g) Berechnen und interpretieren Sie den Wert der Grenzfunktion an der Stelle 5.

h) Welchen Wert würde unter Verwendung des von Ihnen ausgewählten Modells ein fünf Jahre alter Audi besitzen? An welche Bedingung ist diese Wertprognose gebunden?

## Aufgabe 6-5

Analysieren Sie unter Verwendung der SPSS-Datendatei **pkw.sav** die Abhängigkeit des Wertes eines Gebrauchtwagens vom Typ Ford von seinem Alter.

a) Benennen Sie den Merkmalsträger, die Erhebungsmerkmale sowie deren Skalierung und geben Sie die Anzahl der Gebrauchtwagen vom Typ Ford an, die in der in Rede stehenden SPSS-Datendatei enthalten sind.

b) Bestimmen Sie mit Hilfe der Methode der kleinsten Quadratesumme die inhomogene lineare Regressionsfunktion des Zeitwertes über dem Alter, interpretieren Sie die numerisch bestimmten Regressionsparameter und treffen Sie mit Hilfe einer geeigneten Maßzahl eine Aussage die Güte der Anpassung der linearen Regression an die empirisch beobachteten Wertepaare.

c) Stellen Sie die interessierenden beobachteten Wertepaare in einem Streudiagramm graphisch dar und ergänzen Sie das Streudiagramm durch die unter b) bestimmte lineare Regression des Wertes über dem Alter.

d) Schätzen Sie den Neuwert und den Wert eines 20 Jahre alten PKW vom Typ Ford sowohl anhand der unter b) ermittelten linearen Regression auf rechnerischem Wege als auch anhand des unter c) erstellten Streudiagramms auf graphischem Wege. Bewerten Sie aus sachlogischer Sicht Ihre Schätzergebnisse kritisch.

e) Wählen Sie heuristisch diejenige einfache inhomogene Regressionsfunktion des Wertes über dem Alter aus, die unter den in SPSS implementierten zweiparametrigen Funktionen die beste Anpassung an die beobachteten Daten liefert. Benennen Sie diese Funktion und stellen Sie die geschätzte Regressionsfunktion unter Verwendung sachlogisch definierter Symbole explizit dar.

f) Benennen und interpretieren Sie das von Ihnen verwendete Anpassungsmaß, vergleichen Sie dieses Ergebnis mit dem aus b) und erklären Sie aus statistisch-methodischer Sicht die Unterschiede in den Werten des verwendeten Anpassungsmaßes.

g) Stellen Sie die unter e) geschätzte Wertfunktion gemeinsam mit den beobachteten Wertepaaren in einem Streudiagramm graphisch dar und geben Sie sowohl auf rechnerischem als auch auf graphischem Wege eine Schätzung für den Neuwert bzw. den Wert eines 20 Jahre alten PKW vom Typ Ford an. Vergleichen Sie diese Wertschätzungen mit den unter d) ermittelten Werten. Woraus erklären sich die Unterschiede?

h) Fügen Sie in die Arbeitsdatei eine Variable *invers* ein, die lediglich für die erfaßten Gebrauchtwagen vom Typ Ford die inversen Altersangaben zurückgibt.

i) Erstellen Sie ein einfaches Streudiagramm derart, daß auf der Abszisse die reziproken Altersangaben und auf der Ordinate die originären Wertangaben der betrachteten Gebrauchtwagen abgetragen sind. Ergänzen Sie dieses Streudiagramm durch den Graphen der einfachen inhomogenen linearen Regression des originären Zeitwertes über dem reziproken Alter. Erläutern Sie den graphischen Befund.

j) Geben Sie die unter i) bestimmte lineare Regressionsfunktion an und interpretieren Sie das zugehörige Anpassungsmaß $R^2$. Schätzen Sie zudem mit ihrer Hilfe den Neuwert bzw. den Wert eines 20 Jahre alten PKW vom Typ Ford und vergleichen Sie diese Schätzwerte mit den in g) ermittelten Schätzwerten.

### Aufgabe 6-6*

Analysieren Sie unter Verwendung der SPSS-Datendatei **pkw.sav** die Abhängigkeit des Wertes eines Gebrauchtwagens vom Typ Ford von seinem Alter, seiner Motor- und seiner Fahrleistung. Unterstellen Sie für die zu schätzende multiple Zeitwertfunktion einen linearen Ansatz, wobei (in Anlehnung an die Aufgabe 6-5) lediglich die originären Altersangaben durch ihre inversen bzw. reziproken Werte ersetzt werden sollen. Gehen Sie zudem von der Annahme aus, daß die vorliegenden Daten das Ergebnis einer einfachen Zufallsauswahl von Gebrauchtwagen des Typs Ford darstellen.

a) Geben Sie die geschätzte Zeitwertfunktion an.

b) Können bei Annahme einer Irrtumswahrscheinlichkeit von 0,05 die in Rede stehenden Wertfaktoren im betrachteten Marktsegment als signifikant verschieden von Null angesehen werden?

c) In welchem Maße kann die Variabilität des Zeitwertes eines gebrauchten PKW Ford allein aus der Variabilität der in Rede stehenden Wertfaktoren statistisch erklärt werden? Welche Maßzahl ermöglicht eine solche Aussage?

d) Welchen Zeitwert besäße ceteris paribus ein gebrauchter PKW Ford mit den folgenden Eigenschaften: 5 Jahre alt, Motorleistung von 100 PS, bereits 100000 km gefahren?

e) Geben Sie die zum geschätzten multiplen Zeitwertmodell gehörenden partiellen Grenzfunktionen an.

 *Hinweis*: In der Ökonometrie bezeichnet man eine partielle Ableitung erster Ordnung einer stetigen und differenzierbaren multiplen Funktion als partielle Grenzfunktion.

f) Bestimmen Sie die jeweiligen partiellen marginalen Zeitwertneigungen für einen Gebrauchtwagen vom Typ Ford mit den unter d) genannten Eigenschaften. Interpretieren Sie Ihre Ergebnisse sachlogisch.

 *Hinweis*: In der Ökonometrie bezeichnet man den Wert einer partiellen Grenzfunktion als partielle Grenzneigung bzw. als partielle marginale Neigung.

g) Treffen Sie eine Kollinearitätsaussage über die Zeitwertfaktoren.

## Aufgabe 6-7*

Verwenden Sie zur Beantwortung der folgenden Fragestellungen die Datei **auto.sav**. Gehen Sie dabei von der Annahme aus, daß die Daten das Ergebnis einer einfachen Zufallsauswahl von Gebrauchtwagen sind.

a) Analysieren Sie die Abhängigkeit des *Wertes* eines Gebrauchtwagens vom Typ Audi A4 von seinem *Alter*, seinem *Hubraum* und seiner bisherigen *Fahrleistung*. Verwenden Sie dazu ein multiples Exponentialmodell. Geben Sie das geschätzte multiple Exponentialmodell an.

 *Hinweis*: Schätzen Sie die Parameter des Modells mit Hilfe des quasilinearen Modellansatzes: *ln(Wert) = f(Alter, Hubraum, Fahrleistung)*.

b) Benennen und interpretieren Sie das Maß $R^2$.

c) Prüfen Sie auf einem Signifikanzniveau von 0,05 die folgenden Hypothesen: *Alter, Hubraum und Fahrleistung sind keine wertbestimmenden Faktoren für einen Gebrauchtwagen vom Typ Audi A4.*

d) Welchen Wert würde ceteris paribus unter Verwendung des von Ihnen geschätzten Exponentialmodells ein Audi A4 mit den folgenden Eigenschaften besitzen: drei Jahre alt, 1,6 Liter Hubraum, bisherige Fahrleistung von 50000 Kilometern?

e) Geben Sie die altersbedingte partielle Grenzfunktion für das geschätzte Zeitwertmodell an.

 *Hinweis*: In der Ökonometrie bezeichnet man eine partielle Ableitung erster Ordnung einer stetigen und differenzierbaren multiplen Funktion als partielle Grenzfunktion und ihren Wert als partielle Grenzneigung bzw. als partielle marginale Neigung.

f) Berechnen und interpretieren Sie die altersbedingte partielle marginale Wertneigung für einen Audi A4. Gehen Sie dabei von den unter d) genannten Bedingungen aus.

## Aufgabe 6-8

Die nachfolgende Tabelle beinhaltet das Ergebnis einer Befragung im Wintersemester 1998/99 von 20 zufällig ausgewählten PROFessoren der FHTW Berlin
bezüglich ihrer durchschnittlichen Fahrzeit (Angaben in Minuten) von zu Hause
zur Hochschule und zurück (wenn sie mit dem AUTO bzw. mit den öffentlichen
VERKEHRsmitteln fahren) und des von ihnen bevorzugten TRANSportmittels mit
den dichotomen Ausprägungen A(uto) oder Ö(ffentliches Verkehrsmittel).

| Prof | Auto | Verkehr | Trans | Prof | Auto | Verkehr | Trans |
|---|---|---|---|---|---|---|---|
| A | 42 | 92 | A | K | 95 | 22 | Ö |
| B | 62 | 90 | A | L | 51 | 85 | A |
| C | 81 | 19 | Ö | M | 50 | 80 | A |
| D | 23 | 74 | A | N | 25 | 25 | Ö |
| E | 82 | 68 | A | O | 20 | 86 | A |
| F | 100 | 50 | Ö | P | 95 | 44 | Ö |
| G | 42 | 25 | Ö | Q | 90 | 28 | Ö |
| H | 28 | 80 | A | R | 15 | 90 | A |
| I | 52 | 20 | Ö | S | 56 | 32 | Ö |
| J | 5 | 30 | A | T | 50 | 10 | Ö |

a) Man lege unter Verwendung der Urlistendaten eine SPSS-Datendatei an, verwende für die Variablennamen die in der Kopfzeile vermerkten Begriffe bzw.
Abkürzungen und speichere sie unter dem Namen **logit.sav**.

b) Man erweitere die SPSS-Datendatei durch eine Variable *diff*, die die Zeitdiffe-
renz (Angaben in Minuten) aus den empirisch erhobenen durchschnittlichen
AUTOfahrzeiten und den durchschnittlichen Fahrzeiten mit den öffentlichen
VERKEHRsmitteln beinhaltet.

c) Man kodiere die dichotome SPSS-Variable *trans* in eine SPSS-Variable *port*
derart um, daß die Ausprägung A auf die Eins und die Ausprägung Ö auf die
Null abgebildet wird.

d) Man konstruiere auf der Grundlage des Beobachtungsbefundes ein einfaches
Logit-Modell, das die stochastische Abhängigkeit der Variablen *port* von der
Variablen *diff* zum Gegenstand hat und stelle das Logit-Modell in Gestalt einer
inhomogenen einfachen logistischen Regression sowohl in seiner funktionalen
Form als auch graphisch in einem Streudiagramm dar. Zudem ergänze man die
Arbeitsdatei durch eine SPSS-Variable *prob*(ability), die die zu den beobach-
teten Fahrzeitdifferenzen gehörenden Logit-Modell-Werte zurückgibt.

e) Man gebe den Anteil der Professoren an, die durch die geschätzte logistische
Regressionsfunktion bezüglich ihrer Fahrgewohnheiten insgesamt richtig zugeordnet werden.

f) Man interpretiere das Gütemaß nach NAGELKERKE.

g) Man gebe unter Verwendung des geschätzten logistischen Wahrscheinlichkeitsmodells die Wahrscheinlichkeit dafür an, daß ein zufällig ausgewählter Professor, der mit dem Auto zur Hochschule fährt, im Durchschnitt

- genau so viel Fahrzeit benötigt, wie mit den öffentlichen Verkehrsmitteln.
- 20 Minuten weniger benötigt, als mit den öffentlichen Verkehrsmitteln.
- eine halbe Stunde mehr benötigt, als mit den öffentlichen Verkehrsmitteln.

h) Man bestimme (mit ausreichender Genauigkeit) anhand des unter d) erstellten Graphen des Logit-Modells die unter g) berechneten Wahrscheinlichkeiten und vergleiche die Ergebnisse.

## Aufgabe 6-9*

Man verwende die SPSS-Datendatei **kredit.sav** und

a) benenne den Merkmalsträger, die Erhebungsmerkmale und ihre Skalierung.

b) gebe die empirisch beobachtete Bonitätsverteilung an und interpretiere das Ergebnis sachlogisch und statistisch.

c) bestimme die logistische Regression der Bonität über den erhobenen Bilanzkennziffern, stelle die geschätzte Funktion explizit dar und teste auf einem Signifikanzniveau von 0,1 die folgende Hypothese: *Die statistisch erhobenen Bilanzkennziffern sind keine geeigneten Kennzahlen zur Kreditwürdigkeitsprüfung von vergleichbaren Unternehmen.*

    *Hinweis*: Zur expliziten Darstellung des Logit-Modells und für die weiteren Betrachtungen sollen nur die Bilanzkennzahlen in das logistische Wahrscheinlichkeitsmodell Eingang finden, die zum vereinbarten Signifikanzniveau signifikant verschieden von Null sind.

d) Wieviel Prozent der beobachteten solventen bzw. insolventen Unternehmen können mit Hilfe des unter c) geschätzten Logit-Modells richtig zugeordnet werden?

e) Zwei hinsichtlich ihrer Kreditwürdigkeit zu bewertende Unternehmen vergleichbaren Typs weisen die in der folgenden Tabelle angegebenen Kennzahlen aus:

| Kennzahl | Unternehmen A | Unternehmen B |
|---|---|---|
| Eigenkapital | 1 | -1 |
| Anlagedeckung | 2 | -2 |
| Rentabilität | 0 | -0,3 |
| Finanzkraft | 0,1 | -0,2 |
| Fremdkapital | 0,4 | 0,8 |

Welche Bonitätsentscheidung würde man ceteris paribus unter Verwendung des unter c) geschätzten Logit-Modells treffen?

# 7

# Aufgaben zur Zeitreihenanalyse

## Schwerpunkte

| | |
|---|---|
| Sequenzdiagramm | Ex-post Prognose |
| Gleitende Durchschnitte | Prognosefehler |
| Trendfunktion | Autokorrelationsfunktionen |
| Saisonkomponente | Random Walk |
| Trend-Saison-Modell | ARIMA-Modell |
| Prognose | BOX-JENKINS-Verfahren |

Das siebente Kapitel der Aufgabensammlung hat praktische Problemstellungen der Zeitreihenanalyse zum Gegenstand.

Der sachlogische Hintergrund der SPSS-Datendateien, die den praktischen Problemstellungen zugrunde liegen, ist im ersten Kapitel dargestellt.

Die mit einem * gekennzeichneten Aufgaben waren in den vergangenen Semestern integrale Bestandteile von Klausuren im Hauptstudienfach „Angewandte Statistik mit SPSS".

Die zu den nachfolgenden Aufgaben angebotenen Lösungen sind im abschließenden Kapitel zusammengestellt.

**Aufgabe 7-1***

Man verwende die SPSS-Datendatei **billard.sav** und

a) charakterisiere die Zeitreihe. Zudem beschreibe man ihren Beobachtungszeitraum mit Hilfe geeigneter Indexmengen.

b) verschaffe sich mit Hilfe eines geeigneten Diagramms eine Vorstellung über den Verlauf der Zeitreihe im Beobachtungszeitraum.

c) konstruiere ein additives Trend-Saison-Modell auf der Grundlage einer exponentiellen Trendfunktion und durchschnittlicher Saisonschwankungen.

d) prognostiziere mit Hilfe des unter c) konstruierten Modells den in der Zeitreihe erfaßten ökonomischen Prozeß für das erste Quartal 1997.

e) stelle die beobachtete und die prognostizierte Zeitreihe sowie die exponentielle Trendfunktion in einem Diagramm graphisch dar.

**Aufgabe 7-2**

Man lege für den in der Tabelle angegebenen FerkelBESTAND (Angaben in 1000 Ferkel) in den neuen Bundesländern und Berlin-Ost, der jeweils am Tertialende (lat.: *tertius* → (Jahres)drittel) statistisch erfaßt wurde (Quelle: Fachserie 3, Statistisches Bundesamt, Wiesbaden 1997), eine SPSS-Datendatei an und

| Tertial | Bestand | Tertial | Bestand |
|---|---|---|---|
| April 1991 | 1122 | April 1994 | 831 |
| August | 1045 | August | 815 |
| Dezember | 980 | Dezember | 692 |
| April 1992 | 1044 | April 1995 | 757 |
| August | 996 | August | 769 |
| Dezember | 934 | Dezember | 649 |
| April 1993 | 1020 | April 1996 | 743 |
| August | 962 | August | 742 |
| Dezember | 839 | Dezember | 708 |

a) charakterisiere die Zeitreihe.

b) vereinbare für eine Zeitreihenanalyse geeignete Zeitvariablen.

c) stelle die Zeitreihe in einem Sequenzdiagramm dar.

d) glätte die Zeitreihe mit Hilfe zentrierter gleitender Durchschnitte zum Stützbereich von drei Tertialen, stelle diese gemeinsam mit der Zeitreihe graphisch dar und bewerte das Ergebnis.

e) beschreibe die glatte Zeitreihenkomponente mit Hilfe der Trendfunktion, die von allen in SPSS implementierten Funktionen die beste Anpassung an die Zeitreihenwerte liefert.

f) modelliere eine geeignete saisonale Zeitreihenkomponente und konstruiere ein geeignetes Trend-Saison-Modell.

g) erstelle unter Verwendung des Trend-Saison-Modells aus f) für den Ferkelbestand eine Prognose für das Jahr 1997, bewerte diese kritisch und stelle die beobachteten und prognostizierten Bestandsdaten sowie den kubischen Trend gemeinsam in einem Diagramm graphisch dar.

## Aufgabe 7-3

Man verwende die SPSS-Datendatei **arbeit.sav** und

a) charakterisiere die Zeitreihe der Anzahl der arbeitslosen Personen in Berlin hinsichtlich der Kriterien der Zeitintervall-, Zeitpunkt- bzw. äquidistanten Erfassung und beschreibe ihren Beobachtungszeitraum mittels geeigneter Indexmengen.

b) stelle die Entwicklung der Anzahl der arbeitslosen Personen in Berlin im Beobachtungszeitraum graphisch dar, ergänze diese Graphik durch zentrierte gleitende Durchschnitte zum Stützbereich von 12 Monaten und treffe eine Aussage über die glatte Zeitreihenkomponente.

c) beschreibe die glatte Komponente der Zeitreihe der Anzahl der arbeitslosen Personen mit Hilfe eines Trendpolynoms dritten Grades, ergänze die SPSS-Datendatei jeweils durch eine Variable der Trendfunktionswerte und Trendresiduen, gebe die kubische Trendfunktion an und stelle diese zusammen mit der originären Zeitreihe in einem Diagramm graphisch dar.

d) ergänze die SPSS-Datendatei durch eine Variable, die die saisonbedingten durchschnittlichen monatlichen Abweichungen der beobachteten Arbeitslosenzahlen von den kubischen Trendfunktionswerten beschreibt.

e) konstruiere ein additives Trend-Saison-Modell, das auf den Ergebnissen der Problemstellungen c) und d) beruht, erweitere die SPSS-Datendatei durch eine Variable der Modellwerte und der Modellresiduen und berechne für das additive Trend-Saison-Modell den Residualstandardfehler sowie das Bestimmtheitsmaß.

f) prognostiziere mit Hilfe des additiven Trend-Saison-Modells aus der Problemstellung e) die Zahl der Berliner Arbeitslosen für das Wirtschaftsjahr 1999 und stelle die Modellwerte einschließlich der Modellprognose mit den originären Zeitreihenwerten in einem Diagramm graphisch dar.

g) bestimme den ex-post Prognosefehler des additiven Trend-Saison-Modells für die Arbeitslosenzahlen des ersten Quartals 1999, die in der nachfolgenden Tabelle zusammengefaßt sind.

| Monat | Januar 1999 | Februar 1999 | März 1999 |
|---|---|---|---|
| Anzahl | 277782 | 276855 | 271807 |

*Hinweis*: Unter dem Begriff des ex-post Prognosefehlers subsumiert man in der Zeitreihenanalyse die radizierte durchschnittliche quadratische Abwei-

chung der im Nachhinein (lat.: *ex post* → im Nachhinein) beobachteten Zeitreihenwerte von den jeweiligen Modell-Prognose-Werten.

## Aufgabe 7-4*

Man verwende die SPSS-Datendatei **flug.sav** und

a) charakterisiere die Zeitreihe und beschreibe ihren Beobachtungszeitraum mit Hilfe geeigneter Indexmengen.

b) analysiere die Trendkomponente der Zeitreihe mit Hilfe zentrierter gleitender Durchschnitte zum Stützbereich von einem Jahr und stelle diese gemeinsam mit der originären Zeitreihe in einem Diagramm dar.

c) beschreibe die Trendkomponente mit Hilfe einer einfachen inhomogenen linearen Funktion, bestimmt nach der Methode der kleinsten Quadratesumme.

d) bestimme die durchschnittliche monatliche Schwankung der Fluggästezahlen um die unter c) ermittelte lineare Trendfunktion.

e) konstruiere ein additives Trend-Saison-Modell für die Anzahl der Fluggäste auf den Berliner Flughäfen.

f) schätze die Güte des unter e) konstruierten Trend-Saison-Modells mit Hilfe des Bestimmtheitsmaßes ein.

g) prognostiziere die Anzahl der Fluggäste für das erste Halbjahr 1999 und stelle die Modell- sowie die Prognosewerte gemeinsam mit den beobachteten Fluggästezahlen der letzten zwei Jahre im einem Diagramm graphisch dar.

## Aufgabe 7-5*

Man verwende die Zeitreihe der Modellresiduen aus der Aufgabe 7-3, Problemstellung e),

a) stelle sie graphisch dar und charakterisiere die Zeitreihe allein anhand der graphischen Darstellung.

b) fasse sie als eine Realisation eines stationären stochastischen Prozesses auf, modelliere sie mit Hilfe eines geeigneten ARIMA(p,d,q)-Modells und begründe aus statistisch-methodischer Sicht unter Zugrundelegung der Ergebnisse der Autokorrelations- und partiellen Autokorrelationsanalyse das verwendete ARIMA-Modell.

c) berechne und interpretiere das Bestimmtheitsmaß für das verwendete ARIMA-Modell.

## Aufgabe 7-6

Man verwende die SPSS-Datendatei **prozess.sav**,

a) stelle die Zeitreihe A graphisch dar und charakterisiere ihren Verlauf.

b) analysiere die Zeitreihe A mit Hilfe der Autokorrelations- und der partiellen Autokorrelationsfunktion und diagnostiziere den zugrundeliegenden stochastischen Prozeß.

c) transformiere die originäre Zeitreihe A mit Hilfe des Differenzenfilters erster Ordnung, stelle die transformierte Zeitreihe graphisch dar, analysiere sie mit Hilfe der Autokorrelations- und der partiellen Autokorrelationsfunktion und diagnostiziere den zugrundeliegenden stochastischen Prozeß.

d) füge in die Arbeitsdatei eine Variable ein, die auf der Grundlage der unter c) transformierten Zeitreihe die Zeitreihenwerte mit einem Time-Lag von einer Zeitperiode zurückgibt.

e) erstelle man für die unter c) und d) erzeugten Zeitreihen ein einfaches Streudiagramm, deute den graphischen Befund sachlogisch und statistisch und ergänze das Streudiagramm durch den Graphen der zugehörigen einfachen linearen Regression, die auf der Methode der kleinsten Quadratesumme basiert. Zudem gebe man die geschätzte Regressionsfunktion an und prüfe auf einem Signifikanzniveau von 0,05 die folgende Hypothese: *Der stationäre stochastische Prozeß, der der transformierten Zeitreihe aus c) zugrunde liegt, ist kein autoregressiver Prozeß erster Ordnung.*

f) konstruiere auf Grund der Ergebnisse der Prozeßdiagnostik aus b) und c) ein geeignetes ARIMA-Modell und prognostiziere den Prozeß für einen Prognosezeitraum von der Länge h = 5 Zeitperioden. Zudem stelle man die Modellprognose einschließlich der letzten 10 Beobachtungen graphisch dar und ergänze die Graphik des Prozeßverlaufs noch durch die zugehörigen 95%-Konfidenzgrenzen.

## Aufgabe 7-7

Man verwende die SPSS-Datendatei **prozess.sav**,

a) stelle die Zeitreihe B graphisch dar und charakterisiere ihren Verlauf.

b) analysiere die Zeitreihe B mit Hilfe der Autokorrelations- und der partiellen Autokorrelationsfunktion und diagnostiziere den zugrundeliegenden stochastischen Prozeß.

c) transformiere die originäre Zeitreihe B mit Hilfe von linearen Filtern derart, daß zumindest schwache Stationarität für die transformierte Zeitreihe unterstellt werden kann. Zudem gebe man die Ordnung des verwendeten linearen Filters an und stelle die schwach stationäre Zeitreihe graphisch dar.

d) analysiere die transformierte Zeitreihe aus c) analog zur Problemstellung b) und diagnostiziere den zugrundeliegenden stochastischen Prozeß.

e) konstruiere auf Grund der Ergebnisse der Prozeßdiagnostik aus c) und d) ein geeignetes ARIMA-Modell und prognostiziere den Prozeß für einen Prognosezeitraum von der Länge h = 5 Zeitperioden. Zudem stelle man die Modellprognose einschließlich der letzten 5 Beobachtungen graphisch dar und ergänze die Graphik des beobachteten und prognostizierten Prozeßverlaufs noch durch die zugehörigen 99%-Konfidenzgrenzen.

**Aufgabe 7-8***

Man verwende die SPSS-Datendatei **prozess.sav**,

a) stelle die Zeitreihe C graphisch dar und charakterisiere ihren Verlauf.

b) erzeuge aus der originären Zeitreihe C eine schwach stationäre Zeitreihe und analysiere diese mit Hilfe der Autokorrelations- und der partiellen Autokorrelationsfunktion.

c) konstruiere auf Grund der Ergebnisse der Prozeßdiagnostik aus a) und b) ein geeignetes ARIMA-Modell und prognostiziere den Prozeß für einen Prognosezeitraum von der Länge h = 5 Zeitperioden. Zudem stelle man die Modellprognose einschließlich der letzten 10 Beobachtungen graphisch dar und ergänze die Graphik des beobachteten und prognostizierten Prozeßverlaufs noch durch die zugehörigen 90%-Konfidenzgrenzen.

**Aufgabe 7-9**

Man verwende die SPSS-Datendatei **prozess.sav**,

a) stelle die Zeitreihe D graphisch dar und charakterisiere ihren Verlauf.

b) analysiere die Zeitreihe D mit Hilfe der Autokorrelations- und der partiellen Autokorrelationsfunktion und diagnostiziere den zugrundeliegenden stochastischen Prozeß.

c) transformiere die originäre Zeitreihe D mit Hilfe von linearen Filtern derart, daß zumindest schwache Stationarität für die transformierte Zeitreihe unterstellt werden kann. Zudem gebe man die Ordnung des verwendeten linearen Filters an und stelle die schwach stationäre Zeitreihe graphisch dar.

d) analysiere die transformierte Zeitreihe aus c) analog zur Problemstellung b) und diagnostiziere den zugrundeliegenden stochastischen Prozeß.

e) konstruiere auf Grund der Ergebnisse der Prozeßdiagnostik aus c) und d) ein geeignetes ARIMA-Modell und prüfe auf einem Signifikanzniveau von 0,05, ob die geschätzten Modellparameter signifikant verschieden von Null sind.

f) prognostiziere den Prozeß für einen Prognosezeitraum mit einer Länge von h = 7 Zeitperioden. Zudem stelle man die Modellprognose einschließlich der letzten 5 Beobachtungen graphisch dar, ergänze die Graphik des beobachteten und prognostizierten Prozeßverlaufs noch durch die zugehörigen 95%- Konfidenzgrenzen und beleuchte das Prognoseergebnis kritisch.

**Aufgabe 7-10**

Man verwende die SPSS-Datendatei **prozess.sav**,

a) stelle die Zeitreihe E graphisch dar, charakterisiere ihren Verlauf und analysiere sie mit der Autokorrelations- und der partiellen Autokorrelationsfunktion.

b) schätze in Folge die Modelle ARIMA(1,1,0), ARIMA(0,1,1) und ARIMA(1,1,1) und prüfe jeweils auf einem Signifikanzniveau von 0,05 die Modellparameter auf ihre statistische Signifikanz.

c) erzeuge aus der originären Zeitreihe E eine schwach stationäre Zeitreihe, analysiere diese mit Hilfe der Autokorrelations- und der partiellen Autokorrelationsfunktion, charakterisiere den zugrundeliegenden stationären stochastischen Prozeß und vergleiche die Diagnoseergebnisse mit den Ergebnissen aus der Problemstellung b).

d) analysiere die unter c) erzeugte Zeitreihe mit Hilfe eines Normal-Q-Q-Plot und deute den explorativen Befund statistisch.

e) kommentiere die Aussage: *Die Zeitreihe E ist ihrem Wesen nach ein einfacher Random Walk.* und vergleiche sie mit den Analyseergebnissen aus c).

## Aufgabe 7-11

Man lege eine SPSS-Datendatei an, die eine Zeitvariable für 150 äquidistante Zeitpunkte beinhaltet. In diese Datei füge man die folgenden Variablen ein, stelle sie jeweils graphisch dar und charakterisiere sie anhand ihres Verlaufs:

a) eine Variable v1, die Realisationen einer N(0,1)-verteilten Zufallsvariablen beinhaltet

b) eine Variable v2, die die kumulierten Summen von v1 beinhaltet

c) eine Variable v3, die wie folgt definiert ist: $v3 = 1 + 2 \cdot v1$

d) eine Variable v4, die die kumulierten Summen von v3 beinhaltet.
   Zudem charakterisiere und analysiere man die Zeitreihen v1 bis v4.

## Aufgabe 7-12

Man verwende die SPSS-Datendatei **kurse.sav** und

a) verschaffe sich mit Hilfe eines Chart eine Vorstellung vom Kursverlauf der EUROWEB Aktie. Zudem gebe man den Beobachtungszeitraum der in Rede stehenden Zeitreihe an.

b) analysiere den originären Kursverlauf der EUROWEB Aktie im Beobachtungszeitraum mittels der Autokorrelationsfunktion und der partiellen Autokorrelationsfunktion.

c) treffe eine Aussage über den Integrationsgrad des stochastischen Prozesses, des originären EUROWEB Kursverlaufes.

d) erzeuge eine aus der originären Kursentwicklung entlehnte Zeitreihe, die zum Grade Null integriert ist, schätze ein ARMA(1,1)-Modell und teste zum Signifikanzniveau von 0,05, ob die Modellparameter signifikant verschieden von Null sind.

e) erweitere die Modellspezifikation, schätze und teste in Anlehnung an die Problemstellung d) ein ARMA(2,1)-Modell.

f) schätze auf der Grundlage der originären EUROWEB Zeitreihe ein ARI-MA(1,1,1)-Modell, teste, ob die Modellparameter auf einem Signifikanzniveau von 0,05 wesentlich von Null verschieden sind, und vergleiche das Ergebnis mit dem Ergebnis aus der Problemstellung d).

g) erweitere in Anlehnung an die Problemstellung f) die Modellspezifikation auf ein ARMIA(2,1,1)-Modell und teste die geschätzten Modellparameter zum Signifikanzniveau von 0,05 gegen Null.

h) betrachte ein ARMIA(3,1,1)-Modell und ein ARIMA(2,1,2)-Modell. Können letztere als geeignet spezifiziert angesehen werden?

i) prognostiziere den Kursverlauf der EUROWEB Aktie für vier Börsentage, vergleiche die Modellprognose mit den in der nachfolgenden Tabelle aufgelisteten tatsächlichen Kurswerten der nachfolgenden vier Börsentage des Jahres 1998 und schätze die Güte der Kursprognose anhand des ex-post Prognosefehlers ein. Zudem stelle man die letzten 14 beobachteten Kurse (einschließlich der vier ex-post Kurse), die zugehörigen Modell-Werte und 95%-Konfidenzgrenzen gemeinsam in einem Diagramm dar.

| Tag | 11. März | 12. März | 13. März | 16. März |
|-----|----------|----------|----------|----------|
| Kurs | 0,95 | 0,90 | 0,90 | 0,90 |

*Hinweis*: Unter dem Begriff des ex-post Prognosefehlers subsumiert man in der Zeitreihenanalyse die radizierte durchschnittliche quadratische Abweichung der im Nachhinein (lat.: *ex post* → im Nachhinein) beobachteten Zeitreihenwerte von den jeweiligen Modell-Prognose-Werten.

### Aufgabe 7-13*

Man verwende die SPSS-Datendatei **kurse.sav** und

a) verschaffe sich anhand eines Chart einen Überblick über den zeitlichen Verlauf der PORSCHE Aktie.

b) charakterisiere anhand des unter a) erstellten Chart den zugrundeliegenden stochastischen Prozeß.

c) erzeuge eine Variable, die die erste Differenzenfolge des originären Verlaufs der PORSCHE Aktie beinhaltet.

d) fasse die unter c) erzeugte Differenzenfolge als eine Realisation eines stationären stochastischen Prozesses auf, stelle ihren Verlauf graphisch dar und diagnostiziere in Anlehnung an das BOX-JENKINS-Verfahren ein geeignetes ARIMA(p,d,q)-Modell für die unter c) erzeugte Zeitreihe, benenne die applizierten Diagnoseinstrumente und begründe kurz das Resultat der Modelldiagnostik.

# Lösungen

Das abschließende Kapitel der Aufgabensammlung beinhaltet vollständige und ausführliche Lösungen zu den in den vorhergehenden Kapiteln formulierten Aufgaben- und Problemstellungen, die eine Selbstkontrolle im Zuge eines zielgerichteten Selbststudiums zur Angewandten Statistik mit SPSS ermöglichen.

Der Übersichtlichkeit halber und zum Zwecke des leichteren Auffindens der Lösungen zu den jeweiligen Aufgaben- und Problemstellungen wurden diese gleichsam kapitelweise zusammengestellt. Dabei koinzidiert die Numerierung einer Lösung stets mit der Numerierung der jeweiligen Aufgabe. So beinhaltet z.B. die Lösung 6-7 die Ergebnisse für die Aufgabe 6-7, die im sechsten Kapitel die siebente Problemstellung darstellt.

Der sachlogische Hintergrund der SPSS-Datendateien, die den praktischen Problemstellungen zugrunde liegen, ist im ersten Kapitel dargestellt.

Die mit einem * gekennzeichneten Aufgaben waren in den vergangenen Semestern integrale Bestandteile von Klausuren im Hauptstudienfach „Angewandte Statistik mit SPSS".

## 2    Lösungen zum SPSS-Datenmanagement

### Lösung 2-1

a) Merkmalsträger: Wohnung; sachliche Abgrenzung: (in der Berliner Zeitung) zur Vermietung angeboten (Mietwohnung); örtliche Abgrenzung: Mietwohnung im Berliner Bezirk Zehlendorf; zeitliche Abgrenzung: 10./11. Oktober 1998

b) Definition der Erhebungsmerkmale:

| lfd. | Definition des Erhebungsmerkmals | | |
| Nr. | Merkmal | Ausprägung | Skala |
| (0) | (1) | (2) | (3) |
| 1 | Zimmeranzahl | 1, 2, 3, ...., 19, 20 | Verhältnisskala (metrische Skala) |
| 2 | Wohnfläche, in m² | positive reelle Zahlen | Verhältnisskala (metrische Skala) |
| 3 | Mietart | Kaltmiete, Warmmiete | Nominalskala |
| 4 | monatliche Miete, in DM | positive reelle Zahlen | Verhältnisskala (metrische Skala) |
| 5 | Etagenlage | Kellergeschoß, Erdgeschoß, 1. Obergeschoß, 2. Obergeschoß, .......... Dachgeschoß | Ordinalskala |
| 6 | Ausstattung mit Balkon | Balkon vorhanden, keine Angabe | Nominalskala |
| 7 | Ausstattung mit Fußbodenheizung | Fußbodenheizung vorhanden, keine Angabe | Nominalskala |

die Erhebungsmerkmale 1 bis 5 sind nicht häufbare Merkmale; das Merkmal *Ausstattung mit ...* (z.B. Balkon und/oder Fußbodenheizung) ist ein häufbares Merkmal; häufbare Merkmale werden in SPSS mittels Mehrfachantworten-Sets analysiert; zu diesem Zweck wird für jeden Ausstattungsaspekt eine dichotome Variable angelegt, jeder einzelne Ausstattungsaspekt wird somit wie ein Erhebungsmerkmal behandelt; in den Annoncen (Urliste) ist nur angegeben, ob eine Wohnung über einen Balkon bzw. eine Fußbodenheizung verfügt; eine nicht vorhandene Angabe zur Ausstattung mit Balkon bzw. Fußbodenheizung ist nicht eindeutig interpretierbar, keine Angabe kann einerseits bedeuten

– es ist kein Balkon bzw. keine Fußbodenheizung vorhanden, es kann aber auch bedeuten – es liegt keine Angabe zu diesen Ausstattungsmerkmalen vor

c) Definition einer SPSS-Variablen via Daten → Variable definieren → Typ → Labels → Fehlende Werte → Spaltenformat

| lfd. Nr. | Definition der Variablen | | | |
| | Name | Label | Typ / Format | Wert: Wertelabel |
| --- | --- | --- | --- | --- |
| (0) | (4) | (5) | (6) | (7) |
| 1 | ZIMMER | Anzahl Zimmer | Numerisch, 2.0 | |
| 2 | FLAECHE | Wohnfläche, in m² | Numerisch, 6.2 | |
| 3 | MIETART | Kalt- oder Warm-miete | Numerisch, 1.0 | 0: Kaltmiete<br>1: Warmmiete |
| 4 | MIETE | Miete pro Monat, in DM | Numerisch, 8.2 | |
| 5 | ETAGE | Etagenlage | Numerisch, 2.0 | -1: Kellergeschoß<br>0: Erdgeschoß<br>1: 1. Obergeschoß<br>2: 2. Obergeschoß<br>..........<br>99: Dachgeschoß |
| 6 | BALKON | Ausstattung mit Balkon | Numerisch, 1.0 | 1: Balkon vorhanden |
| 7 | FB_HEIZ | Ausstattung mit Fußbodenheizung | Numerisch, 1.0 | 1: Fußbodenheizung vorhanden |

die Variable *mietart* kann auch mit dem Typ String1 und den Wertelabels K: Kaltmiete, W: Warmmiete definiert werden; vorteilhafter für weitere Auswertungen ist aber die in der Tabelle vorgeschlagene Definition, weil der Mittelwert einer 0,1-kodierten Variable identisch ist mit der relativen Häufigkeit der mit 1 kodierten Ausprägung; numerische Variablen sind vorteilhafter für die Definition von Filterbedingungen und besser als Gruppierungsvariable geeignet; man beachte, daß die Spaltenbreite standardmäßig durch die Formatbreite bestimmt wird; ist die Formatbreite kleiner als die Anzahl der Zeichen im Variablennamen, dann ist die Spaltenbreite entsprechend festzulegen

d) Identifikationsvariable anlegen (siehe e)): sie sollte als erste Variable eingefügt werden: anklicken der ersten Spalte, dadurch wird die an erster Stelle stehende Variable markiert, anschließend via Daten → Variable einfügen links von der markierten Spalte eine zusätzliche Variablenspalte mit Standardeinstellungen einfügen; markieren der eingefügten zusätzlichen Variablenspalte und via Daten → Variable definieren die Identifikationsvariable vereinbaren: Name: *ID*; Variablenlabel: *Annonce-Nr.*; Typ: Numerisch, 4.0

e) Dateneingabe und speichern der SPSS-Datendatei: annoncenweise (zeilenweise) Eingabe der Werte; für die Identifikationsvariable gibt man zunächst während der manuellen Eingabe nur die fortlaufenden Numerierung für die An-
noncen-Nr. (1,2,3,…,n = 10) ein; mittels der Sequenz Transformieren → Berechnen kann man anschließend die Variablenwerte entsprechend der Aufgabenstellung modifizieren; die Einstellungen in den Eingabefeldern sind hierbei
wie folgt: Zielvariable: ID; Numerischer Ausdruck: id + 2300; abschließend
speichern der SPSS-Datendatei via Datei → Speichern unter mit dem Namen loe_1_1.sav

## Lösung 2-2

a) Erfassungsnummer im Sinne eines einfachen dekadischen Schlüssels („Durch-
numerieren") kann mittels der SPSS-Funktion $casenum via Transformieren
→ Berechnen im Nachhinein automatisch bewerkstelligt werden

b) sei KMI der Körper-Masse-Index, GEW das Körpergewicht und GRO die
Körpergröße, dann kann via Transformieren → Berechnen im Nachhinein
für jeden Merkmalsträger der Körper-Masse-Index mittels der Berechnungsvorschrift KMI = GEW/(GRO/100)**2 bestimmt werden

c) Umkodierung der Merkmalsausprägungen via Transformieren → Umkodieren → In andere Variablen…; sei das GES(chlecht) die Eingangsvariable
und SEX die Ausgangsvariable, dann kann die Zuordnung der Merkmalsausprägungen via Option Alte und neue Werte und mit Hilfe des Dialogfeldes Umkodieren in andere Variablen: Alte und neue Werte herbeigeführt
werden

d) Transformation des kardinal skalierten Merkmals KMI auf eine Ordinalskala
erfolgt analog zu c), wobei die in die Rubrik Neuer Wert jeweils die ordinale
Ausprägung untergewichtig, normalgewichtig bzw. übergewichtig in Gestalt eines Strings einzugeben ist.

## Lösung 2-3

jeweils die interessierenden Mietwohnungen via Daten → Fälle auswählen →
Falls Bedingung zutrifft… mittels der entsprechenden Auswahlbedingung selektieren; in der Rubrik Nicht ausgewählte Fälle die Option Löschen aktivieren;
die reduzierte SPSS-Datendatei via Datei → Speichern unter… unter einem
geeigneten Namen speichern und z.B. via Statistik → Zusammenfassen →
Häufigkeiten die Anzahl der in der jeweiligen Datendatei enthaltenen Mietwohnungen bestimmen

a) Auswahlbedingung: west_ost > 7; Anzahl: 2800 Mietwohnungen

b) Auswahlbedingung: nord_süd ≤ 4; Anzahl: 1900 Mietwohnungen

c) Auswahlbedingung: **west_ost > 5 & west_ost < 8 & nord_süd > 4 & nord_süd < 6**; Anzahl: 1700 Mietwohnungen

d) Auswahlbedingung: **~ (west_ost > 5 & west_ost < 8 & nord_süd > 4 & nord_süd < 6)**; Anzahl: 4300 Mietwohnungen

## Lösung 2-4

via Sequenz **Daten → Fälle auswählen** im Unterdialogfeld **Falls Bedingung zutrifft** die folgende Filtervariable definieren: **branche = 1 & NVALID(f10_3, f13_1) = 2 & NMISS(f18_7a) = 1**; die Fragebogen-Nummern der Fälle mit Wert 1 in der Variablen **filter_$** im Viewer anzeigen lassen; via **Statistik → Zusammenfassen → Bericht in Zeilen** in dem entsprechenden Dialogfeld folgende Einstellungen eintragen: Datenspalte: Variable **fbnr**; **f10_3, f13_1, f18_7A, branche**; via Schaltfläche **Format** im entsprechen Unterdialogfeld die Spaltenüberschriften formatieren; Option **Fälle anzeigen** muß aktiviert sein, dann erhält man das folgende Ergebnis:

| fbnr | f10_3 | f13_1 | f18_7a | branche |
|------|-------|-------|--------|---------|
| 23 | 2 | 20000 | . | 1 |
| 96 | 1 | 30000 | . | 1 |

## Lösung 2-5*

a) via **Transformieren → Berechnen**; die neue Variable heiße z.B. EU, dann gilt: **EU = PREIS * 1.95583**

b) möglicher Lösungsweg: **Transformieren → Umkodieren → in andere Variable**; Eingabevariable: *preis*; Ausgabevariable: z.B. *rkv* (Rücktrittskostenversicherung); alte (neue) Werte (Angaben jeweils in DM): bis unter 1000 (20); 1000 bis 2000 (28); über 2000 (32); danach via **Transformieren → Berechnen** die neue Variable **GEU = EU + RKV * 1.95583** berechnen und z.B. via **Daten → Fälle sortieren** nach GEU den niedrigsten (3508,76 Euro) und den höchsten (11684,13 Euro) Gesamtpreis bestimmen

## Lösung 2-6

a) möglicher Lösungsweg: **Daten → Datei aufteilen**

| Studenten, die ... sind | Durchschnittliche Körpergröße in cm | Standardabweichung der Körpergrößen in cm |
|-------------------------|-------------------------------------|-------------------------------------------|
| untergewichtig | 171,59 | 7,38 |
| normalgewichtig | 175,43 | 8,45 |
| übergewichtig | 177,48 | 7,47 |

Gruppen basieren auf der SPSS-Variablen BMI_O; statistische Auswertung z.B. via Statistik → Zusammenfassen → Deskriptive Statistik

b) Aufteilung der Daten rückgängig machen; möglicher Lösungsweg: Daten → Fälle auswählen → Falls Bedingung zutrifft; Auswahlbedingung: RAU = 1 & SEX = 0 & BMI_O = 0; danach via Statistik → Zusammenfassen → Häufigkeiten Häufigkeitstabelle für SEX; Ergebnis: es gibt 21 derartige Studenten

## Lösung 2-7*

Via Transformieren → Berechnen, die neue Variable heiße z.B. WK, dann gilt: WK = CDF.NORMAL(BEDARF,38.43,11.91)

a) z.B. Daten → Fälle sortieren nach dem ALTER; der jüngste erfaßte männliche Fahrschüler ist 19 Jahre alt und brauchte 35 Fahrstunden; die Variable WK besitzt den Wert 0,39; Interpretation: Mit einer Wahrscheinlichkeit von 0,39 braucht ein zufällig ausgewählter Fahrschüler höchstens 35 Fahrstunden.

b) mit einer Wahrscheinlichkeit von 1 – 0,62 = 0,38 braucht ein zufällig ausgewählter Fahrschüler mehr Fahrstunden als die Fahrschülerin mit der Nummer 110, die 42 Fahrstunden benötigte

## Lösung 2-8*

berechnen der Werte für die Variable *wk* via Transformieren → Berechnen; Einstellungen im Dialogfeld Variable berechnen: Zielvariable: wk; die Berechnungsvorschriften und Falls-Bedingungen sind abhängig von der Gewichtsklasse:

| Gewichts-klasse(n) | Eingabefeld | |
|---|---|---|
| | Numerischer Ausdruck | Falls |
| 1 | CDF.NORMAL(klas_ogr,76.3,8.5) | gew_klas = 1 |
| 2, 3, 4 | CDF.NORMAL(klas_ogr,76.3,8.5) - CDF.NORMAL(klas_ugr,76.3,8.5) | gew_klas ≥ 2 & gew_klas ≤ 4 |
| 5 | 1 - CDF.NORMAL(klas_ugr, 76.3,8.5) | gew_klas = 5 |

Ereigniswahrscheinlichkeiten in Gestalt eines Auszugs aus dem zugehörigen SPSS-Output:

| gew_klas | klas_ugr | klas_ogr | wk |
|---|---|---|---|
| 1 | . | 60 | ,0276 |
| 2 | 60 | 70 | ,2017 |
| 3 | 70 | 80 | ,4390 |
| 4 | 80 | 90 | ,2782 |
| 5 | 90 | . | ,0535 |

## Lösung 2-9

a) Merkmalsträger: PKW; Abgrenzung, sachlich: Gebrauchtwagen vom Typ VW Golf III; Abgrenzung, örtlich: angeboten in der Region Wolfsburg; Abgrenzung, zeitlich: zweites Quartal 1998

b) Charakterisierung der Erhebungsmerkmale:

| Variablen-name | Charakterisierung Erhebungsmerkmal | | |
| --- | --- | --- | --- |
| | Maßeinheit | Ausprägung | Skala |
| (0) | (1) | (2) | (3) |
| modell | | Golf III GL, Golf III, Golf III Joker etc. | nominal |
| alter | Monate | positive reelle Zahlen | metrisch |
| hubraum | cm³ | positive reelle Zahlen | metrisch |
| km_leist | 1000 km | positive reelle Zahlen | metrisch |
| preis | 1000 DM | positive reelle Zahlen | metrisch |

c) Variable km_jahr via Daten → Variable definieren; Berechnen der Variablen via Transformieren → Berechnen; Berechnungsvorschrift: km_jahr = km_leist/(monat/12)

d) Variable wk_p; Definition der Variablen via Daten → Variable definieren; Berechnen der Variablen via Transformieren → Berechnen; Berechnungsvorschrift: wk_p = CDF.NORMAL(preis,18.04,3.83) unter der Auswahlbedingung Falls Bedingung erfüllt ist: monat > 12 & monat ≤ 24

e) Variable autotyp, region; Definition der Variablen via Daten → Variable definieren; Berechnen der Variablen via Transformieren → Berechnen, wobei gilt:

| für Zielvariable | Eingabefeld Numerischer Ausdruck |
| --- | --- |
| autotyp | 3 |
| region | "Wolfsburg" |

f) Variable hub_kl; Berechnen der Variablen via Transformieren → Umkodieren → In andere Variable; Eingabevariable: hubraum; Ausgabevariable: hub_kl; Unterdialogfeld Alte und Neue Werte:

| Alte Werte | Neue Werte |
| --- | --- |
| Bereich: Kleinster Wert bis 1400 | 1 |
| Bereich: 1401 bis 1600 | 2 |
| Bereich: 1601 bis größter Wert | 3 |

Definition des Typs, des Variablenlabels und der Wertelabel der Variablen hub_kl via Daten → Variable definieren

g) Variable mod_gr anlegen und berechnen der neuen Variablen via Transformieren → Umkodieren → In andere Variable; Eingabevariable: modell;
Ausgabevariable: mod_gr; Unterdialogfeld Alte und Neue Werte:

| Alte Werte | Neue Werte |
|---|---|
| Wert: Golf III GL | 1 |
| Wert: Golf III GL Automatik | 1 |
| Alle anderen Werte | 2 |

die Lösungsvariante mittels Umkodieren in andere Variable mit der Umko-
dierungsoption Alter Wert: Alle anderen Werte, Neuer Wert 2 ist nur
möglich, weil in der Eingangsvariablen keine Missings sind; wenn in der Eingangsvariablen Missings vorhanden sind, dann sollte man das Dialogfeld Berechnen mit der Option Falls verwenden; Definition des Typs, des Variablenlabels und der Wertelabel der Variablen mod_gr via Daten → Variable
definieren

h) Variable ralter anlegen und berechnen der neuen Variablen via Transformieren → Rangfolge bestimmen; Einstellungen im Dialogfeld Rangfolge bilden; Variable: alter; Rangtypen: Rang; Rangbindungen: Minimaler Rang;
Rang 1 zuweisen: kleinster Wert

i) Variable palter; anlegen und berechnen der neuen Variablen via Transformieren → Rangfolge bestimmen mit den entsprechenden Einstellungen;
Interpretation der Werte der Variablen *palter* am Beispiel des Wertes für
ID = 10: 6 % der beobachteten PKW haben ein Alter von höchstens 11 Monaten; die in der Variablen *palter* enthaltenen Werte können als die Werte der
empirischen Verteilungsfunktion des Merkmals *Alter* interpretiert werden

## Lösung 2-10

*Schritt 1*: Ausgangsdateien ags_92.sav, bev_92.sav und arzt_92.sav nach
dem amtlichen Gemeindeschlüssel (Variable ags) via Daten → Fälle sortieren aufsteigend sortieren

*Schritt 2*: Ausgangsdateien ags_92.sav, bev_92.sav und arzt_92.sav via Daten → Dateien zusammenfügen → Variable hinzufügen schrittweise zusammenfügen; die Variable *ags* wird hierbei als Schlüsselvariable verwendet;
im Dialogfeld Variable hinzufügen aus ... die Option Fälle mittels Schlüsselvariable verbinden einstellen und die Variable *ags* in das Eingabefeld
Schlüsselvariable übernehmen;

| Basisdatei | zu übernehmende Variable | Hinweise |
|---|---|---|
| ags_92.sav | regname, regtyp, land_nr | |
| bev_92.sav | bevoelk, bj | bj umbenennen zu bj_bev |
| arzt_92.sav | za_arztb, bj | bj umbenennen zu bj_arzt |

in die neue Datei werden aus den jeweiligen Ausgangsdateien nur die Variablen übernommen, die für die zu bildende Datei notwendig sind

*Schritt 3*: via Sequenz Transformieren → Berechnen in der neuen Datei bevarzt.sav die zusätzliche Variable für das Merkmal Bevölkerung in 100 Personen pro berufstätiger Zahnarzt anlegen; Berechnungsvorschrift: bevzarzt = (bev/100)/zarzt

*Schritt 4*: Kommune des Landes Bayern mit dem kleinsten Wert für die Variable *bevzarzt*: Würzburg (*ags* = 9663000), kreisfreie Stadt, 652 Personen pro Zahnarzt; Lösungsweg: Datei aufsteigend sortieren nach den SPSS-Variablen *land_nr* und *bevzarzt*; die erste Kommune des Landes Bayern ist dann die gesuchte Kommune; via Bearbeiten → Suchen mit Datenwert 9 suchen in Variable land_nr; so findet man die erste Kommune von Bayern

## Lösung 2-11

via Daten → Aggregieren; Breakvariable: lv_nr; Variable aggregieren: gew_1 = MIN(gew); gew_2 = MAX(gew); gew_3 = MEAN(gew); gew_4 = SD(gew); gew_5 = N(gew); Option Anzahl der Fälle in der Break-Gruppe speichern: N_BREAK aktiviert; die Variable gew_4 beinhaltet die in SPSS standardmäßig verwendete Stichproben-Standardabweichung; für die Berechnung der durchschnittlichen quadratischen Abweichung im Sinne der empirischen Varianz ist die Variable gew_4 via Transformieren → Berechnen zu modifizieren; Berechnungsvorschrift: gew_4a = ((gew_5 − 1)/gew_5)*(gew_4**2)

## Lösung 2-12

*Schritt 1*: über bws_92.xls informieren, die Datei bws_92.xls ist eine Excel 4.0 Datei; die erste Zeile des Datentableaus enthält die Variablen-Namen, der nach SPSS zu exportierende Bereich ist A1:H18

*Schritt 2*: einlesen der Excel Tabelle via Datei → Öffnen mit folgenden Einstellungen im Dialogfeld Datei öffnen: Eingabefeld Dateityp: Excel (*.xls); Optionen: Variablennamen einlesen aktiviert; Bereich: A1:H18; speichern der SPSS-Datendatei unter bws_92_0.sav

*Schritt 3*: anlegen der folgenden Variablen via Transformieren → Berechnen

| Eingabefeld Zielvariable | Eingabefeld Numerischer Ausdruck |
| --- | --- |
| l_nr | ags/1000000 |
| bws | SUM(bws_1,bws_2,bws_3,bws_4,bws_5) |
| ant_lff | (bws_1 / bws) · 100 |

anschließend definieren dieser Variablen; die Variablen land und bj ergeben sich unmittelbar aus den entsprechenden importierten Variablen; löschen der überflüssigen Variablen; die modifizierte Datei bws_92_0.sav unter dem neuen Namen bws_92.sav via Datei → Speichern unter ablegen

## Lösung 2-13

Lösung siehe Datei bev_97.sav, unf_97.sav und bev_unf.sav

a) *Schritt 1*: in den Excel-Tabellen ergänzt man über der ersten Datenzeile die Namen der künftigen SPSS-Variablen: in bev_97.xls in der Zeile 9, somit ergibt sich der nach SPSS zu exportierende Bereich mit A9:E479; entsprechend in unf_97.sav die Zeile 11; zu exportierender Bereich A11:H481; einlesen der Excel Tabellen bev_97.xls und unf_97.xls in SPSS-Dateneditor via Datei → Öffnen, mit folgenden Einstellungen im Dialogfeld Datei öffnen: Eingabefeld Dateityp: Excel (*.xls); Optionen: Variablennamen einlesen aktiviert; Bereich: A9:E479 bzw. A11:H481; definieren der SPSS-Variablen und speichern der SPSS-Datendateien unter bev_97.sav bzw. unf_97.sav

*Schritt 2*: Ausgangsdateien ags_97.sav, bev_97.sav und unf_97.sav via Daten → Dateien zusammenfügen → Variable hinzufügen schrittweise zusammenfügen; die Variable *ags* wird hierbei als Schlüsselvariable verwendet; im Dialogfeld Variable hinzufügen aus ... die Option Fälle mittels Schlüsselvariable verbinden einstellen und die Variable *ags* in das Eingabefeld Schlüsselvariable übernehmen; in die neue Datei werden aus den jeweiligen Ausgangsdateien nur die Variablen übernommen, die für die zu bildende Datei bev_unf.sav notwendig sind:

| Basisdatei | zu übernehmende Variable |
|---|---|
| ags_97.sav | Name der Region (regname), Typ der Region (regtyp), Land-Nr. (land_nr) |
| bev_97.sav | Berichtsjahr Bevölkerungsdaten (bj_bev), Bevölkerung insgesamt (bev_i) |
| unf_97.sav | Berichtsjahr Unfallstatistik (bj_unf), Unfälle insg. (unf_1), Unfälle mit Personenschaden (unf_2), getötete Personen (pers_1), verletzte Personen (pers_2) |

speichern der neuen Datei unter bev_unf.sav

*Schritt 3*: berechnen der zusätzlichen Variablen via Transformieren → Berechnen

| Zielvariable | Numerischer Ausdruck |
|---|---|
| ant_unf2 | (unf_2 / unf_1) · 100 |
| pers | SUM(pers_1,pers_2) |
| unf_bev | unf_1 / (bev_i / 1000) |
| pers_unf | pers / unf_2 |

Definieren der neuen Variablen via Daten → Variable definieren und speichern der modifizierten Datei bev_unf.sav

b) Ergebnisse:

| regtyp | unf_bev_Mean | unf_bev_Min | unf_bev_Max |
|---|---|---|---|
|  | 6,82 | 6,67 | 7,08 |
| KR | 7,58 | 4,42 | 13,40 |
| KS | 6,73 | 4,64 | 9,34 |
| LK | 6,90 | 3,67 | 13,60 |
| RB | 6,59 | 5,29 | 8,37 |
| SK | 7,60 | 6,39 | 8,68 |
| SV | 6,24 | 6,24 | 6,24 |

Lösungsweg: via Daten → Aggregieren, mit folgenden Einstellungen im Dialogfeld Daten aggregieren; Breakvariable: regtyp; Eingabefeld Variable aggregieren: unf_be_1 = MEAN(unf_bev), unf_be_2 = MIN(unf_bev), unf_be_3 = MAX (unf_bev)

c) es ist in der Datei bev_unf.sav die Region vom Typ Kreis (KR) mit einem Wert von 4,42 für die Variable unf_bev zu finden; mittels der Anwendung der Sequenz Bearbeiten → Suchen auf die Variable unf_bev (zu suchender Datenwert 4,42) findet man Siegen-Wittgenstein (ags: 5970000)

## Lösung 2-14

jeweils die interessierenden Mietwohnungen via Daten → Fälle auswählen → Falls Bedingung zutrifft... mittels der entsprechenden Auswahlbedingung selektieren und mittels der SPSS-Filtervariablen *$filter* z.B. via Statistik → Zusammenfassen → Häufigkeiten die Anzahl der in der jeweiligen Datendatei enthaltenen Mietwohnungen bestimmen

a) wähle alle in der SPSS-Datendatei erfaßten Berliner Mietwohnungen aus, die im Stadtbezirk Marzahn liegen; Anzahl: 100 Mietwohnungen

b) wähle alle in der SPSS-Datendatei erfaßten Berliner Mietwohnungen aus, die im Stadtbezirk Marzahn oder im Stadtbezirk Spandau liegen; Anzahl: 200 Mietwohnungen

c) wähle alle in der SPSS-Datendatei erfaßten Berliner Mietwohnungen aus, die sowohl im Stadtbezirk Marzahn als auch im Stadtbezirk Spandau liegen; Anzahl: 0 Mietwohnungen

d) wähle alle in der SPSS-Datendatei erfaßten Hellersdorfer 2-Zimmer-Mietwohnungen bzw. alle im Stadtbezirk Spandau liegenden Mietwohnungen aus; Anzahl: 200 Mietwohnungen

e) wähle alle in der SPSS-Datendatei erfaßten Berliner 2-Zimmer-Mietwohnungen aus, die entweder in den Stadtbezirken Hellersdorf oder Spandau liegen; Anzahl: 100 Mietwohnungen

f) wähle alle in der SPSS-Datendatei erfaßten und östlich, jedoch nicht im Stadtbezirk Köpenick gelegenen Berliner 3-Zimmer-Mietwohnungen aus; Anzahl: 300 Mietwohnungen

g) wähle alle in der SPSS-Datendatei erfaßten mittelgroßen Berliner 3-Zimmer-Mietwohnungen aus, die im Ostteil der Stadt liegen, jedoch nicht in den östlich gelegenen Stadtbezirken Marzahn, Hellersdorf oder Hohenschönhausen; Anzahl: 1 Mietwohnung

### Lösung 2-15

a) Merkmalsträger: gebrauchter PKW; Anzahl: 1000 gebrauchte PKW; Charakteristik der Erhebungsmerkmale z.B. via Extras → Datei-Info

```
List of variables on the working file
Name                                                      Position
NR            Nr. des gebrauchten PKW                            1
              Measurement Level: Scale (metrisch)
FAHR          Fahrleistung in 1000 km                            2
              Measurement Level: Scale (metrisch)
ALTER         Alter in Monaten                                   3
              Measurement Level: Scale (metrisch)
WERT          Zeitwert in 1000 DM                                4
              Measurement Level: Scale (metrisch)
HUB           Hubraum in 100 cm³                                 5
              Measurement Level: Scale (metrisch)
TYP           Fahrzeugtyp                                        6
              Measurement Level: Nominal
              Value     Label
                1       Honda Accord
                2       Audi A4
                3       Audi A6
                4       5er BMW
                5       Ford Escort
                6       Ford Fiesta
                7       Mazda 323
                8       VW Passat
                9       Opel Vectra
```

b) via Transformieren → Berechnen; Berechnungsvorschrift für jahresdurchschnittliche Fahrleistung: durch = fahr/(alter/12)

c) Auswahlbedingung: durch < 15; Anzahl: 533 Gebrauchtwagen
   Auswahlbedingung: durch >= 30 & hub >= 20; Anzahl: 45 Gebrauchtwagen

Auswahlbedingung: (typ = 2 | typ = 3) & durch >= 15; Anzahl: 128 Gebrauchtwagen

Auswahlbedingung: alter < 24 & wert >= 25 & ~(typ = 2 | typ = 3); Anzahl: 65 Gebrauchtwagen

Auswahlbedingung: typ = 9 & hub = 18 & durch >= 10 & durch < 15; Anzahl: 14 Gebrauchtwagen

Auswahlbedingung: (typ = 4 | typ = 2 | typ = 3) & alter <= 24 & fahr >= 50 & wert >= 30 & hub >= 20; Anzahl: 8 Gebrauchtwagen

**Lösung 2-16***

a) Merkmalsträger: Hühnerei; Erhebungsmerkmale: Farbe, nominal skaliert; Gewicht, Höhe und Breite, jeweils kardinal skaliert, Gewichts- und Höhenkategorie, jeweils ordinal skaliert

b) Auswahlbedingung: farbe =1 & gewicht < 77 & gewicht > 48 & hoehe < 63 & hoehe > 49 & breite < 47 & breite > 41; Anzahl: 786 Hühnereier

c) z.B. via Datei → Neu → Daten im „neuen" SPSS-Dateneditor in das Feld(1;1) eine beliebige Zahl eingeben und via Transformieren → Berechnen die folgenden Berechnungen durchführen :

- Gewichtskategorie S:

  mit einer Wahrscheinlichkeit von ps = CDF.NORMAL(53,63,5) = 0,0228 ist unter den angenommenen Bedingungen ein zufällig ausgewähltes Hühnerei leichter als 53 Gramm; da die Bäuerin 2810 Hühnereier verkauft, veräußert sie erwartungsgemäß 2810·0,0228 ≈ 64 Hühnereier der Gewichtskategorie S zu einem Stückpreis von 0,30 DM/Ei, so daß sie allein aus dem Verkauf der 64 Eier einen Erlös von ungefähr 64·0,3 ≈ 19 DM zu erwarten hat

- Gewichtskategorie M:

  wegen em = (CDF.NORMAL(63,63,5) - CDF.NORMAL(53,63,5)) ·2810·0,4 = 536,43 kann unter den gegebenen Bedingungen die Bäuerin allein aus dem Verkauf der Hühnereier der Gewichtsklasse M einen Verkaufserlös von ca. 536 DM erwarten

- Gewichtskategorie L:

  wegen el = (CDF.NORMAL(73,63,5) - CDF.NORMAL(63,63,5)) ·2810·0,5 = 670,54 kann unter den gegebenen Bedingungen die Bäuerin allein aus dem Verkauf der Hühnereier der Gewichtsklasse L einen Verkaufserlös von nahezu 671 DM erwarten

- Gewichtskategorie XL:

  wegen exl = (1 - CDF.NORMAL(73,63,5))·2810·0,6 = 38,36 kann unter den gegebenen Bedingungen die Bäuerin allein aus dem Verkauf der Hühnereier der Gewichtsklasse XL einen Verkaufserlös von ca. 38 DM erwarten;

schließlich und endlich beläuft sich der zu erwartende Erlös wegen e = SUM(es,em,el,exl) = 1264,50 auf nahezu 1265 DM

d) Berechnung von Wahrscheinlichkeiten bzw. Gewichtsquantilen:

- mit einer Wahrscheinlichkeit von
  CDF.NORMAL(68,63,5) - CDF.NORMAL(58,63,5) = 0,6827
  liegt das Gewicht eines zufällig ausgewählten Hühnereies im zentralen Schwankungsintervall von [58g; 68g];

- mit einer Wahrscheinlichkeit von
  CDF.NORMAL(73,63,5) - CDF.NORMAL(53,63,5) = 0,9545
  liegt das Gewicht eines zufällig ausgewählten Hühnereies im zentralen Schwankungsintervall von [53g; 73g];

- mit einer Wahrscheinlichkeit von
  CDF.NORMAL(78,63,5) - CDF.NORMAL(48,63,5) = 0,9973
  liegt das Gewicht eines zufällig ausgewählten Hühnereies im zentralen Schwankungsintervall von [48g; 78g]

- wegen IDF.NORMAL(0.05,63,5) = 54,78 und IDF.NORMAL(0.95,63,5) = 71,22 liegt mit einer Wahrscheinlichkeit von 0,9 das Gewicht eines zufällig ausgewählten Hühnereies im zentralen Schwankungsintervall von [54,8g; 71,2g]

- wegen IDF.NORMAL(0.025,63,5) = 53,20 und IDF.NORMAL(0.975, 63,5) = 72,80 liegt mit einer Wahrscheinlichkeit von 0,95 das Gewicht eines zufällig ausgewählten Hühnereies im zentralen Schwankungsintervall von [53,2g; 72,8g]

- wegen IDF.NORMAL(0.005,63,5) = 50,12 und IDF.NORMAL(0.995, 63,5) = 75,88 liegt mit einer Wahrscheinlichkeit von 0,99 das Gewicht eines zufällig ausgewählten Hühnereies im zentralen Schwankungsintervall von [50,1g; 75,8g]

# 3    Lösungen zur Verteilungsanalyse

## Lösung 3-1

a) 36% via Statistik → Zusammenfassen → Häufigkeiten

b) 22,4% wie unter a)

c) Skalierung: ordinal; sinnvolle Lagemaße sind der Modus (dieser beträgt 3) und der Median (dieser beträgt 4); Interpretation: die meisten erfaßten Reisen wurden für Hotels der Mittelklasse (3 Sterne), mindestens die Hälfte der Reisen wurden für Hotels mit höchstens vier Sternen und mindestens die Hälfte der Reisen wurden für Hotels mit vier oder mehr Sternen gebucht; das 179. der nach Hotelkategorien aufsteigend geordneten Hotels ist ein 4-Sterne-Hotel; die niedrigste angebotene Hotelkategorie ist ein einfaches Hotel (2-Sterne), die höchste angebotene Hotelkategorie ist das Luxushotel (6-Sterne)

d) die Kreisdiagramme können analog zu a) angefordert werden:

**Dominikanische Republik**

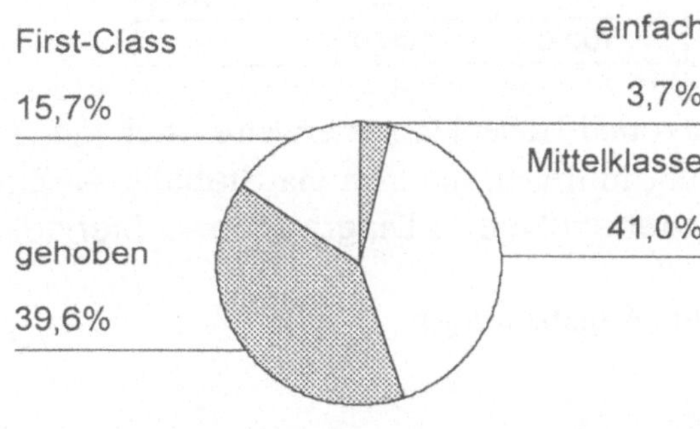


**Thailand**

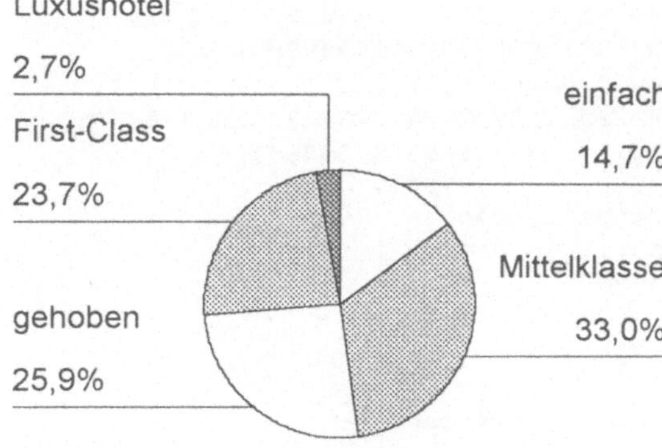

## Lösung 3-2

a) via **Statistik** → **Zusammenfassen** → **Häufigkeiten** erhält man die jeweilige Häufigkeitstabelle für die ordinalen Merkmale *Gewichts-* und *Höhenkategorie*

### Gewichtskategorie

|  |  | Häufigkeit | Prozent | Gültige Prozente | Kumulierte Prozente |
|---|---|---|---|---|---|
| Gültig | leicht | 280 | 28,0 | 28,0 | 28,0 |
|  | mittel | 367 | 36,7 | 36,7 | 64,7 |
|  | schwer | 353 | 35,3 | 35,3 | 100,0 |
|  | Gesamt | 1000 | 100,0 | 100,0 |  |

### Höhenkategorie

|  |  | Häufigkeit | Prozent | Gültige Prozente | Kumulierte Prozente |
|---|---|---|---|---|---|
| Gültig | klein | 161 | 16,1 | 16,1 | 16,1 |
|  | mittel | 712 | 71,2 | 71,2 | 87,3 |
|  | groß | 127 | 12,7 | 12,7 | 100,0 |
|  | Gesamt | 1000 | 100,0 | 100,0 |  |

für Identifizierung der Gewichts- und Höhenklassen erweisen sich die jeweiligen Stem-and-Leaf-Plots als sehr hilfreich, die man via **Statistik** → **Zusammenfassen** → **Explorative Datenanalyse** → **Diagramme** → **Stengel-Blatt** anfordern kann

Stem-and-Leaf Plot für Gewicht (Angaben in g):

```
Frequency      Stem &  Leaf
     4      Extremes    (=<48)
     0          4 .
     5          4 .  9&
    10          5 .  11&
    18          5 .  22333
    53          5 .  4444455555555
    67          5 .  66666667777777777
   123          5 .  888888888888889999999999999999
   141          6 .  000000000000000111111111111111111111
   160          6 .  2222222222222222222222223333333333333333
   127          6 .  444444444444444455555555555555555
    88          6 .  66666666666677777777777
    68          6 .  88888899999999999
    50          7 .  000000011111
    31          7 .  22222333
    20          7 .  4445
     7          7 .  67
    28      Extremes    (>=78)
Stem width:     10      Each leaf:       4 case(s)
& denotes fractional leaves.
```

**Stem-and-Leaf Plot für Höhe (Angaben in mm):**

```
Frequency        Stem &   Leaf
     8        Extremes      (=<49,3)
     1           51 .   &
     5           52 .   02&
    10           52 .   6678
    13           53 .   0334&
    19           53 .   5567889
    42           54 .   00012222333344
    50           54 .   55566777888889999
    63           55 .   00001112222333344444
    66           55 .   5555666677778888889999
    80           56 .   000000111122222333333344444
    81           56 .   555555555666667777888888899
    97           57 .   0000000001111112222333333444444
    82           57 .   55555666666777788888899999
    76           58 .   00000111122222223333334444
    59           58 .   5555555566667778889999
    64           59 .   00001111222222333344444
    49           59 .   5555566677778889999
    26           60 .   000112334
    13           60 .   578&
    25           61 .   00122334
    19           61 .   556788&
    16           62 .   00124&
     8           62 .   78&
     8           63 .   13&
     1           63 .   &
    19        Extremes      (>=63,6)
Stem width:      1,0
Each leaf:         3 case(s)
& denotes fractional leaves.
```

da jede kategoriale Variable jeweils nur drei ordinale Ausprägungen besitzt, braucht man z.B. im jeweiligen Stem-and-Leaf-Plot nur die absoluten Häufigkeiten jeweils an den Verteilungsschwänzen zu kumulieren, um mit ausreichender Genauigkeit die zugehörige Klassierungsvorschrift aus dem jeweiligen Stem-and-Leaf-Plot ablesen zu können;

z.B. gehören wegen $4 + 0 + 5 + 10 + 18 + 53 + 67 + 123 = 280$ alle Hühnereier mit einem Gewicht unter 60g zur Gewichtsklasse *leicht*. Offensichtlich besitzen wegen $28 + 7 + 20 + 31 + 50 + 68 + 88 = 292$ Hühnereier ein Gewicht von 66g oder mehr. Da in die Gewichtskategorie schwer jedoch 353 Hühnereier eingeordnet wurden, fehlen noch $353 - 292 = 61$ Hühnereier. Dies sind offensichtlich alle Hühnereier, die leichter als 66 g, jedoch 65 g oder schwerer sind. Diese Überlegung koinzidiert mit denen im Stem-and-Leaf-Plot angezeigten 15 Fünfer-Leaves (Blätter), die in ausreichender Näherung insgesamt $15 \cdot 4 = 60$ Eier symbolisieren, die einen 6er Gewichtsstamm und ein 5er Gewichtsblatt besitzen, also $6 \cdot 10^1 + 5 \cdot 10^0 = 65$ g oder mehr, aber weniger als

66g wiegen; demnach identifiziert man für die drei Gewichtskategorien die folgenden Klassierungvorschriften:

| Gewichtskategorie | Gewichtsklasse |
|---|---|
| leicht | bis unter 60g |
| mittel | 60g bis unter 65g |
| schwer | 65g oder mehr |

analog verfährt man bei der Identifizierung der Höhenklassen, für die man die folgenden Klassierungsvorschriften erhält:

| Höhenkategorie | Höhenklasse |
|---|---|
| klein | 55 mm oder kleiner |
| mittel | größer als 55 mm bis 61 mm |
| groß | größer als 61 mm |

b) Komplettierung der Variablendefinition für die SPSS-Variablen *gewkat* und *hoekat* via Daten → Variable definieren → Labels

c) Umkodierung der SPSS-Variablen *gewicht* und *hoehe* gemäß der unter a) identifizierten Klassierungsvorschriften via Transformieren → Umkodieren → In andere Variablen und danach Überprüfung der Ergebnisse via Statistik → Zusammenfassen → Häufigkeiten, die in logischer Konsequenz mit den unter a) angegebenen Häufigkeitstabellen übereinstimmen müssen

## Lösung 3-3

a) die gewünschten Verteilungsmaßzahlen kann man z.B. via Statistik → Zusammenfassen → Häufigkeiten anfordern:

Körpergröße (cm), Mistelbacher Rekruten

| N | | 906 |
|---|---|---|
| Mittelwert | | 166,8 |
| Median | | 167,0 |
| Modus | | 167,0 |
| Standardabweichung | | 5,9 |
| Varianz | | 34,7 |
| Schiefe | | -,1 |
| Kurtosis | | ,0 |
| Spannweite | | 36,0 |
| Minimum | | 147,0 |
| Maximum | | 183,0 |
| Perzentile | 25 | 163,0 |
| | 50 | 167,0 |
| | 75 | 171,0 |

b) beide Histogramme können am einfachsten via Grafiken → Histogramm...
erstellt werden:

- Histogramm mit einer Gesamtfläche von 906 Flächeneinheiten.

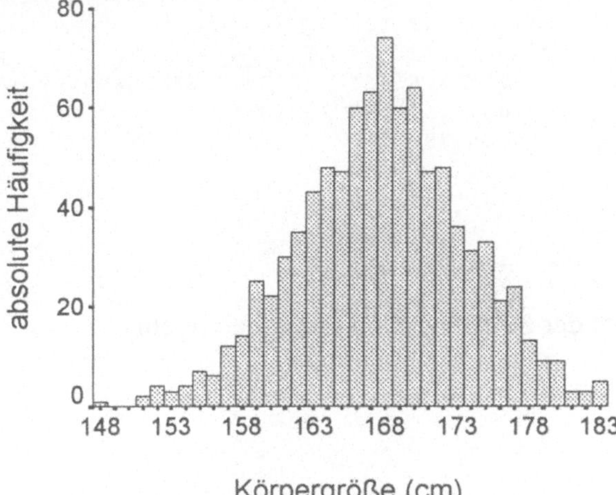


- Histogramm mit einer Gesamtfläche von Eins.

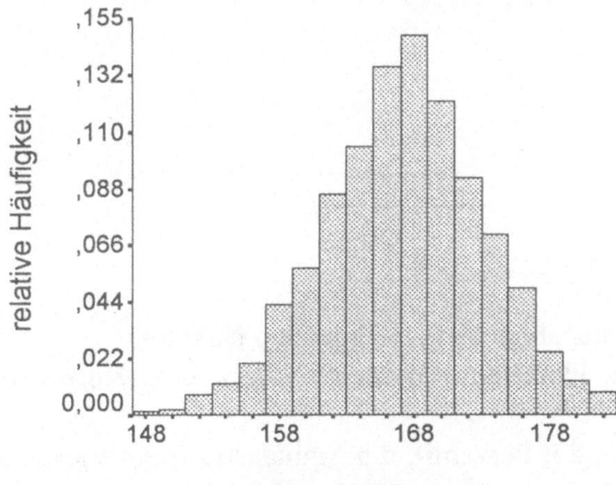


*Hinweis*: um ein Histogramm auf der Basis relativer Häufigkeiten erstellen
zu können, ist es erforderlich, im Dialogfeld Skalenachse: Beschriftungen den sog. *Skalierungsfaktor* (er ist mit der Anzahl aller erfaßten Rekruten identisch) auf 906 festzulegen

c) sowohl das Stem-and-Leaf-Plot als auch das Box-and-Whisker-Plot können
am einfachsten via Statistik → Zusammenfassen → Explorative Datenanalyse → Diagramme... angefordert und erstellt werden

• Stem-and-Leaf-Plot der Körpergrößen (Angaben in cm)

```
Frequency      Stem &  Leaf
      7      Extremes     (=<151)
     14            15 .  4&
     79            15 .  5677888999
    203            16 .  000011112222233333334444 44
    321            16 .  5555555666666666777777777888888889999999999
    195            17 .  00000011111112222233334444
     76            17 .  5556667789
     10            18 .  &
      1      Extremes     (>=183)
 Stem width:        10
 Each leaf:          8 case(s)
 & denotes fractional leaves.
```

• Box-and-Whisker-Plot der Körpergrößen (Angaben in cm):

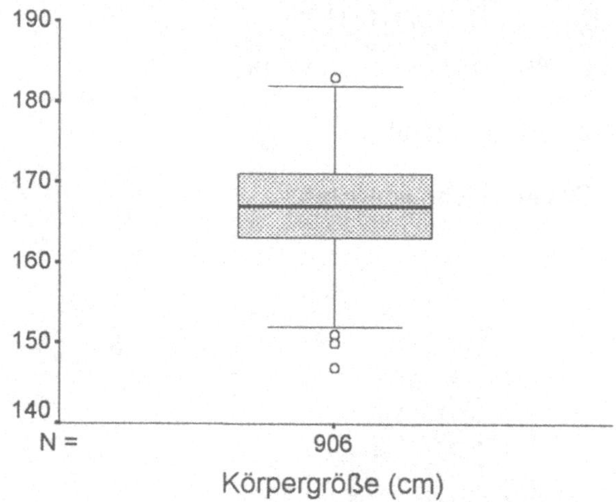


die folgenden fünf Kennzahlen kennzeichnen ein Boxplot:

• Minimum, d.h. die kleinsten Rekruten besitzen eine Körpergröße von 147 cm

• unteres Quartil bzw. 25. Perzentil, d.h. (mindestens) ein Viertel aller Rekruten besitzt eine Körpergröße von 163 cm oder weniger

• mittleres Quartil bzw. Median bzw. 50. Perzentil, d.h. (mindestens) die Hälfte aller Rekruten ist 167 cm groß oder größer (bzw. kleiner)

• oberes Quartil bzw. 75. Perzentil, d.h. (mindestens) drei Viertel aller Rekruten besitzen eine Körpergröße von höchstens 171 cm

• Maximum, d.h. die größten Rekruten haben eine Körpergröße von 183 cm.

## Lösung 3-4*

a) nominal: Veranstalter, Saison, Land; ordinal: Sterne, Verpflegung; metrisch: Preis

b) via Statistik → Zusammenfassen → Häufigkeiten

Reisepreis in DM

| N | Gültig | | 358 |
|---|---|---|---|
| | Fehlend | | 0 |
| Mittelwert | | | 2819,29 |
| Median | | | 2655,00 |
| Modus | | | 2118,00[a] |
| Standardabweichung | | | 693,07 |
| Schiefe | | | 1,58 |
| Kurtosis | | | 2,91 |
| Perzentile | | 25 | 2382,00 |
| | | 50 | 2655,00 |
| | | 75 | 2994,25 |
| | | 95 | 4370,10 |

a. Mehrere Modi vorhanden. Der kleinste Wert wird angezeigt.

Interpretation: im Durchschnitt kosten derartige Reisen 2819 DM, wobei der Preis der meisten Reisen zwischen 2819 - 693 = 2126 DM und 2819 + 693 = 3512 DM liegt; die Hälfte der Reisen kosten höchstens 2655 DM, einer der am häufigsten beobachteten Reisepreise war 2118 DM; die Verteilung der Reisepreise ist rechts schief und stark gewölbt; ein Viertel aller Reisen kosten höchstens 2382 DM, ein Viertel aller Reisen kosten mehr als 2994 DM und nur 5% aller erfaßten Reisen waren teurer als 4370 DM

c) 224 Reisen gingen nach Thailand, ein Fünftel der Thailand-Reisen kostete mehr als 3166 DM; im Durchschnitt kosteten die Thailand-Reisen 2757 DM bei einer Standardabweichung von 687 DM

## Lösung 3-5*

a) via Transfomieren → Berechnen; Berechnungsvorschrift: pkw_bev = kfz_2/(bev_i/100)

b) Merkmal Regionentyp (regtyp): qualitativ, nominal skaliert, diskret; Verteilungsmaßzahlen: Häufigkeitstabelle (absolute und relative Häufigkeitsverteilung), Modus; graphische Methoden: Balkendiagramm; Kreisdiagramm; Sequenz Statistik → Zusammenfassen → Häufigkeiten, Option Häufigkeitstabelle aktiviert, via Unterdialogfeld Diagramme Graphiken auswählen;

vor Auswertung Filter einstellen via Daten → Fälle auswählen → Falls Bedingung zutrifft mit Falls-Bedingung: NVALID(pkw_bev) = 1

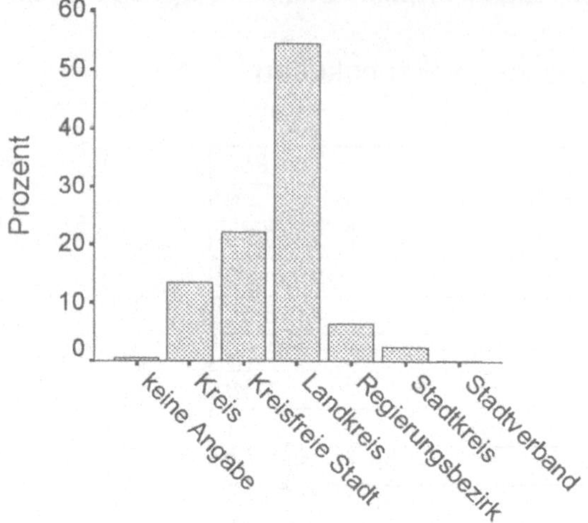


Häufigkeitstabelle für Variable Region-Typ

|                   | Häufigkeit | Prozent | Gültige Prozente |
|-------------------|-----------:|--------:|-----------------:|
| keine Angabe      | 3          | ,7      | ,7               |
| Kreis             | 60         | 13,5    | 13,5             |
| Kreisfreie Stadt  | 98         | 22,1    | 22,1             |
| Landkreis         | 241        | 54,4    | 54,4             |
| Regierungsbezirk  | 29         | 6,5     | 6,5              |
| Stadtkreis        | 11         | 2,5     | 2,5              |
| Stadtverband      | 1          | ,2      | ,2               |
| Gesamt            | 443        | 100,0   | 100,0            |

in der Häufigkeitstabelle wurde die Spalte der kumulierten Häufigkeiten ge-löscht, weil kumulierte Häufigkeiten mindestens ordinal skalierte Merkmale voraussetzen; die Spalte „Prozent" ist identisch mit der Spalte „Gültige Pro-zente", weil bei String-Variablen im Unterschied zu numerischen Variablen keine Angabe (kein Eintrag in der entsprechenden Zelle der Datendatei) als gültiger Wert behandelt wird; für 443 regionale Einheiten liegen valide Anga-ben für die Variable *pkw_bev* vor; am häufigsten sind die regionalen Einheiten vom Typ Landkreis; für drei dieser 443 regionalen Einheiten (0,7 %) liegt kei-ne Angabe für den regionalen Typ vor, 60 (13,5 %) dieser 443 regionalen Ein-heiten sind vom Typ Kreis usw.; Modus aus Häufigkeitstabelle ablesen, für String-Variable werden keine statistischen Maßzahlen extra ausgewiesen

c) Merkmal Ausstattungsgrad der Region mit PKW (pkw_bev): quantitativ, me-trisch skaliert, stetig; Verteilungsmaßzahlen: Häufigkeitstabelle (absolute und relative Häufigkeitsverteilung), Median, Quantile, Quartile, arithmetisches

Mittel, kleinster und größter Wert, Spannweite, Varianz, Standardabweichung, Schiefe, Kurtosis, die alle via Statistik → Zusammenfassen → Häufigkeiten, Option Häufigkeitstabelle deaktiviert, im Unterdialogfeld Statistik angefordert werden können; vor Auswertung Filter einstellen via Daten → Fälle auswählen → Falls Bedingung zutrifft → Falls ... mit Falls-Bedingung: regtyp="KR" | regtyp="KS" | regtyp="LK" | regtyp="SK" | regtyp="SV"; Verteilungsstatistiken: Anzahl PKW pro 100 der Bevölkerung

| Umfang n | Gültig | 411 |
|---|---|---|
|  | Fehlend | 24 |
| Mittelwert |  | 51,4872 |
| Median |  | 52,3302 |
| Standardabweichung |  | 4,2747 |
| Varianz |  | 18,2734 |
| Schiefe |  | -,348 |
| Kurtosis |  | ,474 |
| Spannweite |  | 31,72 |
| Minimum |  | 37,95 |
| Maximum |  | 69,67 |
| Perzentile | 25 | 48,7968 |
| Perzentile | 50 | 52,3302 |
|  | 75 | 54,4294 |

im Zusammenhang mit der Aufgabenstellung einer deskriptiven Verteilungsanalyse wurden die Standardfehler für Schiefe und Kurtosis aus der Tabelle gelöscht; für 411 der 435 analysierten regionalen Einheiten liegen Angaben zur Ausstattung mit PKW pro 100 Personen der Bevölkerung vor; die Ausstattungsgrade der 411 Kommunen liegen zwischen 37,95 und 69,67 PKW/100 Personen; die durchschnittliche Ausstattung einer Kommune mit PKW beträgt 51,5 PKW pro 100 Personen der Bevölkerung; die 411 Einzelwerte weichen um durchschnittlich 4,3 PKW pro 100 Personen von diesem mittleren Niveau ab; 25 % der 411 Kommunen sind durch einen Ausstattungsgrad von höchstens 48,8 PKW/100 Personen, 50 % von höchstens 52,3 PKW/100 Personen charakterisiert; in 25 % der 411 Kommunen liegt der Ausstattungsgrad mit PKW über 54,4 PKW/100 Personen; die Relation zwischen Mittelwert und Median sowie das Schiefemaß verweisen auf eine leicht links schiefe Verteilung

d) geeignete Graphik: Boxplot; Filtereinstellung von Frage c) zurücksetzen; via Statistik → Zusammenfassen → Explorative Datenanalyse, abhängige Variable: pkw_bev und Option: Diagramme/Boxplot das Boxplot erstellen; Auswertung der Graphik: Verteilung insgesamt ist leicht links schief, die

mittleren 50 % der Werte sind ebenfalls links schief verteilt, keine Extremwerte, Ausreißer vor allem·im linken Bereich

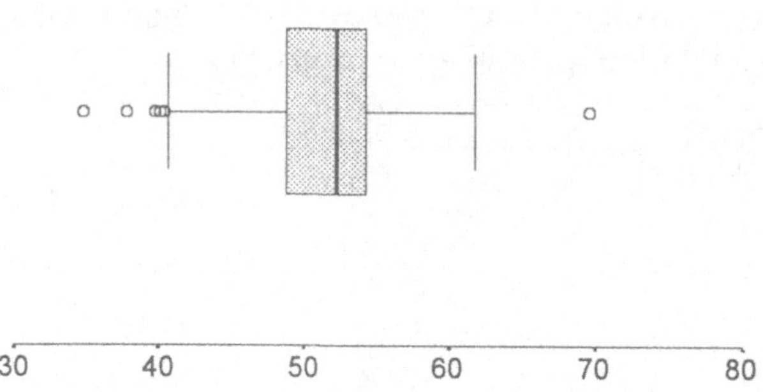



Anzahl PKW pro 100 Personen der Bevölkerung

e) Filtereinstellung via Daten → Fälle auswählen → Falls Bedingung zutrifft
   / Falls ...; Auswahlbedingung: ags ~= 6414000 (AGS-Nr. ist ungleich
   6414000); Histogramm z.B. via Grafiken → Histogramm erstellen und via
   Doppelklick im Diagramm-Editor bearbeiten

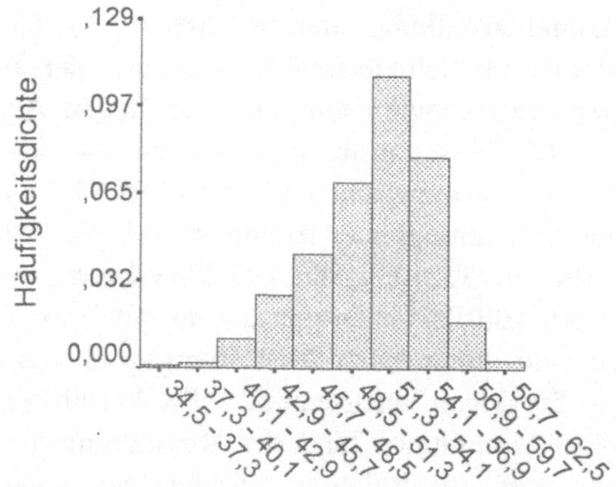



Veränderung Klassenanzahl: via Diagramme → Achse → Intervall, im Unterdialogfeld Intervallachse; Standardisierung auf Gesamtfläche 1 durch Skalierung der Ordinate via Diagramme → Achse → Skala, im Unterdialogfeld
Skalenachse, via Schaltfläche Beschriftungen zu Unterdialogfeld Skalenachse: Beschriftungen, Eingabefeld Skalierungsfaktor: 1237,6 (Skalierungsfaktor = Umfang · Klassenbreite mit einem Umfang von 442 und einer

Klassenbreite von 2,8); Werte auf der Ordinate sind die Werte der empirischen Dichtefunktion bzw. der sog. Häufigkeitsdichte (als relative Klassenhäufigkeit dividiert durch Klassenbreite); Klasse mit größter Klassenhäufigkeit: 7. Klasse (51,3 − 54,1) mit Häufigkeitsdichte $134/(442 \cdot 2,8) = 0,1083$; die Verteilung ist links schief: Mittelwert (51,4) kleiner als Median (52,3); Schiefemaß: -0,651

## Lösung 3-6

a) via Statistik → Zusammenfassen → Häufigkeiten erhält man die folgenden Ergebnisse: 0,25 − Quantil: 31 Stunden, 0,5 − Quantil: 37 Stunden, 0,75 − Quantil: 45 Stunden

b) z.B. Fälle auswählen; danach via Grafiken → Histogramm das Histogramm erstellen; im SPSS-Viewer Doppelklick auf das Histogramm, um dieses bearbeiten zu können; dann via Diagramme → Achse → Intervall vereinbaren, daß die Anzahl der Intervalle 10 betragen soll, den Bereich vom Minimum 31 bis zum Maximum 45 einstellen und unter Beschriftungen den Typ Bereich wählen

Histogramm des Fahrstundenbedarfs der mittleren 50% der Fahrschüler:

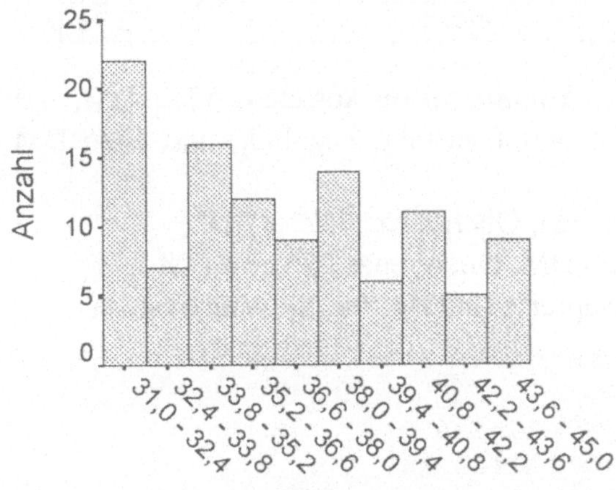


Obergrenze der ersten Fahrstundenbedarfsklasse: 32,4 Stunden

## Lösung 3-7

a) univariate Statistiken z.B. via Statistik → Zusammenfassen → Explorative Datenanalyse anfordern

| Reisesaison | | | Statistik |
|---|---|---|---|
| Reisepreis in DM | Winter 96/97 | Mittelwert | 2881,10 |
| | | Median | 2716,00 |
| | | Standardabweichung | 732,60 |
| | | Minimum | 1766 |
| | | Maximum | 5942 |
| | | Spannweite | 4176 |
| | | Interquartilbereich | 606,00 |
| | | Schiefe | 1,50 |
| | | Kurtosis | 2,88 |
| | Sommer 97 | Mittelwert | 2756,07 |
| | | Median | 2593,00 |
| | | Standardabweichung | 646,13 |
| | | Minimum | 1955 |
| | | Maximum | 5273 |
| | | Spannweite | 3318 |
| | | Interquartilbereich | 588,00 |
| | | Schiefe | 1,65 |
| | | Kurtosis | 2,78 |

die drei teuersten Reisen der Sommersaison kosteten: 5273 DM, 5193 DM (diese Reisen führten in die Dominikanische Republik) und 4885 DM (diese Reise ging nach Thailand)

b) Winter: Untergrenze 2739,34 DM, Obergrenze 3022,87 DM
   Sommer: Untergrenze 2629,60 DM, Obergrenze 2882,54 DM

c) Stem-and-Leaf-Plots der Reisepreise (in DM) für die Wintersaison:

```
Frequency      Stem &   Leaf
     1,00        1 .   7
    10,00        1 .   8889999999
    12,00        2 .   000000000011
    18,00        2 .   222222223333333333
    30,00        2 .   444444444455555555555555555555
    29,00        2 .   66666666666666666777777777777
    31,00        2 .   8888888888888888889999999999999
    12,00        3 .   000000011111
     7,00        3 .   2222233
     8,00        3 .   44455555
     1,00        3 .   7
     1,00        3 .   8
    21,00 Extremes      (>=3937)
Stem width:     1000
Each leaf:        1 case(s)
```

**Stem-and-Leaf Plot der Reisepreise (in DM) für die Sommersaison:**

```
Frequency       Stem &  Leaf
     2,00         19 .  59
    10,00         20 .  1222445668
    18,00         21 .  011122333355779999
     8,00         22 .  11267789
    14,00         23 .  01233345667999
    16,00         24 .  0111112455678899
    22,00         25 .  0001122245556677778899
    18,00         26 .  011233445556678889
    14,00         27 .  01333344555589
    10,00         28 .  1123555789
     8,00         29 .  04555777
     5,00         30 .  56799
     2,00         31 .  15
     2,00         32 .  02
     3,00         33 .  116
     6,00         34 .  013777
      ,00         35 .
     1,00         36 .  4
     1,00         37 .  0
    17,00  Extremes     (>=3771)
Stem width:       100
Each leaf:          1 case(s)
```

**Boxplots der Reisepreise (in DM pro Reise):**

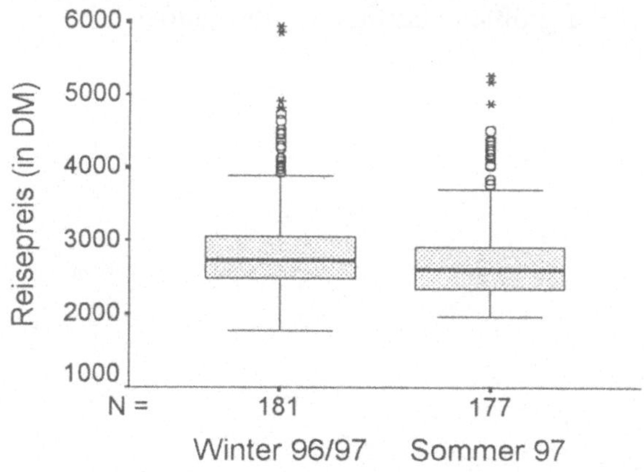


Interpretation: Preisverteilungen sind durch Extremwerte bzw. Ausreißerwerte affiziert und daher rechts schief bzw. links steil

**Lösung 3-8***

a) nominal skaliert: Geschlecht, Erfolg bei 1. Praxisprüfung, Erfolg bei 1. Theorieprüfung; metrisch skaliert: Alter, Fahrstundenbedarf, Anzahl der Wiederholungen der Praxisprüfung, Anzahl der Wiederholungen der Theorieprüfung

b) via **Statistik → Zusammenfassen → Häufigkeiten**

  - 0,95-Quantil: 57 Stunden, d.h. 95% der Fahrschüler brauchten höchstens 57 Fahrstunden; die 5 kleinsten Werte (in Stunden): 16, 16, 16 ,17 ,18; die 5 größten Werte (in Stunden): 90, 88, 75, 71, 71

  - arithmetisches Mittel: 38,43 Stunden, d.h. der durchschnittliche Fahrstundenbedarf betrug 38,43 Stunden je Fahrschüler; Median: 37 Stunden, d.h. die Hälfte der Fahrschüler ist mit höchstens 37 Fahrstunden ausgekommen; Modus: 35 Stunden, d.h. am häufigsten wurden 35 Fahrstunden benötigt; Standardabweichung: 11,91 Stunden, d.h. die meisten Fahrschüler brauchten zwischen 26,5 und 50,3 Stunden; Interquartilsabstand (via **Statistik → Zusammenfassen → explorative Datenanalyse**): 14 Stunden, d.h. der Fahrstundenbedarfsbereich der mittleren 50% der Fahrschüler weist eine Breite von 14 Stunden auf; Schiefe: 1,104, d.h. rechts schiefe Verteilung; Kurtosis: 2,677, d.h. die stark gewölbte Verteilung

c) via **Statistik → Zusammenfassen → Explorative Datenanalyse**

  Untergrenze: 37,04 Stunden; Obergrenze: 39,82 Stunden, d.h. mit 90%-iger Sicherheit liegt der durchschnittliche Fahrstundenbedarf aller Schüler dieser Fahrschule zwischen 37 und 40 Stunden

d) Klassenmitte der Klasse mit der größten Häufigkeit: 35 Stunden

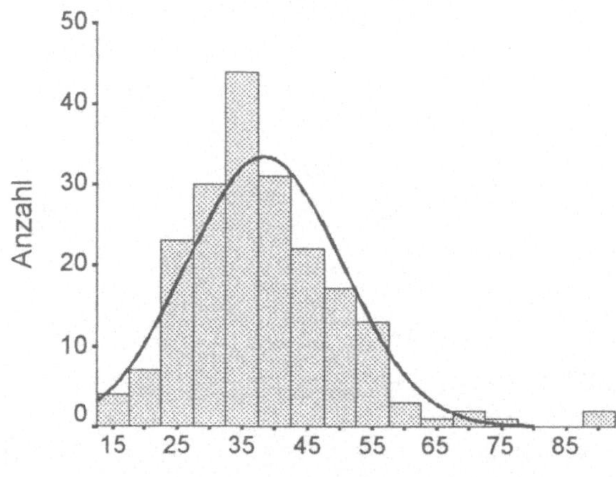


anhand des Histogramms ist zu erkennen, daß die Verteilung des Fahrstundenbedarfs leicht rechts schief und stark gewölbt ist; einige wenige Fahrschüler benötigten extrem viele Stunden; es sieht nicht so aus, als würde der Fahrstundenbedarf normalverteilt sein; aus dem Boxplot entnimmt man:

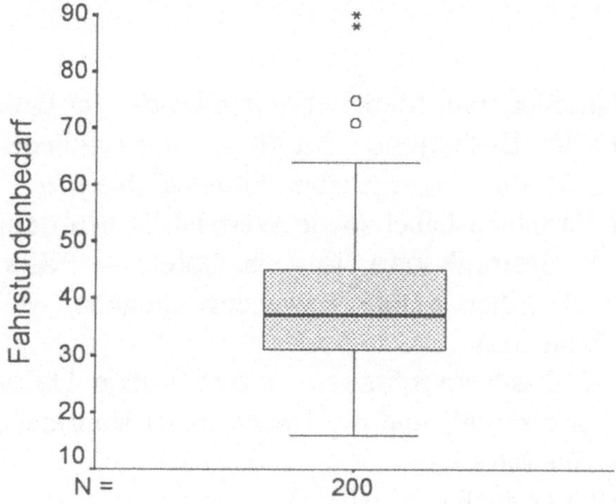

ein Viertel der Fahrschüler brauchte mehr als ca. 45 Stunden; außerdem kann man aus dem Boxplot z.B. ersehen, daß 4 Fahrschüler extrem viele Fahrstunden benötigten, wenn man diese vier aus der Betrachtung ausschließt, ergibt sich immer noch eine leicht rechts schiefe Verteilung des Fahrstundenbedarfs; der Bedarf der mittleren 50% der Fahrschüler ist nahezu symmetrisch um den Median verteilt

e) z.B. Transformieren → Umkodieren → in andere Variable; die neue Variable heiße *alt* und habe für ein Alter bis 29 Jahren den Wert 1, für ein Alter ab 30 Jahre den Wert 2

Fehlerbalken-Diagramm via Grafiken → Fehlerbalken:

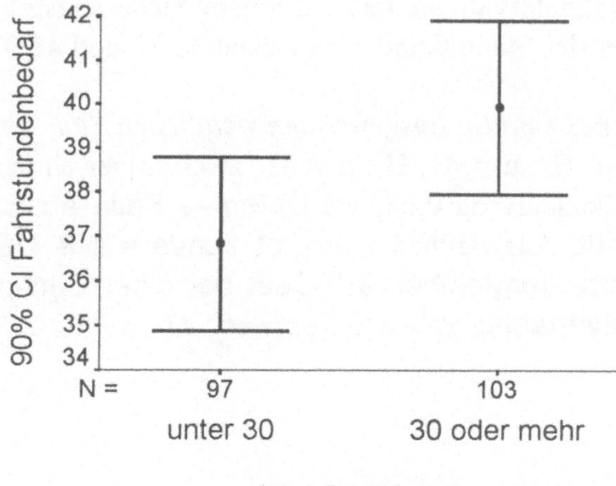

realisiertes 90%-Konfidenzintervall: für Fahrschüler unter 30: Untergrenze: 34,88 h; Obergrenze: 38,79 h; für Fahrschüler ab 30: Untergrenze: 37,96 h, Obergrenze: 41,91 h

## Lösung 3-9*

a) *Schritt 1:* anlegen einer Variablen zum Merkmal *Stammkunde*; via Daten → Fälle auswählen → Falls Bedingung zutrifft...; Auswahlbedingung: f1_4 = 1 & (F6 ≥ 1 & F6 ≤ 3); die sich ergebende Filtervariable *filter_$* umbenennen in *st_kunde* und Variablen-Label sowie Wertelabels neu definieren (0: Stammkunde, nein; 1: Stammkunde, ja); via Daten → Fälle auswählen Variable *st_kunde* als Filtervariable verwenden (möglich, weil 0-1-kodiert und 1 Stammkunde bedeutet)

*Schritt 2:* via Statistik → Zusammenfassen → Explorative Datenanalyse berechnen des Stichprobenmittels und des (realisierten) Konfidenzintervalls für die abhängige Variable alter

univariate Statistiken für Alter (Angaben in Jahren):

| | | Statistik |
|---|---|---|
| Mittelwert | | 45,26 |
| 90% Konfidenzintervall des Mittelwerts | Untergrenze | 42,91 |
| 90% Konfidenzintervall des Mittelwerts | Obergrenze | 47,61 |
| 95% Konfidenzintervall des Mittelwerts | Untergrenze | 42,45 |
| | Obergrenze | 48,07 |
| 99% Konfidenzintervall des Mittelwerts | Untergrenze | 41,55 |
| | Obergrenze | 48,97 |

das mittlere Alter der Stammkunden des BSFC beträgt schätzungsweise 45,3 Jahre; mit einer Sicherheit von 0,90 liegt das mittlere Alter der Stammkunden zwischen 42,9 und 47,6 Jahren; mit zunehmendem Sicherheitsgrad (Konfidenzniveau) wird das Schätzintervall breiter, mit einem Sicherheitsgrad von 0,99 liegt das mittlere Alter der Stammkunden zwischen 41,55 und 48,97 Jahren

b) Zufallsvariable X: *Alter eines zufällig ausgewählten weiblichen Stammkunden des BSFC*; es gilt $E(X) = \mu$; $H_0$: $\mu = 41$, $H_1$: $\mu \neq 41$; zweiseitiger einfacher t-Test; vorgegebenes Signifikanzniveau 0,05; via Daten → Fälle auswählen → Falls Bedingung zutrifft; Auswahlbedingung: st_kunde = 1 & f19 = 1; via Statistik → Mittelwerte vergleichen→ T-Test bei einer Stichprobe, mit den Einstellungen Testvariable: *alter* und Testwert: *41*

Statistik bei einer Stichprobe (Altersangaben in Jahren):

| n | Mittelwert | Standard-abweichung | Standardfehler des Mittelwertes |
|---|---|---|---|
| 90 | 44,28 | 16,74 | 1,76 |

Test bei einer Stichprobe (Altersangaben in Jahren):

| Testwert = 41 | | | | | |
|---|---|---|---|---|---|
| t | df | Sig. (2-seitig) | Mittlere Dif-ferenz | 95% CI für Differenz | |
| | | | | Untere | Obere |
| 1,858 | 89 | ,066 | 3,28 | -,23 | 6,78 |

Stichprobenumfang ist mit n = 90 hinreichend groß; Test kann folglich ange-wandt werden; Stichprobenmittelwert ist ungleich dem hypothetischen Wert laut Nullhypothese $H_0$ (44,28 $\neq$ 41); empirisches Signifikanzniveau ist 0,066 und somit größer als das mit 0,05 vorgegebene Signifikanzniveau; folglich wird $H_0$ nicht abgelehnt; der Stichprobenmittelwert ist nicht signifikant ver-schieden von 41 (Jahren)

c) Zufallsvariable X: *Alter einer zufällig ausgewählten Person* (mit den in der Aufgabenstellung geforderten Eigenschaften), wobei E(X) = $\mu$ gilt; $H_0$: $\mu \leq 45$; $H_1$: $\mu > 45$; einseitiger einfacher T-Test; vorgegebenes Signifikanzniveau 0,05; via Daten → Fälle auswählen → Falls Bedingung zutrifft; Auswahlbedin-gung: (f1_4 = 1 & f2_4 = 1) & f13_r = 1 & f13_3_an = 1 & f13_r_16 = 1; via Statistik → Mittelwerte vergleichen→ T-Test bei einer Stichprobe

Statistiken bei einer Stichprobe (Altersangaben in Jahren):

| n | Mittelwert | Standard-abweichung | Standardfehler des Mittelwertes |
|---|---|---|---|
| 46 | 48,52 | 16,18 | 2,39 |

Test bei einer Stichprobe / Alter in Jahren:

| Testwert = 45 | | | | | |
|---|---|---|---|---|---|
| T | df | Sig. (2-seitig) | Mittlere Dif-ferenz | 95% CI für Differenz | |
| | | | | Untere | Obere |
| 1,477 | 45 | ,147 | 3,52 | -1,28 | 8,33 |

da für Stichprobenumfang n = 46 > 30 gilt, kann Test noch angewandt werden; Stichprobenmittelwert (48,52) ist größer als hypothetischer Wert (45), empiri-sches Signifikanzniveau ist 0,147/2 = 0,0735 und somit größer als das mit 0,05 vorgegebene Signifikanzniveau; folglich wird $H_0$ nicht abgelehnt; der Stich-probenmittelwert ist nicht signifikant größer als 45

**Lösung 3-10**

via Statistik → Nichtparametrische Tests → Chi- Quadrat erhält man das folgende Testergebnis: da $\alpha^* = 0{,}000 < \alpha = 0{,}05$ gilt, kann die Annahme der Gleichverteilung nicht aufrechterhalten werden

**Lösung 3-11***

diskrete Zufallsvariable X: *Zugehörigkeit eines zufällig ausgewählten FHTW-Absolventen zu einer der drei Einkommensgruppen* (unter 3500 DM, 3500 bis unter 5500 DM, 5500 oder mehr); Test einer Hypothese über die Verteilung einer diskreten Zufallsvariablen (mit mehr als zwei Ausprägungen); Testverfahren: Chi-Quadrat-Anpassungstest; vorgegeben sind zwei Nullhypothesen in Form von tabellarischen Wahrscheinlichkeitsfunktionen:

Nullhypothese für Arbeitsgruppe 1:

| Einkommensklasse | j | $x_j$ | $P(X = x_j \mid H_0 \text{ richtig}) = p^0_j$ |
|---|---|---|---|
| unter 3500 DM | 1 | 1 | 0,15 |
| 3500 DM bis unter 5500 DM | 2 | 2 | 0,65 |
| 5500 DM oder mehr | 3 | 3 | 0,20 |

Nullhypothese für Arbeitsgruppe 2:

| Einkommensklasse | j | $x_j$ | $P(X = x_j \mid H_0 \text{ richtig}) = p^0_j$ |
|---|---|---|---|
| unter 3500 DM | 1 | 1 | 0,20 |
| 3500 DM bis unter 5500 DM | 2 | 2 | 0,60 |
| 5500 DM oder mehr | 3 | 3 | 0,20 |

- *Schritt 1*: Filter einstellen via Daten → Fälle auswählen → Falls Bedingung zutrifft; Auswahlbedingung: f02 ≥ 17
- *Schritt 2*: Test durchführen via Statistik → Nichtparametrische Tests → Chi Quadrat; Testvariable: **job1eink**; Erwartete Werte: 0,15, 0,65, 0,20 (bzw. im Falle der zweiten Nullhypothese: 0,20, 0,60, 0,20)

Zwischenergebnisse Arbeitsgruppe 1:

|  | beobachtet | erwartet | Residuum |
|---|---|---|---|
| unter 3500 DM | 26 | 15,9 | 10,1 |
| 3500 bis unter 5500 DM | 63 | 68,9 | -5,9 |
| über 5500 DM | 17 | 21,2 | -4,2 |
| Gesamt | 106 | 106 |  |

Zwischenergebnisse Arbeitsgruppe 2:

|  | beobachtet | erwartet | Residuum |
|---|---|---|---|
| unter 3500 DM | 26 | 21,2 | 4,8 |
| 3500 bis unter 5500 DM | 63 | 63,6 | -,6 |
| über 5500 DM | 17 | 21,2 | -4,2 |
| Gesamt | 106 |  |  |

Testvoraussetzungen sind für beide Testvarianten erfüllt (kleinste erwartete Zellenhäufigkeit größer als 5); Testentscheidungen: die Nullhypothese der Arbeitsgruppe 1 wird abgelehnt, da das empirische Signifikanzniveau ($\alpha^* = 0,021$) kleiner ist als das vorgegebene Signifikanzniveau ($\alpha = 0,05$); die Nullhypothese der Arbeitsgruppe 2 wird nicht verworfen, da das empirische Signifikanzniveau ($\alpha^* = 0,382$) größer ist als das vorgegebene Signifikanzniveau ($\alpha = 0,05$)

## Lösung 3-12*

Chi-Quadrat-Anpassungstest auf eine Gleichverteilung kann via Statistik → Nichtparametrische Tests → Chi- Quadrat bewerkstelligt werden;

*Hinweis*: da im Kontext eines Chi-Quadrat-Tests nur numerische Variablen als sog. Testvariablen fungieren können, ist anstelle der Stringvariablen *bezirk* die numerische Variable *ortskode* als Testvariable zu verwenden;

Testentscheidung: wegen $\alpha^* = 0,401 > \alpha = 0,05$ besteht kein Anlaß, an der Gleichverteilungshypothese zu zweifeln; Stichprobenumfang: 194 Mietwohnungen; Auswahlbedingung: west_ost > 5 & west_ost < 8 & nord_süd > 4 & nord_süd < 6 & größe = 1

empirisch beobachtete und theoretisch erwartete Häufigkeitsverteilung:

ORTSKODE

|  | Beobachtete Anzahl | Erwartete Anzahl | Residuum |
|---|---|---|---|
| Friedrichshain | 51 | 48,5 | 2,5 |
| Kreuzberg | 44 | 48,5 | -4,5 |
| Prenzlauer Berg | 57 | 48,5 | 8,5 |
| Wedding | 42 | 48,5 | -6,5 |
| Gesamt | 194 |  |  |

via Grafiken → Balken... → Einfach kann das folgende Balkendiagramm mit beobachteter Häufigkeitsverteilung und theoretischer Verteilungserwartung erstellt werden:

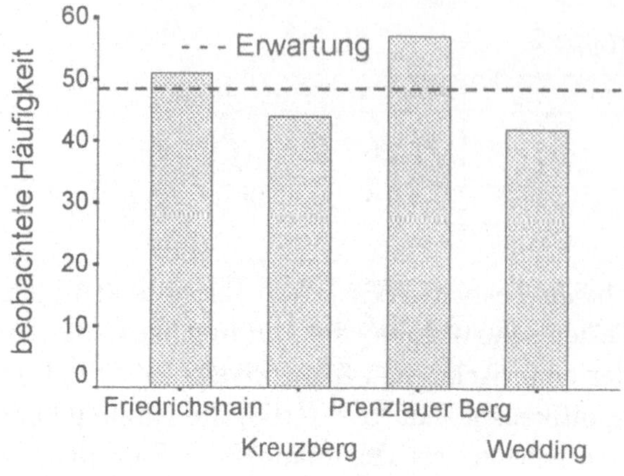


## Lösung 3-13*

a) Testverfahren: Chi-Quadrat-Anpassungstest

b) via **Statistik → Nichtparametrische Tests → Chi-Quadrat** erhält man das folgende Testergebnis: Testvariable: **Ausbauart**, erwartete Werte: trocken: 2, halbtrocken: 1, lieblich: 1; Testentscheidung: weil $\alpha^* = 0{,}092 > \alpha = 0{,}05$ ist, wird die Vermutung des Studenten durch die Stichprobe gestützt

c) für trockenen Wein beträgt diese Differenz 17 (Kunden)

## Lösung 3-14

Auswahlbedingung: **größe = 2**; von den 1583 ausgewählten Mietwohnungen sind 803 1-Zimmer-Mietwohnungen; Testverfahren: Binomialtest, der via **Statistik → Nichtparametrische Tests → Binomial** angefordert werden kann; Testentscheidung: wegen $\alpha^* = 0{,}58 > \alpha = 0{,}05$ besteht kein Anlaß, an der Ausgangshypothese zu zweifeln

## Lösung 3-15*

a) diskrete, nominal skalierte Zufallsvariable; angenommen, man vermutet folgende Verteilung der Zufallsvariablen X

| Ort, wo man Tageszeitung hauptsächlich liest | $j$ | $x_j$ | $P(X = x_j \mid H_0 \text{ richtig}) = p^o_j$ |
|---|---|---|---|
| zu Hause | 1 | 1 | 0,50 |
| unterwegs | 2 | 2 | 0,20 |
| Arbeit / Schule / Uni | 3 | 3 | 0,20 |
| sonstwo | 4 | 4 | 0,10 |

Chi-Quadrat-Anpassungstest via **Statistik → Nichtparametrische Tests → Chi Quadrat**; Testvariable: **x_6**; Erwartete Werte: **0,50, 0,20, 0,20, 0,10;**

Testentscheidung: wegen $\alpha^* = 0{,}000 < \alpha = 0{,}05$ ist die Vermutung abzulehnen

b) Grundgesamtheit: alle Berliner, die regelmäßig eine oder auch mehrere Tageszeitungen lesen; Zufallsvariable X: Anzahl der von einem zufällig ausgewählten Berliner (im Sinne der definierten Grundgesamtheit) regelmäßig gelesenen Tageszeitungen

Wahrscheinlichkeitsfunktion gemäß $H_0$:

| Anzahl Tageszeitungen | j | $x_j$ | $P(X = x_j \mid H_0 \text{ richtig}) = p^0_j$ |
|---|---|---|---|
| eine | 1 | 1 | 0,75 |
| zwei | 2 | 2 | 0,20 |
| mehr als zwei | 3 | 3 | 0,05 |

- *Schritt 1*: Filter einstellen via Daten → Fälle auswählen → Falls Bedingung zutrifft / Falls ...; Auswahlbedingung: x_3 > 0
- *Schritt 2*: Test durchführen via Statistik → Nichtparametrische Tests → Chi-Quadrat; Testvariable: x_3; Erwartete Werte: 75, 20, 5; Testentscheidung: wegen $\alpha^* = 0{,}045 > \alpha = 0{,}04$ besteht kein Anlaß, die Nullhypothese zu verwerfen

c) Zufallsvariable X: *Anzahl der Berliner, die nicht regelmäßig eine Tageszeitung lesen (unter n = 450 zufällig ausgewählten Berlinern)*; Nullhypothese: $X \sim Bi(n = 450;\ \pi \leq 0{,}12)$; Filtereinstellung aus Frage b) zurücksetzen; Binomial-Test via Statistik → Nichtparametrische Tests → Binomial; Testvariable: x_3; Dichotomie definieren/Trennwert: 0, Testanteil: 0,12; Stichprobenanteil: 0,138; Testentscheidung: wegen $\alpha^* = 0{,}138 > \alpha = 0{,}05$ besteht kein Anlaß, die Nullhypothese zu verwerfen; ein hypothetischer Anteil von höchstens 10 % ist nicht mit dem Stichprobenergebnis vereinbar (empirisches Signifikanzniveau $\alpha^* = 0{,}005$)

d) Zufallsvariable X: *Anzahl der Berliner, die ihre Tageszeitung überwiegend zu Hause lesen (unter n = 376 zufällig ausgewählten Berlinern, die mindestens eine Tageszeitung regelmäßig lesen)*; Nullhypothese: $X \sim Bi(n = 376;\ \pi = 0{,}5)$

- *Schritt 1*: anlegen einer neuen Variablen; SPSS-Variable *x_6* dichotomisiert, via Transformieren → Umkodieren → In andere Variable; z.B. in SPSS Variable *x_6_01* (häufigster Leseort, dichotomisiert) mit folgenden Charakteristika: Measurement Level: Nominal; Print Format: F1; Write Format: F1; Value (Label): 0 (nicht zu Hause); 1 (zu Hause)
- *Schritt 2*: Filter einstellen via Daten → Fälle auswählen → Falls Bedingung zutrifft / Falls ...; Auswahlbedingung: x_3 > 0
- *Schritt 3*: Binomial-Test via Statistik → Nichtparametrische Tests → Binomial; Testvariable: x_6_01; Option: Dichotomie definieren/aus den

**Daten**; Testanteil: **0,5**; Stichprobenanteil: **0,54**; vorgegebenes Signifikanz-niveau: $\alpha$ = 0,05; empirisches Signifikanzniveau: $\alpha^*$ = 0,164; Testentscheidung: wegen $\alpha^* > \alpha$ wird die Nullhypothese nicht abgelehnt

### Lösung 3-16

a) Binomialtest; kann via **Statistik → Nichtparametrische Tests → Binomial** anfordert werden

b) Nullhypothese: Mindestens die Hälfte aller VW Golf II der angegebenen Grundgesamtheit wird mit Zubehör angeboten.
Gegenhypothese: Weniger als die Hälfte aller VW Golf II wird mit Zubehör angeboten.

c) Testentscheidung: weil $\alpha^*$ = 0,005 für den zweiseitigen Test ist und in logischer Konsequenz für den einseitigen Test $\alpha^*$ = **0,0025** < $\alpha$ = **0,05** gilt, läßt sich das Stichprobenergebnis auf die Grundgesamtheit verallgemeinern; demnach ist es statistisch gesichert, daß weniger als die Hälfte der VW Golf II mit Zubehör angeboten wird

d) 42%.

### Lösung 3-17

a) Binomialtest via **Statistik → Nichtparametrische Tests → Binomial**

b) Nullhypothese: Höchstens 70% der im Dezember 1996 in Berlin in der „Zweiten Hand" annoncierten VW Golf II sind höchstens 10 Jahre alt.
Gegenhypothese: Mehr als 70% der im Dezember 1996 in Berlin in der „Zweiten Hand" annoncierten VW Golf II sind höchstens 10 Jahre alt.

c) weil $\alpha^*$ = 0,007 < $\alpha$ = 0,05 gilt, ist statistisch gesichert, daß mehr als 70% der VW Golf II höchstens 10 Jahre alt sind

d) nicht jeder Befund, der statistisch signifikant ist, muß auch sachlogisch bedeutsam sein und umgekehrt

### Lösung 3-18*

a) nominal: Geschlecht, Kauf nur im Weinfachgeschäft; ordinal: Einkommensklasse, Ausbauart; metrisch: Alter, Konsum; stetig: Alter, die anderen Merkmale sind diskret; häufbar: keines der Erhebungsmerkmale;

- Variable *ek*: numerisch 1.0, Variablenlabel: monatliche Nettoeinkommensklasse, Wertelabel: 0 bis 1500 DM (Wert 0), 1501 bis 3000 DM (Wert 1), über 3000 DM (Wert 2)

- Variable *konsum*: numerisch 4.0, Variablenlabel: Ausgaben für Wein, durchschnittlich monatlich

b) via **Statistik → Zusammenfassen → Explorative Datenanalyse** ergeben sich durchschnittliche Ausgaben in Höhe von 52,26 DM pro Monat

c) 60 DM

d) Binomialtest via **Statistik → Nichtparametrische Tests → Binomial**; 81,1% der befragten Kunden gaben höchstens 100 DM aus, folglich gaben 18,9% der in der Stichprobe erfaßten Kunden mehr als 100 DM aus; somit kann unabhängig vom ausgegebenen empirischen Signifikanzniveau $\alpha^*$ *nicht* statistisch gesichert werden, daß mehr als 20% aller Kunden im Monatsdurchschnitt mehr als 100 DM für Wein ausgeben (sonst müßte diese Beziehung wenigstens für die Stichprobe gelten und auch noch deutlich ausfallen)

## Lösung 3-19

a) Nullhypothese: Der Fahrstundenbedarf aller Fahrschüler dieser Fahrschule ist normalverteilt. Testverfahren: KOLMOGOROV-SMIRNOV-Anpassungstest, der z.B. via **Statistik → Nichtparametrische Tests → K-S bei einer Stichprobe** angefordert werden kann

b) Wert der Testgröße: 1,406; empirisches Signifikanzniveau: $\alpha^* = 0,038$; Testentscheidung: weil $\alpha^* = 0,038 > \alpha = 0,01$ gilt, ist man nicht gezwungen, die Nullhypothese zu verwerfen; demnach kann der Fahrstundenbedarf der Fahrschüler als eine normalverteilte Zufallsvariable angesehen werden

## Lösung 3-20

via **Statistik → Zusammenfassen → Explorative Datenanalyse → Diagramme** die Option **Normalverteilungsdiagramme mit Tests** anfordern; Testentscheidung im Kontext eines KOLMOGOROV-SMIRNOV-Anpassungstest in der LILLEFORS-Modifikation: wegen $\alpha^* = 0,035 > \alpha = 0,01$ besteht kein Anlaß, die Normalverteilungshypothese zu verwerfen, d.h. man kann davon ausgehen, daß der Preis eine normalverteilte Zufallsvariable ist

## Lösung 3-21

a) Merkmalsträger: Wurf eines Spielwürfels; Grundgesamtheit: unendlich große Anzahl von Würfen; Stichprobe: 60 Würfe; Erhebungsmerkmal: Augenzahl, absolut skaliert

b) jeweils 10 mal

c) gruppiertes Balkendiagramm via **Grafiken → Balken... → Gruppiert**

d) Chi-Quadrat-Anpassungstest via **Statistik → Nichtparametrische Tests → Chi-Quadrat → Alle Kategorien gleich**

e) siehe Hinweise zur Aufgabenstellung

f) KOLMOGOROV-SMIRNOV-Test auf Gleichverteilung via **Statistik → Nichtparametrische Tests → K-S bei einer Stichprobe**

g) eventuelle Unterschiede erklären sich aus der Konstruktion der Testverfahren, die an bestimmte Bedingungen gebunden sind

## Lösung 3-22

a) Balkendiagramm erstellen via Grafiken → Balken → Einfach

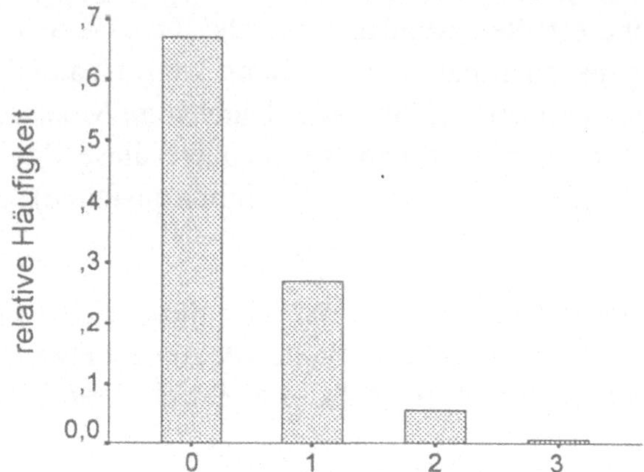


Modus: 0 Prüfungswiederholungen

b) Schätzwert für den Erwartungswert: 0,4; Schätzwert für die Varianz: 0,38; beide Schätzwerte sind annähernd gleich

c) Vermutung: Die Anzahl der Wiederholungen der Theorieprüfung ist poissonverteilt mit dem Parameter 0,4; aufgrund des Balkendiagramms kann man davon ausgehen, daß eine Prüfungswiederholung ein relativ seltenes Ereignis ist; zudem stimmen gemäß c) noch die Schätzwerte für den Erwartungswert und die Varianz annähernd überein

d) via Statistik → Nichtparametrische Tests → K-S bei einer Stichprobe; der Parameter 0,4 besagt, daß ein Fahrschüler im Durchschnitt mit 0,4 Wiederholungen der theoretischen Prüfung zu rechnen hat; Testentscheidung: weil $\alpha^* = 1 > \alpha = 0,05$ gilt, kann man davon ausgehen, daß die Anzahl der Wiederholungen der theoretischen Prüfung poissonverteilt ist

## Lösung 3-23

Auswahlbedingung: (bezirk = „Fri" | bezirk = „Neu") & zimmer = 2

a) parametrische bzw. graphische Verteilungscharakteristiken am besten via Statistik → Zusammenfassen → Explorative Datenanalyse

- Verteilungsstatistiken:

| | Stadtbezirk | | Statistik |
|---|---|---|---|
| Quadratmeterpreis in DM/m² | Friedrichshain | Mittelwert | 10,85 |
| | | Standardabweichung | 2,56 |
| | | Schiefe | -,15 |
| | | Kurtosis | -,65 |
| | Neukölln | Mittelwert | 11,46 |
| | | Standardabweichung | 2,79 |
| | | Schiefe | ,95 |
| | | Kurtosis | ,82 |

- Boxplots der Quadratmeterpreise:

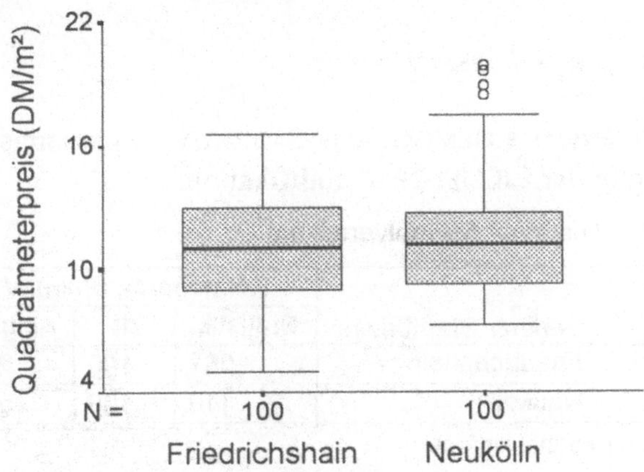


- Normal Q-Q-Plots der Quadratmeterpreise:

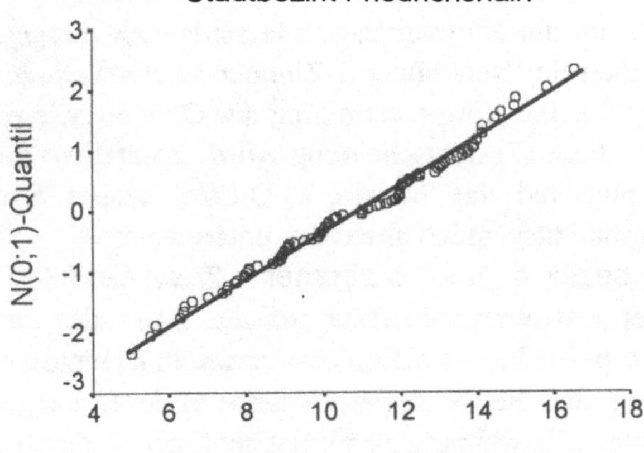

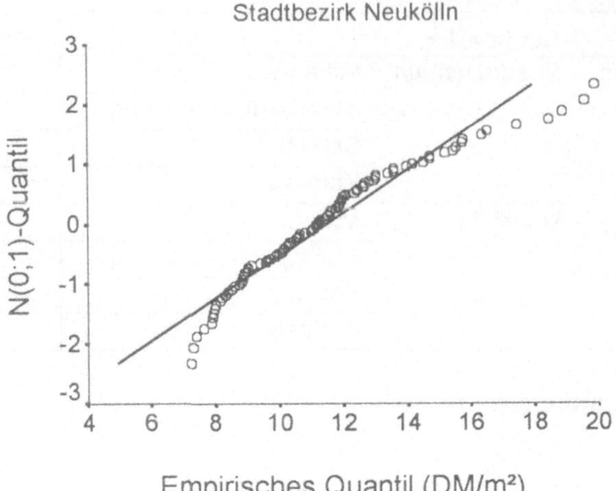


- (unvollständig spezifizierter) KOLMOGOROV-SMIRNOV-Anpassungstest auf eine Normalverteilung in der LILLIEFORS-Modifikation:

Tests auf Normalverteilung

|  | Berliner Stadtbezirk | Kolmogorov-Smirnov[a] | | |
|---|---|---|---|---|
|  |  | Statistik | df | Alpha* |
| Quadratmeterpreis in DM/m² | Friedrichshain | ,087 | 100 | ,060 |
|  | Neukölln | ,110 | 100 | ,005 |

a. Signifikanzkorrektur nach Lilliefors

Testentscheidungen: wegen $\alpha^* = 0{,}06 > \alpha = 0{,}05$ gibt es gegen die Normalitätshypothese der Quadratmeterpreise von 2-Zimmer-Mietwohnungen im Stadtbezirk Friedrichshain nichts einzuwenden; diese Testentscheidung koinzidiert mit dem symmetrischen Boxplot und dem Normal Q-Q-Plot, dessen Punktekette sich um die Normalitätsgerade schlängelt; hingegen kann für die Grundgesamtheit der Neuköllner 2-Zimmer-Mietwohnungen wegen $\alpha^* = 0{,}005 < \alpha = 0{,}05$ keine Normalverteilung der Quadratmeterpreise angenommen werden; diese Testentscheidung wird zusätzlich durch das asymmetrische Boxplot und das Normal Q-Q-Plot, dessen Punktekette sichtlich von der Normalitätsgeraden abweicht, untermauert

b) via Auswahlbedingung bezirk = „Neu" & zimmer = 2 und Grafiken → Q-Q kann man mittels einer Datentransformation auf der Basis des natürlichen Logarithmus bereits ein befriedigendes Ergebnis erzielen; demnach kann davon ausgegangen werden, daß die Quadratmeterpreise in der Grundgesamtheit der Neuköllner 2-Zimmer-Mietwohnungen hinreichend genau durch das Modell einer logarithmischen Normalverteilung beschrieben werden können; diese Vermutung wird bereits durch das folgende Normal-Q-Q Plot untermauert

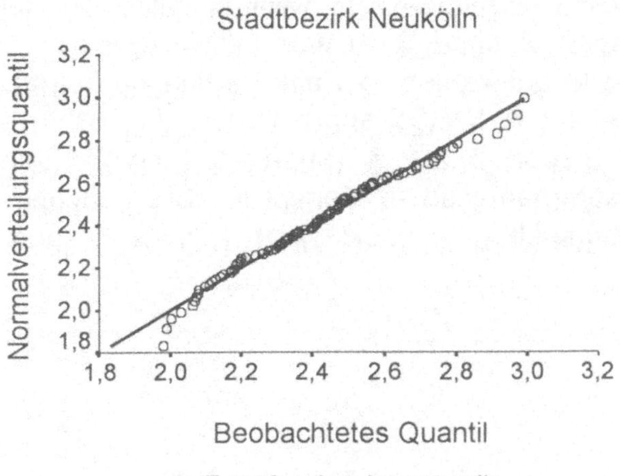


c) es bezeichne X den Quadratmeterpreis und es gelte gemäß a) $X \sim N(10{,}85$ DM/m²; 2,56 DM/m²), dann ergibt sich die gesuchte Wahrscheinlichkeit aus: CDF.NORMAL(12,10.85,2.56) − CDF.NORMAL(10,10.85,2,56) $\approx$ 0,30; demnach sind ca. 30% aller annoncierten Friedrichshainer 2-Zimmer-Mietwohnungen durch einen Quadratmeterpreis zwischen 10 DM/m² und 12 DM/m² gekennzeichnet

## Lösung 3-24*

a) Via Statistik → Mehrfachantworten → Sets definieren für Variablen DT, IT, GR, CH, AN, der zu zählende Wert ist 1
b) Via Statistik → Mehrfachantworten → Häufigkeiten erhält man einen prozentualer Anteil von 15,1% der Befragten.
c) Die unter b) erzeugte Häufigkeitstabelle liefert 24,4% der Nennungen.
d) Kreuztabelle via Statistik → Mehrfachantworten → Kreuztabellen erstellen; 82/171 = 0,48, d.h. 48% der Befragten, die mittags warm essen, bevorzugen die deutsche Küche

## Lösung 3-25

a) statistische Masse: Studenten; die an der FHTW im Sommersemester 1996 bzw. Wintersemester 1996/97 an der Lehrveranstaltung „Angewandte Statistik mit SPSS" teilnahmen; Umfang der statistischen Masse: 124 Studenten; Erhebungsmerkmal: häufbares Merkmal, in der Datei sport.sav abgebildet durch die drei Variablen sport_1, sport_2, sport_3
b) wenn Variable sport = 1, dann sollte in mindestens einer der drei Variablen sport_1, sport_2, sport_3 der Wert 1 eingetragen sein; umgekehrt sollte in

der Variable sport der Wert 1 eingetragen sein, wenn in mindestens einer der drei Variablen sport_1, sport_2, sport_3 der Wert 1 eingetragen ist

c) Prüfung via Daten → Fälle auswählen → Falls Bedingung zutrifft... mit Auswahlbedingung: (sport = 1 & NMISS(sport_1,sport_2,sport_3) = 3) | (NVALID(sport_1,sport_2,sport_3) ≥ 1 & (sport = 0 | NMISS(sport) = 1)); via Statistik → Zusammenfasen → Bericht in Zeilen, Option Fälle anzeigen aktivieren; Datenspalten: id, sport, sport_1, sport_2, sport_3

```
Student-Nr        sport     sport_1     sport_2     sport_3

      112           1           .           .           .
      219           1           .           .           .
      311           0           .           1           1
      507           1           .           .           .
      605           1           .           .           .
      711           0           .           .           1
```

d) manuell bei Fall mit id = 311 korrigieren oder via Transformieren → Berechnen, Zielvariable: sport, Numerischer Ausdruck: 1, Falls ... : filter_$ = 1 & NVALID(sport_1, sport_2, sport_3) ≥ 1

e) *Schritt 1*: Definieren eines Mehrfachantworten-Sets via Statistik → Mehrfachworten → Sets definieren; Variablen im Set: sport_1, sport_2, sport_3; Optionen: Variablen kodiert als Dichotomien, Gezählter Wert: 1

    *Schritt 2*: Häufigkeitstabelle für Mehrfachantworten-Set via Statistik → Mehrfachworten → Häufigkeiten

```
Group  $SPORT4   Wie/Wo treibt man Sport
       (Value tabulated = 1)

                                                  Pct of    Pct of
Dichotomy label              Name      Count    Responses    Cases
Sportverein                  SPORT_1      28         31,8     38,4
Fitness-Studio               SPORT_2      10         11,4     13,7
individuell                  SPORT_3      50         56,8     68,5
                                       -----        -----    -----
             Total responses             88        100,0    120,5
51 missing cases;   73 valid cases
```

Interpretationen: 51 Befragte gaben keine einzige der drei Varianten der sportlichen Betätigung an; 73 Befragte gaben mindestens eine Variante der sportlichen Betätigung an; die Gesamtzahl der Ja-Antworten zu den drei Fragen beträgt 88; davon entfallen 28 Ja-Antworten auf den Sportverein, 10 auf das Fitness-Studio und 50 auf individuell; das sind entsprechend 31,8 %, 11,4 % und 56,8 % der insgesamt gegebenen Ja-Antworten; 38,4 % der 73 Befragten, die mindestens eine Variante der sportlichen Betätigung angaben, nannten Sportverein, 13,7 % - Fitness-Studio und 68,5 % -individuell; im Durchschnitt der

73 Befragten, die mindestens eine Variante der sportlichen Betätigung angaben, wurden 1,2 (120,5/100) Nennungen registriert

f) PARETO-Diagramm via **Grafik → Pareto → Einfach → Daten im Diagramm: Summe verschiedener Variablen**, Option **Kumulative Linie anzeigen** deaktivieren; via Schaltfläche **Optionen**: Option **Variable für Variable ausschließen** aktivieren

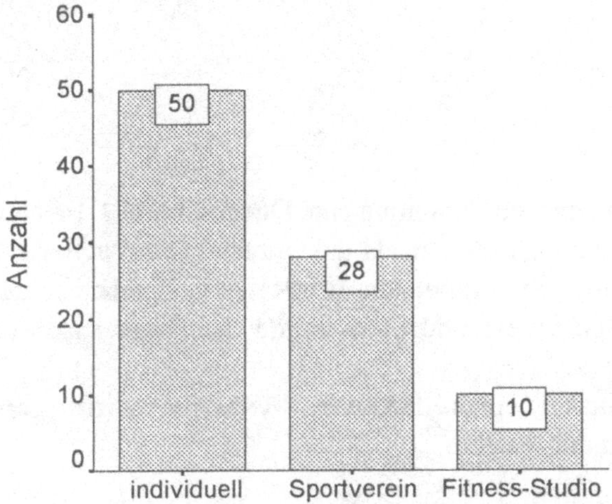


g) theoretisch mögliche Ausprägungen des Merkmals *Anzahl Nennungen in SPORT_1 bis SPORT_3 je Studierender*: 0, 1, 2, 3; verhältnisskaliert, diskret; Berechnung der entsprechende Variablen in zwei Schritten:

- *Schritt 1*: via **Transformieren → Berechnen**; Berechnungsvorschrift: **anzahl = SUM(sport_1, sport_2, sport_3)**
- *Schritt 2*: via **Transformieren → Umkodieren → In dieselben Variablen → Alte und neue Werte**; Alter Wert: **systemdefiniert fehlend**; Neuer Wert: **0**

```
ANZAHL   Anzahl Nennungen SPORT_1 bis 3 je Studierender
Measurement Level: Scale
Print Format: F1
Write Format: F1
Value           Label
   0            keine Nennung
   1            eine Nennung
   2            zwei Nennungen
   3            drei Nennungen
```

h) Auswertung von **anzahl** nur für die Studierenden, die regelmäßig Sport treiben; vor Auswertung Filter mit **sport = 1** einstellen

Statistiken für Anzahl der Nennungen SPORT_1 bis 3 je Studierender:

| n | Gültig | 77 |
|---|---|---|
|  | Fehlend | 0 |
| Mittelwert |  | 1,14 |

Anzahl Nennungen SPORT_1 bis 3 je Studierender:

| | | Häufigkeit | Prozent | Gültige Prozente | Kumulierte Prozente |
|---|---|---|---|---|---|
| Gültig | keine Nennung | 4 | 5, | 5,2 | 5,2 |
| | eine Nennung | 59 | 76, | 76,6 | 81,8 |
| | zwei Nennungen | 13 | 16, | 16,9 | 98,7 |
| | drei Nennungen | 1 | 1, | 1,3 | 100,0 |
| | Gesamt | 77 | 100, | 100,0 | |

Interpretationen: am häufigsten eine Nennung; im Durchschnitt 1,14 Nennungen je Studierender; Mittelwert ist kleiner als der unter e) interpretierte Wert; in dem sich aus der Tabelle in e) ergebenden Mittelwert ist nicht berücksichtigt, daß vier regelmäßig Sport treibende Studierende die Frage nach der Art und Weise nicht beantworteten

i) empirische Verteilungsfunktion eines diskreten Merkmals wird graphisch durch eine Treppenfunktion dargestellt:

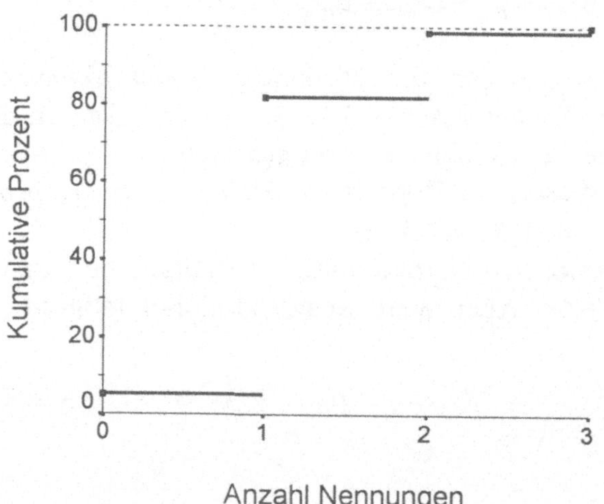


Treppenfunktion für die Variable **anzahl** erzeugt man in zwei Schritten, wobei der in h) eingestellte Filter, **sport = 1**, aktiv bleibt:

- *Schritt 1*: Datei nach der Variablen **anzahl** via **Daten → Fälle sortieren** aufsteigend sortieren
- Schritt 2: erstellen der Treppenfunktion via **Grafiken → Linie, Einfach, Auswertung über Kategorien einer Variablen**; Dialogfeld **Einfaches Liniendiagramm definieren**, Option: Linie entspricht kum. % der Fälle

aktivieren, Eingabefeld **Kategorienachse**: *anzahl*; Diagramm via Doppelklick in den **SPSS-Diagramm-Editor** projizieren; via **Format → Interpolation**, Dialogfeld **Geradeninterpolation**, **Interpolationsart Sprung links** wählen

*Hinweis*: Die kumulierte relative Häufigkeit der letzten Ausprägung kann nur durch einen Punkt (und nicht durch eine Linie) in der Graphik dargestellt werden.

## Lösung 3-26

a) Merkmalsträger: Fahrgast; Grundgesamtheit: alle Berliner Fahrgäste; Stichprobe: 561 (zufällig ausgewählte und befragte) Fahrgäste; Identifikationsmerkmale: Fahrgast (Sache), **Öffentlicher PersonenNahVerkehr** Berlin (Ort), November 1995 (Zeit); Erhebungsmerkmal: Fahrkartenerwerb, nominal skaliert

b) analog zur Struktur einer Grundgesamtheit wird die Stichprobe anteilsmäßig geschichtet, wobei innerhalb jeder Schicht die Merkmalsträger zufällig ausgewählt, die interessierenden Merkmale erhoben und statistisch ausgewertet werden

c) via **Statistik → Zusammenfassen → Häufigkeiten** erhält man für die SPSS-Variable *f3* die folgende Häufigkeitstabelle:

**Fahrkartenerwerb**

| | | Häufigkeit | Prozent | Gültige Prozente |
|---|---|---|---|---|
| Gültig | völlig problemlos | 251 | 44,7 | 44,9 |
| | größtenteils problemlos | 177 | 31,6 | 31,7 |
| | umständlich | 115 | 20,5 | 20,6 |
| | sehr umständlich | 16 | 2,9 | 2,9 |
| | Gesamt | 559 | 99,6 | 100,0 |
| Fehlend | keine Angabe | 2 | ,4 | |
| Gesamt | | 561 | 100,0 | |

115 + 16 = 131 zufällig ausgewählte und befragte Fahrgäste gaben an, daß der Fahrkartenerwerb umständlich bzw. sehr umständlich ist; dies sind 20,6% + 2,9% = 23,5% aller 559 gültigen (bzw. statistisch auswertbaren) Antworten

d) Umkodierung via **Transformieren → Umkodieren → In andere Variablen**, so daß sich die folgende empirische Verteilung ergibt:

**f3, dichotomisiert**

| | | Häufigkeit | Prozent | Gültige Prozente |
|---|---|---|---|---|
| Gültig | umständlich | 131 | 23,4 | 23,4 |
| | problemlos | 428 | 76,3 | 76,6 |
| | Gesamt | 559 | 99,6 | 100,0 |
| Fehlend | System | 2 | ,4 | |
| Gesamt | | 561 | 100,0 | |

e) Binomialtest, der via **Statistik → Nichtparametrische Tests → Binomial** angefordert werden kann; Testentscheidung: wegen $\alpha^* = 0{,}210 > \alpha = 0{,}05$ gibt es keinen Anlaß, die einseitige Ausgangshypothese zu verwerfen; der Stichprobenanteil von 0,234 von Fahrgästen, die den Fahrkartenerwerb als umständlich bzw. sehr umständlich bezeichnen, ist rein zufällig kleiner als 25% und wird noch mit der Ausgangshypothese als verträglich gedeutet

f) die SPSS-Variablen *f3b1* bis *f3b6* sind numerische, 0-1-kodierte Variablen, deren Werte jeweils dichotome Ausprägungen von nominalen Merkmalen darstellen; das Verfahren der multiplen Dichotomien basiert auf der Idee des Bündelns von dichotomen Variablen zum Zwecke ihrer vereinfachten statistischen Auswertung in nur einer Häufigkeitstabelle

g) Gründe für umständlichen Fahrkartenerwerb: kein passendes Bargeld, Tarife undurchsichtig, Automaten defekt, Automatenbedienung schwierig, Wartezeiten beim Kauf, Schalteröffnungszeiten ungewiß; am häufigsten vermerkter Grund: kein passendes Bargeld; Analyse der Mehrfachantworten mittels des Verfahrens der multiplen Dichotomien via **Statistik → Mehrfachantworten → Sets definieren** und Häufigkeitstabelle via **Statistik → Mehrfachantworten → Häufigkeiten**

```
Group  $F3B       (Value tabulated = 1)

                                                Pct of    Pct of
Dichotomy label                  Name   Count  Responses   Cases
kein passendes Bargeld           F3B1     63     22,5       49,6
Tarife undurchsichtig            F3B2     37     13,2       29,1
Automaten defekt                 F3B3     59     21,1       46,5
Automatenbedienung schwierig     F3B4     21      7,5       16,5
Wartezeiten beim Kauf            F3B5     48     17,1       37,8
Öffnungszeiten ungewiß           F3B6     52     18,6       40,9
                                        -----    -----     -----
                Total responses          280    100,0      220,5
434 missing cases;   127 valid cases
```

Interpretationen: 49,6% der betreffenden Fahrgäste; in 22,5% aller zutreffenden Antworten wurde der Grund „kein passendes Bargeld" genannt; im Durchschnitt 2,2 Gründe je Fahrgast

# 4    Lösungen zur Mittelwertanalyse

## Lösung 4-1

Nullhypothese: Der Durchschnittspreis aller 5 oder 6 Jahre alten VW Golf II mit 55 PS-Triebwerk beträgt 9200 DM. Gegenhypothese: Der Durchschnittspreis aller 5 oder 6 Jahre alten VW Golf II mit 55 PS-Triebwerk ist verschieden von 9200 DM.

Lösungsschritte:

- via Daten → Fälle auswählen → falls Bedingung zutrifft; Auswahlbedingung: (ALT = 5 | ALT = 6) & PS = 55
- Normalverteilungsvoraussetzung prüfen z.B. via Statistik → Nichtparametrische Tests → K-S bei einer Stichprobe; Testentscheidung: Weil $\alpha^* = 0,374 > 0,1$ ist, kann man davon ausgehen, daß der Preis der fraglichen PKW normalverteilt ist.
- Mittelwerttest via Statistik → Mittelwerte → T-Test bei einer Stichprobe; Testentscheidung: Weil $\alpha^* = 0,47 > 0,1$ ist, wird die Nullhypothese nicht abgelehnt, d.h. die Stichprobe stützt die Vermutung, daß im Mittel für derartige PKW mit einem Preis von 9200 DM zu rechnen ist.

## Lösung 4-2

a) doppelter T-Test via Statistik → Mittelwerte → T-Test bei unabhängigen Stichproben

b) Nullhypothese: Gebrauchte VW Golf II mit 55 PS-Triebwerk sind im Mittel nicht billiger als gebrauchte VW Golf II mit 75 PS-Triebwerk.
Gegenhypothese: Gebrauchte VW Golf II mit 55 PS-Triebwerk sind im Mittel billiger als gebrauchte VW Golf II mit 75 PS-Triebwerk.

c) Normalitätsbedingung kann vernachlässigt werden, da beide Teilstichproben groß genug sind (158 bzw. 141 PKW); wegen $\alpha^* = 0,272 > \alpha = 0,01$ gibt es im Kontext des LEVENE-Tests keine Veranlassung, von inhomogenen Varianzen auszugehen; somit sind die Testvoraussetzungen erfüllt

d) empirisches Signifikanzniveau für den zweiseitigen (doppelten) t-Test: $\alpha^* = 0,032$; da das empirische Signifikanzniveau für den einseitigen Test $\alpha^* = 0,032/2 = 0,016$ und somit größer als 0,01 ist, wird die Nullhypothese nicht abgelehnt; auf einem Signifikanzniveau von 0,01 läßt sich statistisch nicht sichern, daß gebrauchte VW Golf II mit 55 PS-Triebwerk im Mittel billiger sind, als gebrauchte VW Golf II mit 75 PS-Triebwerk

## Lösung 4-3

via Statistik → Mittelwerte → T-Test bei unabhängigen Stichproben; die Voraussetzungen für die Anwendung des doppelten T-Tests sind erfüllt; Testentscheidung: weil $\alpha^* = 0,000 < \alpha = 0,05$ gilt, ist statistisch gesichert, daß gebrauchte VW Golf II, die mindestens 8 Jahre alt sind, im Durchschnitt billiger sind, als jüngere gebrauchte VW Golf II

**Lösung 4-4***

a) via Transformieren → Umkodieren → In andere Variablen; die neue Variable heiße ALT und habe für ein Alter bis 29 den Wert 1, für ein Alter ab 30 den Wert 2; unter 30 Jahre alt: Mittelwert ist 36,84 h, Median ist 36,00 h; mindestens 30 Jahre alt: Mittelwert ist 39,93 h, Median ist 38,00 h

Boxplots z.B. via Statistik → Zusammenfassen → Explorative Datenanalyse → Diagramme → Faktorstufen zusammen; abhängige Variable: *bedarf*, Faktorvariable *alt*(er, dichotomisiert):

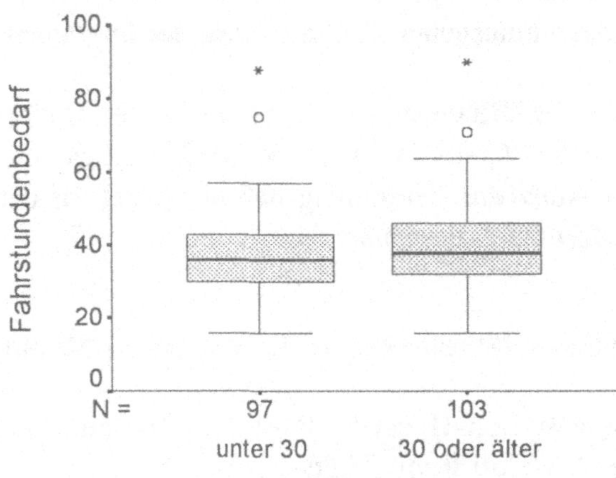


b) doppelter t-Test via Statistik → Mittelwerte → T-Test bei unabhängigen Stichproben; die Testvoraussetzungen sind erfüllt; Nullhypothese: Fahrschüler, die jünger als 30 Jahre sind, brauchen im Mittel nicht weniger Fahrstunden, als Fahrschüler, die mindestens 30 Jahre alt sind; Wert der Testgröße: 1,849; Testentscheidung für den einseitigen Test: da $\alpha^* = 0,033 < \alpha = 0,05$ gilt, ist die Nullhypothese abzulehnen, d.h. es läßt sich statistisch sichern, daß Fahrschüler, die jünger als 30 Jahre sind, im Mittel weniger Fahrstunden brauchen, als Fahrschüler, die mindestens 30 Jahre alt sind

**Lösung 4-5***

a) via Statistik → Mittelwerte vergleichen → Mittelwerte; Eingabefeld Abhängige Variable: km_jahr, Eingabefeld Unabhängige Variable: marke; Unterdialogfeld Optionen, Zellenstatistik: Mittelwert, Standardabweichung, Anzahl der Fälle

Bericht für durchschnittliche jährliche Laufleistung (Angaben in km/Jahr):

| Fahrzeugmarke | Mittelwert | Standardabweichung | n |
|---|---|---|---|
| Opel Kadett Benzin | 11464,99 | 3769,36 | 150 |
| VW Golf Benzin | 12456,37 | 4434,81 | 150 |
| Insgesamt | 11960,68 | 4138,56 | 300 |

die mittlere durchschnittliche jährliche Laufleistung der insgesamt 300 untersuchten PKW beträgt 11960 km/Jahr; die 150 untersuchten PKW vom Typ Opel Kadett Benziner haben im Mittel eine durchschnittliche jährliche Laufleistung von 11465 km/Jahr, wogegen die 150 untersuchten PKW vom Typ VW Golf Benziner im Mittel eine durchschnittliche jährliche Laufleistung von 12.456 km/Jahr aufweisen; die 150 Einzelwerte der Marke VW Golf weisen eine größere Streuung als die 150 Einzelwerte der Marke Opel Kadett auf

b) Test auf Gleichheit zweier Mittelwerte aus zwei unabhängigen Stichproben; die zwei Stichproben sind mit einem Stichprobenumfang von jeweils 150 hinreichend groß; geeignetes Testverfahren: doppelter T-Test: (zweiseitige) Hypothesen: $H_0$: $\mu_K = \mu_G$ versus $H_1$: $\mu_K \neq \mu_G$, wobei

- Zufallsvariable $X_K$: durchschnittliche jährliche Laufleistung eines zufällig ausgewählten PKW vom Typ Opel Kadett Benziner, mit $E(X_K) = \mu_K$, $V(X_K) = \sigma^2_K$, Verteilungstyp unbekannt
- Zufallsvariable $X_G$: durchschnittliche jährliche Laufleistung eines zufällig ausgewählten PKW vom Typ VW Golf Benziner, mit $E(X_G) = \mu_G$, $V(X_G) = \sigma^2_G$, Verteilungstyp unbekannt

Test via Statistik → Mittelwerte vergleichen → T-Test bei unabhängigen Stichproben; Testvariable: km_jahr; Gruppenvariable: marke; im Unterdialogfeld Gruppen definieren: Gruppe 1: 1; Gruppe 2: 2

Test bei (zwei) unabhängigen Stichproben:

- Testentscheidung für LEVENE-Test: wegen $\alpha^* = 0{,}028 < \alpha = 0{,}05$ wird zum vorgegebenen Signifikanzniveau von $\alpha = 0{,}05$ die Nullhypothese, daß die Varianzen in den beiden Teilgesamtheiten (Gebrauchtwagen vom Typ Opel Kadett, Gebrauchtwagen vom Typ VW Golf) gleich sind, abgelehnt
- Testentscheidung beim Test auf Mittelwertgleichheit, der unter der Annahme ungleicher Varianzen (Varianzen sind nicht gleich) durchgeführt wird: wegen $\alpha^* = 0{,}038 < \alpha = 0{,}05$ wird die Hypothese, daß die mittleren durchschnittlichen jährlichen Laufleistungen der Gebrauchtwagen der Typen Opel Kadett und VW Golf gleich sind, abgelehnt

## Lösung 4-6*

a) Merkmalsträger: Fahrschüler; SPSS-Variable *bedarf*: numerisch, Skalenniveau: metrisch; SPSS-Variable *sex*: numerisch, Skalenniveau nominal

b) Testverfahren: z.B. (unvollständig spezifizierter) KOLMOGOROV-SMIRNOV-Anpassungstest in der LILLEFORS-Modifikation, der via Statistik → Zusammenfassen → Explorative Datenanalyse → Diagramme → Normalverteilungsdiagramm mit Tests angefordert werden kann; abhängige Variable: *bedarf*; Faktorvariable: *sex*; Testentscheidung: wegen $\alpha^* = 0{,}018 < \alpha = 0{,}05$ kann der Fahrstundenbedarf für weibliche Fahrschüler nicht als eine normalverteilte Zufallsvariable angesehen werden; hingegen besteht wegen $\alpha^* = 0{,}098 > \alpha = 0{,}05$ für die männlichen Fahrschüler kein Anlaß, an der Verteilungshypothese, daß der Fahrstundenbedarf eine normalverteilte Zufallsvariable sei, zu zweifeln

c) Testverfahren: t-Test für zwei unabhängige Stichproben, der via Statistik → Mittelwerte → T-Test bei unabhängigen Stichproben angefordert werden kann

Überprüfung der Testvoraussetzungen: 1) Normalverteilungsannahme: obgleich der Fahrstundenbedarf für weibliche Fahrschüler nicht normalverteilt ist (vgl. b)), kann der Mittelwerttest dennoch appliziert werden, da er relativ robust ist gegen Verletzungen der Normalverteilungsannahme; hinzu kommt noch, daß die Stichprobenumfänge mit $n_M = 83$ und $n_W = 117$ groß genug sind, um den t-Test praktizieren zu können; 2) Varianzhomogenitätsannahme: wegen $\alpha^* = 0{,}049 < \alpha = 0{,}05$ muß zum vereinbarten Signifikanzniveau von $\alpha = 0{,}05$ im Zuge des LEVENE-Tests die Varianzhomogenitätshypothese verworfen werden; demnach muß man in der Grundgesamtheit der Fahrschüler von inhomogenen Streuungsverhältnissen bezüglich des Fahrstundenbedarfs ausgehen; Konsequenz: t-Test für ungleiche Varianzen (WELCH-Test) anwenden

Testentscheidung für WELCH-Test: wegen $\alpha^* = 0{,}000 < \alpha = 0{,}05$ ist die Homogenitätshypothese bezüglich des durchschnittlichen und geschlechtsspezifischen Fahrstundenbedarfs zu verwerfen

## Lösung 4-7*

doppelter t-Test via Statistik → Mittelwerte → T-Test bei unabhängigen Stichproben

a) 71 Kunden bevorzugen lieblichen Wein, Standardabweichung: 6,87 Jahre

b) 1,13 Jahre

c) Nullhypothese: Kunden, die halbtrockenen Wein bevorzugen, sind im Durchschnitt nicht jünger als Kunden, die lieblichen Wein mögen.

d) Testentscheidung für einseitigen Test: da $\alpha^* = 0{,}364/2 = 0{,}182 > \alpha = 0{,}1$ gilt, wird die Nullhypothese nicht abgelehnt; obgleich in der Stichprobe die

Kunden, die halbtrockenen Wein bevorzugen, im Durchschnitt jünger sind als die Kunden, die lieber lieblichen Wein trinken, ist dieses Ergebnis aber nicht signifikant, d.h. es ist nicht zu verallgemeinern auf die Grundgesamtheit

e) Grundgesamtheit: alle Kunden dieser Weinhandlung

## Lösung 4-8

a) *Schritt 1*: via Daten → Variable definieren eine SPSS-Variable für das Merkmal *Zugehörigkeit zu einer der vier Kundengruppen* z.B. mit den folgenden Eigenschaften vereinbaren:

```
K_GRUPPE   Kundengruppe
Measurement Level: Nominal
Column Width: 8  Alignment: Right
Print Format: F1                Write Format: F1
Value   Label
1          Nichtkunde, Typ A
2          Nichtkunde, Typ B
3          Gelegenheitskunde
4          Stammkunde
```

*Schritt 2*: mehrmaliger Durchlauf der Sequenz Transformieren → Berechnen, Eingabefeld Zielvariable: k_gruppe

| Durchlauf | | Eingabefeld |
|---|---|---|
| Nr. | Wert | Fall einschließen, wenn Bedingung erfüllt ist |
| 1 | 1 | NMISS(f1_4, f2_4) = 2 |
| 2 | 2 | (f1_4 = 1 \| f2_4 = 1) & f6 = 7 |
| 3 | 3 | (f1_4 = 1 \| f2_4 = 1) & (f6 $\geq$ 4 & f6 $\leq$ 6) |
| 4 | 4 | (f1_4 = 1 \| f2_4 = 1) & (f6 $\geq$ 1 & f6 $\leq$ 3) |

*Schritt 3*: deskriptiver Mittelwertvergleich via Statistik → Mittelwerte vergleichen → Mittelwerte; Eingabefeld Abhängige Variable: alter, Eingabefeld Unabhängige Variable: k_gruppe; Unterdialogfeld Optionen, Zellenstatistik: Mittelwert, Standardabweichung, Anzahl der Fälle; Ergebnisse:

| | Mittelwert | Standardabweichung | n |
|---|---|---|---|
| Nichtkunde, Typ A | 39,76 | 13,59 | 62 |
| Nichtkunde, Typ B | 42,67 | 15,87 | 43 |
| Gelegenheitskunde | 39,30 | 15,92 | 171 |
| Stammkunde | 45,16 | 17,68 | 177 |
| Insgesamt | 41,97 | 16,52 | 453 |

b) *Schritt 1*: Formalisierung des Problems und Definition der Zufallsvariablen:
  - Zufallsvariable $X_w$: Alter eines zufällig ausgewählten weiblichen Gelegenheitskunden, mit $E(X_w) = \mu_w$, $V(X_w) = \sigma^2_w$, Verteilungstyp unbekannt

- Zufallsvariable $X_m$: Alter eines zufällig ausgewählten männlichen Gelegenheitskunden, mit $E(X_m) = \mu_m$, $V(X_m) = \sigma^2_m$, Verteilungstyp unbekannt

Null- und Gegenhypothese: $H_0$: $\mu_w = \mu_m$ versus $H_1$: $\mu_w \neq \mu_m$; Test auf Gleichheit zweier Mittelwerte aus zwei unabhängigen Stichproben, die zwei Stichproben sind mit einem Stichprobenumfang von 106 (weibliche Gelegenheitskunden) bzw. 65 (männliche Gelegenheitskunden) hinreichend groß, geeignetes Testverfahren: doppelter T-Test

*Schritt 2*: einstellen Filter via Daten → Fälle auswählen; Filterbedingung: k_gruppe = 3

*Schritt 3*: doppelter t-Test via Statistik → Mittelwerte vergleichen → T-Test bei unabhängigen Stichproben; Eingabefeld Testvariable: f15, Eingabefeld Gruppenvariable: f19; Unterdialogfeld Gruppen definieren, Gruppe 1: 1, Gruppe 2: 2

Testentscheidungen bei (zwei) unabhängigen Stichproben:

- LEVENE-Test: wegen $\alpha^* = 0{,}163 > \alpha = 0{,}05$ wird die Nullhypothese, daß die Varianzen in den beiden Teilgesamtheiten (weibliche Gelegenheitskunden, männliche Gelegenheitskunden) gleich sind, nicht abgelehnt; Test auf Mittelwertgleichheit wird unter der Annahme gleicher Varianzen durchgeführt

- doppelter t-Test: wegen $\alpha^* = 0{,}272 > \alpha = 0{,}05$ wird die Hypothese, daß das mittlere Alter der weiblichen Gelegenheitskunden gleich dem mittleren Alter der männlichen Gelegenheitskunden ist, nicht verworfen

c) *Schritt 1*: Formalisierung des Problems, Definition der Zufallsvariablen:

- Zufallsvariable $X_A$: Alter einer zufällig ausgewählten Person, die im Einzugsgebiet 1-4 wohnt und das BSFC kennt, mit $E(X_A) = \mu_A$, $V(X_A) = \sigma^2_A$, Verteilungstyp unbekannt

- Zufallsvariable $X_B$: Alter einer zufällig ausgewählten Person, die *nicht* im Einzugsgebiet 1-4 wohnt und das BSFC kennt, mit $E(X_B) = \mu_B$, $V(X_B) = \sigma^2_B$, Verteilungstyp unbekannt

Null- und Gegenhypothese: $H_0$: $\mu_A \geq \mu_B$ versus $H_1$: $\mu_A < \mu_B$; Test auf Gleichheit zweier Mittelwerte aus zwei unabhängigen Stichproben; die zwei Stichproben sind mit einem Stichprobenumfang von 52 (Personen aus Einzugsgebiet 1 bis 4) bzw. 336 (Personen nicht aus Einzugsgebiet) hinreichend groß, geeignetes Testverfahren: doppelter t-Test

*Schritt 2*: via Sequenz Daten → Fälle auswählen Filter einstellen, Filterbedingung: f1_4 = 1 | f2_4 = 1

Schritt 3: Testdurchführung via Statistik → Mittelwerte vergleichen → T-Test bei unabhängigen Stichproben; Eingabefeld Testvariable: *f15*, Eingabefeld Gruppenvariable: *f14*; Unterdialogfeld Gruppen definieren, Trennwert: 4

Gruppenstatistiken für Alter in Jahren:

| Wohnregion | n | Mittelwert | Standardabweichung |
|---|---|---|---|
| =< 4 | 52 | 40,88 | 16,56 |
| > 4 | 336 | 42,63 | 16,99 |

Testergebnisse:

- LEVENE-Test: wegen $\alpha^* = 0{,}392 > \alpha = 0{,}05$ wird die Nullhypothese, daß die Varianzen in den beiden Teilgesamtheiten (Einzugsgebiet 1 bis 4; nicht Einzugsgebiet 1 bis 4) gleich sind, nicht abgelehnt; Test auf Mittelwertgleichheit wird unter der Annahme gleicher Varianzen durchgeführt
- doppelter t-Test: wegen $\alpha^* = 0{,}489 > \alpha = 0{,}05$ wird $H_0$ beibehalten; die 52 befragten Personen, die im Einzugsgebiet 1 bis 4 wohnen, sind im Durchschnitt nicht signifikant jünger als die 336 befragten Personen, die nicht im Einzugsgebiet 1 bis 4 wohnen

### Lösung 4-9*

a) Merkmalsträger: Gebrauchtwagen; Erhebungsmerkmale: Fahrleistung, Alter, Wert, Hubraum jeweils kardinal skaliert; Fahrzeugtyp, nominal skaliert

b) Variable berechnen via Transformieren → Berechnen; Berechnungsvorschrift für jahresdurchschnittliche Fahrleistung: durch = fahr/(alter/12)

c) Via Daten → Fälle auswählen → Falls Bedingung zutrifft Merkmalsträger filtern mittels Auswahlbedingung typ = 5 | typ = 6; Verteilungsstatistiken via Statistik → Mittelwerte vergleichen → Mittelwerte anfordern; abhängige Variable: *durch*; unabhängige Variable: *typ*

Statistiken

jahresdurchschnittliche Fahrleistung (1000 km)

| Fahrzeugtyp | Mittelwert | Standardabweichung | n |
|---|---|---|---|
| Ford Escort | 12,806 | 4,640 | 100 |
| Ford Fiesta | 12,640 | 5,415 | 100 |
| Insgesamt | 12,723 | 5,031 | 200 |

d) Merkmalsträgerauswahl wie unter c); realisierte 90%-Konfidenzintervalle für unbekannte mittlere jahresdurchschnittliche Fahrleistungen (Angaben in 1000 km pro Jahr) via Statistik → Zusammenfassen → Explorative Datenanalyse → Statistik → Konfidenzintervall für den Mittelwert anfordern

Realiserte 90%-Konfidenzintervalle

|                         |        |             | 1000 km |
| ----------------------- | ------ | ----------- | ------- |
| jahresdurchschnittliche | Ford   | Untergrenze | 12,035  |
| Fahrleistung            | Escort | Obergrenze  | 13,576  |
|                         | Ford   | Untergrenze | 11,741  |
|                         | Fiesta | Obergrenze  | 13,540  |

Fehlerbalken via Grafiken → Fehlerbalken → Einfach:

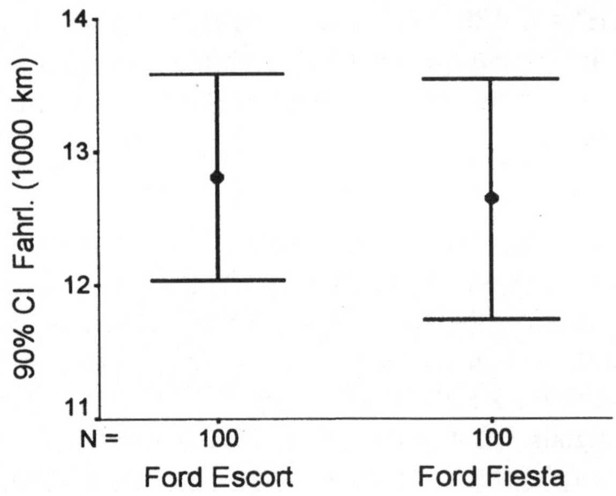


e) Merkmalsträgerauswahl wie unter c); Testverfahren: z.B. (unvollständig spezifizierter) KOLMOGOROV-SMIRNOV-Anpassungstest in der LILLIEFORS-
Modifikation, der via Statistik → Zusammenfassen → Explorative Datenanalyse → Diagramme → Normalverteilungsdiagramm mit Tests angefordert werden kann; abhängige Variable: *durch*; Faktorvariable: *typ*; Testentscheidung: wegen $\alpha^* = 0{,}011 < \alpha = 0{,}05$ bzw. $\alpha^* = 0{,}019 < \alpha = 0{,}05$ kann
die jahresdurchschnittliche Fahrleistung für Gebrauchtwagen vom Typ Ford
Escort bzw. Ford Fiesta nicht als eine normalverteilte Zufallsvariable angesehen werden

f) via Transformieren → Berechnen und mittels der Berechnungsvorschrift
$p = 1 - \text{CDF.NORMAL}(15,12{.}640,5{.}415) \approx 0{,}33$; demnach besitzen ca.
33% aller Gebrauchtwagen vom Typ Ford Fiesta eine jahresdurchschnittliche
Fahrleistung von mindestens 15000 km

g) Testverfahren: t-Test für zwei unabhängige Stichproben, der via Statistik →
Mittelwerte → T-Test bei unabhängigen Stichproben angefordert werden
kann

Überprüfung der Testvoraussetzungen: 1) Normalverteilungsannahme: Obgleich gemäß e) für beide Gebrauchtwagentypen nicht erfüllt, kann der Mittelwerttest dennoch wegen der großen Stichprobenumfänge von jeweils 100 PKW praktiziert werden; 2) Varianzhomogenitätsannahme: wegen $\alpha^* = 0{,}054 > \alpha = 0{,}05$, gibt es zum vereinbarten Signifikanzniveau $\alpha = 0{,}05$ im Zuge des LEVENE-Tests keinen Anlaß, an der Varianzhomogenitätshypothese zu zweifeln. Konsequenz: t-Test für gleiche Varianzen (doppelter t-Test) anwenden

Testentscheidung für den doppelten t-Test: wegen $\alpha^* = 0{,}817 > \alpha = 0{,}05$ besteht kein Grund, an der (zweiseitigen) Homogenitätshypothese bezüglich der mittleren jahresdurchschnittlichen Fahrleistungen zu zweifeln

## Lösung 4-10*

a) *Schritt 1*: Filter einstellen via Daten → Fälle auswählen; Filterbedingung: f_3 = 1 & (x_5 = 1 | x_5 = 2)

*Schritt 2*: deskriptiver Mittelwertvergleich via Statistik → Mittelwerte vergleichen → Mittelwerte; abhängige Variable: x_4; unabhängige Variable: x_5; Unterdialogfeld Optionen, Zellenstatistik: Mittelwert, Standardabweichung, Anzahl der Fälle

SPSS-Bericht für durchschnittliche tägliche Lesezeit (in Minuten):

| favorisierte Tageszeitung | Mittelwert | Standardabweichung | n |
|---|---|---|---|
| Tagesspiegel | 31,44 | 15,32 | 52 |
| Berliner Morgenpost | 35,20 | 24,82 | 51 |
| Insgesamt | 33,30 | 20,56 | 103 |

die 51 Morgenpost-Leser verwenden im Durchschnitt mehr Zeit zum Lesen der Tageszeitung als die 52 Tagesspiegel-Leser

*Schritt 3*: Formalisierung des Problems, Definition der Zufallsvariablen:

- Zufallsvariable $X_T$: tägliche Lesedauer eines zufällig ausgewählten Berliners, der regelmäßig den Tagesspiegel liest, mit $E(X_T) = \mu_T$, $V(X_T) = \sigma^2_T$, Verteilungstyp unbekannt

- Zufallsvariable $X_M$: tägliche Lesedauer eines zufällig ausgewählten Berliners, der regelmäßig die Morgenpost liest, mit $E(X_M) = \mu_M$, $V(X_M) = \sigma^2_M$, Verteilungstyp unbekannt

Null- und Gegenhypothese: $H_0$: $\mu_T = \mu_M$ versus $H_1$: $\mu_T \neq \mu_M$

*Schritt 4*: Auswahl Testverfahren: Test auf Gleichheit zweier Mittelwerte aus zwei unabhängigen Stichproben; die zwei Stichproben sind mit einem Stichprobenumfang von 52 (Tagesspiegel-Leser) bzw. 51 (Morgenpost-Leser) hinreichend groß, geeignetes Testverfahren: doppelter T-Test

*Schritt 5*: Testdurchführung via Statistik → Mittelwerte vergleichen → T-Test bei unabhängigen Stichproben; Eingabefeld Testvariable: x_4,

Eingabefeld **Gruppenvariable**: **x_5**; Unterdialogfeld **Gruppen definieren**, **Gruppe 1: 1, Gruppe 2: 2**

Testergebnisse:

- LEVENE-Test: wegen $\alpha^* = 0{,}004 < \alpha = 0{,}05$ wird zum vorgegebenen Signifikanzniveau von $0{,}05$ die Nullhypothese, daß die Varianzen in den beiden Teilgesamtheiten (Tagesspiegel-Leser, Morgenpost-Leser) gleich sind, abgelehnt; der Test auf Mittelwertgleichheit wird unter der Annahme ungleicher Varianzen (Varianzen sind nicht gleich) durchgeführt

- doppelter t-Test: wegen $\alpha^* = 0{,}359 > \alpha = 0{,}05$ wird die Hypothese, daß die durchschnittliche Lesedauer der Tagesspiegel-Leser gleich der durchschnittlichen Lesedauer der Morgenpost-Leser ist, nicht verworfen; der Unterschied zwischen den Stichprobenmittelwerten (31,44 versus 35,20) wird als nicht signifikant diagnostiziert

b) nein, die Stichprobenumfänge sind mit 14 (Leser Frankfurter Allgemeine Zeitung) bzw. 40 (Leser Berliner Zeitung) zu klein

c) zunächst eventuell noch wirksame Filtereinstellungen zurücksetzen

- *Schritt 1*: Formalisierung des Problems, Definition der Zufallsvariablen: Zufallsvariable $X_T$: Alter eines zufällig ausgewählten Berliners, der regelmäßig den **Tagesspiegel** liest, mit $E(_T) = \mu_T$, $V(X_T) = \sigma^2_T$, Verteilungstyp unbekannt; Zufallsvariable $X_M$: Alter eines zufällig ausgewählten Berliners, der regelmäßig die **Morgenpost** liest, mit $E(X_M) = \mu_M$, $V(X_M) = \sigma^2_T$, Verteilungstyp unbekannt; Null- und Gegenhypothese: $H_0$: $\mu_M \leq \mu_T$; $H_1$: $\mu_M > \mu_T$

- *Schritt 2*: Auswahl Testverfahren: Test auf Gleichheit zweier Mittelwerte aus zwei unabhängigen Stichproben; die zwei Stichproben sind mit einem Stichprobenumfang von 72 (Tagesspiegel-Leser) bzw. 64 (Morgenpost-Leser) hinreichend groß, geeignetes Testverfahren: doppelter t-Test

- *Schritt 3*: Testdurchführung via **Statistik** → **Mittelwerte vergleichen** → **T-Test bei unabhängigen Stichproben**; Testvariable: **x_2**, Gruppenvariable: **x_5**; Gruppen definieren: **Gruppe 1: 2, Gruppe 2: 1**
  **Gruppenstatistiken für Alter in Jahren:**

| favorisierte Tageszeitung | n | Mittelwert | Standardabweichung |
|---|---|---|---|
| Berliner Morgenpost | 64 | 43,58 | 17,56 |
| Tagesspiegel | 72 | 35,33 | 10,88 |

Testergebnisse:

- LEVENE-Test: wegen $\alpha^* = 0{,}000 < \alpha = 0{,}05$ wird zum vorgegebenen Signifikanzniveau von $0{,}05$ die Nullhypothese, daß die Varianzen in den beiden Teilgesamtheiten (Tagesspiegel-Leser, Morgenpost-Leser) gleich sind, abgelehnt; der Test auf Mittelwertgleichheit wird unter der Annahme ungleicher Varianzen (Varianzen sind nicht gleich) durchgeführt

- doppelter t-Test: wegen $\alpha^* = 0{,}002 < \alpha = 0{,}05$ wird zum vorgegebenen Signifikanzniveau von $\alpha = 0{,}05$ und dem empirischen Signifikanzniveau von $\alpha^* = 0{,}002/2 = 0{,}001$ die Nullhypothese verworfen, d.h. die Morgenpost-Leser sind im Durchschnitt älter als die Tagesspiegel-Leser

### Lösung 4-11*

a) Merkmalsträger: lebend geborenes Baby; Erhebungsmerkmale: Gewicht, Körpergröße, Kopfumfang jeweils kardinal skaliert; Geschlecht, nominal skaliert

b) Körper-Masse-Index via Transformieren → Berechnen und mittels Berechnungsvorschrift kmi = (gewicht/1000)/(groesse/100)**2 in Arbeitsdatei einfügen; Testverfahren: z.B. (unvollständig spezifizierter) KOLMOGOROV-SMIRNOV-Anpassungstest in der LILLIEFORS-Modifikation, der via Statistik → Zusammenfassen → Explorative Datenanalyse → Diagramme → Normalverteilungsdiagramm mit Tests angefordert werden kann; abhängige Variable: *kmi*; Faktorvariable: *sex*; Testentscheidung: da $\alpha^* \geq 0{,}2 > \alpha = 0{,}05$ gilt, deutet man den Körper-Masse-Index für das jeweilige Geschlecht als eine normalverteilte Zufallsvariable

c) es gelte KMI ~ N(13,59 kg/m²; (1,23 kg/m²)²); demnach besitzt ein lebend geborener Knabe im Durchschnitt einen Körper-Masse-Index von 13,39 kg/m²; im Durchschnitt streuen die einzelnen Angaben um 1,23 kg/m² um den Durchschnitt; unter Verwendung der SPSS-Funktion CDF.NORMAL berechnet man via Transformieren → Berechnen die folgenden Wahrscheinlichkeiten:

- P(KMI < 12) = CDF.NORMAL(12,13.59,1.23) ≈ 0,098
- P(13 < KMI < 14) = CDF.NORMAL(14,13.59,1.23) - CDF.NORMAL (13,13.59,1.23) ≈ 0,315
- P(KMI > 15) = 1 - CDF.NORMAL(15,13.59,1.23) ≈ 0,126

d) unter Verwendung der SPSS-Funktion IDF.NORMAL berechnet man via Transformieren → Berechnen das folgende KMI-Quantil: 14,63 kg/m²; demnach besitzen 80% aller lebend geborenen Knaben einen Körper-Masse-Index von höchstens 14,63 kg/m²

e) realisiertes 99%-Konfidenzintervall [13,37 kg/m²; 13,80 kg/m²] für den unbekannten durchschnittlichen Körper-Masse-Index von lebend geborenen Knaben via Statistik → Zusammenfassen → Explorative Datenanalyse → Statistik → Konfidenzintervall für den Mittelwert anfordern

f) Testverfahren: t-Test für zwei unabhängige Stichproben; kann via Statistik → Mittelwerte → T-Test bei unabhängigen Stichproben angefordert werden

- Problemstellung *Körper-Masse-Index*: Überprüfung der Testvoraussetzungen: 1) Normalverteilungsannahme gemäß b) für beide geschlechtsspezifischen Stichproben erfüllt; 2) Varianzhomogenitätsannahme: wegen $\alpha^* = 0{,}019 < \alpha = 0{,}05$ ist im Zuge des LEVENE-Tests die Varianzhomogenitätshypothese zu verwerfen; Konsequenz: t-Test für ungleiche Varianzen (WELCH-Test) applizieren; Testentscheidung für WELCH-Test: wegen $\alpha^* = 0{,}08 > \alpha = 0{,}05$ besteht kein Anlaß, an der (zweiseitigen) geschlechtsspezifischen Homogenitätshypothese der durchschnittlichen Körper-Masse-Indizes zu zweifeln

- Problemstellung *Kopfumfang*: Überprüfung der Testvoraussetzungen: 1) Normalverteilungsannahme ist für beide geschlechtsspezifischen Stichproben jeweils wegen $\alpha^* = 0{,}000 < \alpha = 0{,}05$ als nicht erfüllt anzusehen; dennoch kann wegen der großen Stichproben von 218 Knaben und 182 Mädchen der Mittelwerttest appliziert werden; 2) Varianzhomogenitätsannahme: wegen $\alpha^* = 0{,}841 > \alpha = 0{,}05$ muß zum vereinbarten Signifikanzniveau von $\alpha = 0{,}05$ im Zuge des LEVENE-Tests die Varianzhomogenitätshypothese nicht verworfen werden; Konsequenz: t-Test für gleiche Varianzen (doppelter t-Test) applizieren; Testentscheidung für doppelten t-Test: wegen $\alpha^* = 0{,}000 < \alpha = 0{,}05$ ist die einseitige geschlechtsspezifische Mittelwerthypothese zu verwerfen; demnach besitzen die lebendgeborenen Knaben einen signifikant größeren Kopfumfang, als die lebendgeborenen Mädchen

## Lösung 4-12

Merkmalsträger auswählen via Daten → Fälle auswählen; Auswahlbedingung: Alter $\geq 5$ & Alter $\leq 8$

a) via Statistik → Zusammenfassen → Explorative Datenanalyse Normalverteilungsdiagramme mit Tests anfordern; die folgenden Werte für $\alpha^*$ erlauben es, z.B. auf einem Signifikanzniveau von 0,05 für alle vier Gruppen die Normalverteilung der Laufleistung zu unterstellen: 0,2; 0,076; 0,2; 0,065.

b) via Statistik → Mittelwerte vergleichen → einfaktorielle ANOVA Option Homogenität der Varianzen anfordern; Testentscheidung: weil $\alpha^* = 0{,}865 > 0{,}05$ ist, kann von Varianzhomogenität ausgegangen werden

c) via Statistik → Mittelwerte vergleichen → einfaktorielle ANOVA ist es wegen $\alpha^* = 0{,}006 < \alpha = 0{,}05$ statistisch gesichert, daß es Unterschiede in der durchschnittlichen Laufleistung in den vier Gruppen gibt

d) via Statistik → Mittelwerte vergleichen → einfaktorielle ANOVA kann als ein geeigneter Post-Hoc-Test z.B. der BONFERRONI-Test appliziert werden; zum besseren Verständnis empfiehlt es sich, z.B. via Statistik → Mittelwerte vergleichen → Mittelwerte die folgenden Statistiken anzufordern:

**Laufleistung (km)**

| Alter in Jahren | Mittelwert | Standardabweichung | n |
|---|---|---|---|
| 5 | 72583,33 | 24306,60 | 12 |
| 6 | 84798,08 | 28502,88 | 52 |
| 7 | 98538,46 | 24804,34 | 39 |
| 8 | 96829,79 | 29560,19 | 47 |

der BONFERRONI-Test zeigt einen signifikanten Unterschied der durchschnittlichen Laufleistung von 5 Jahre alten und 7 Jahre alten Autos ($\alpha^* = 0{,}03$) und der durchschnittlichen Laufleistung von 5 Jahre alten und 8 Jahre alten Autos ($\alpha^* = 0{,}045$) an; die restlichen Vergleiche zwischen jeweils zwei der vier Gruppen ergeben keine signifikanten Unterschiede

## Lösung 4-13*

a) Merkmalsträger: gebrauchter und zum Verkauf angebotener PKW; Erhebungsmerkmale: Marke, Typ jeweils nominal skaliert; Motorleistung, Fahrleistung, Alter, Baujahr, Wert jeweils kardinal skaliert

b) Variable berechnen via Transformieren → Berechnen; Berechnungsvorschrift für jahresdurchschnittliche Fahrleistung (Angaben in 1000 km/Altersjahr): durch = fahr/alter

c) Boxplots via Statistik → Zusammenfassen → Explorative Datenanalyse → Diagramme → Faktorstufen zusammen; abhängige Variable: *durch*; Faktorvariable: *marke*

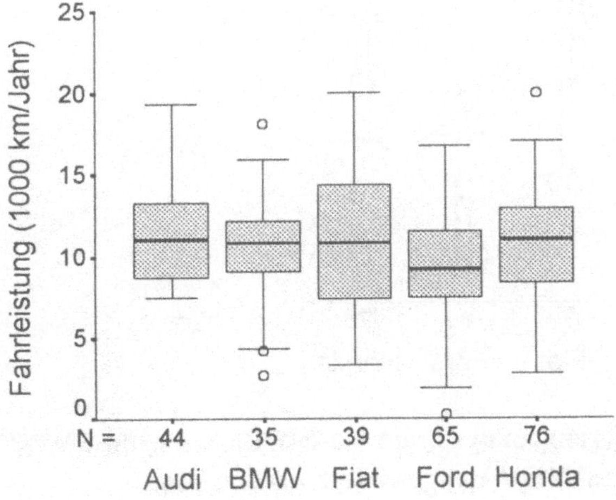


d) Testverfahren: z.B. (unvollständig spezifizierter) KOLMOGOROV-SMIRNOV-Anpassungstest in der LILLIEFORS-Modifikation, der via Statistik → Zusammenfassen → Explorative Datenanalyse → Diagramme → Normalverteilungsdiagramm mit Tests angefordert werden kann; abhängige Variable: *durch*; Faktorvariable: *typ*; Testentscheidung: da für alle Gebrauchtwagentypen $\alpha^* > \alpha = 0{,}05$ gilt, deutet man die jahresdurchschnittliche Fahrleistung jeweils als eine normalverteilte Zufallsvariable

e) Intervallschätzungen via Statistik → Zusammenfassen → Explorative Datenanalyse → Statistik

| | Typ, kodiert | | | 1000 km |
|---|---|---|---|---|
| jahresdurch. Fahrleistung (1000 km) | Audi | realisiertes 95%-Konfidenzintervall | Untergrenze | 10,5892 |
| | | | Obergrenze | 12,4319 |
| | BMW | realisiertes 95%-Konfidenzintervall | Untergrenze | 9,2758 |
| | | | Obergrenze | 11,6076 |
| | Fiat | realisiertes 95%-Konfidenzintervall | Untergrenze | 9,5348 |
| | | | Obergrenze | 12,2345 |
| | Ford | realisiertes 95%-Konfidenzintervall | Untergrenze | 8,4166 |
| | | | Obergrenze | 10,0640 |
| | Honda | realisiertes 95%-Konfidenzintervall | Untergrenze | 9,9762 |
| | | | Obergrenze | 11,5649 |

Fehlerbalken via Grafiken → Fehlerbalken → Einfach

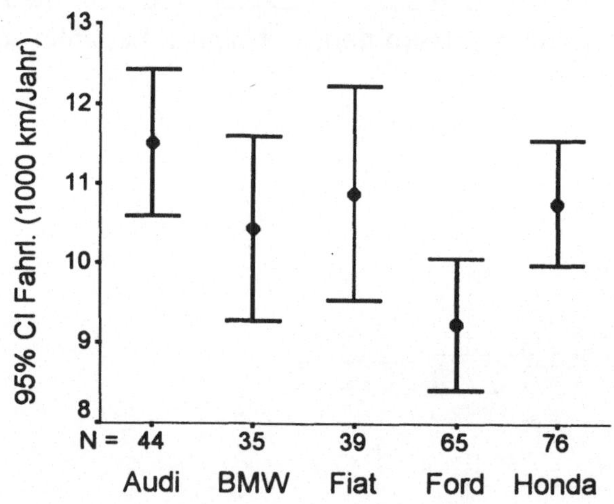


f) Testverfahren: einfache Varianzanalyse, die via Statistik → Mittelwerte vergleichen → einfaktorielle ANOVA angefordert werden kann

Voraussetzungen: 1) Normalverteilung in den Faktorgruppen kann gemäß d) angenommen werden; 2) Varianzhomogenität der fünf Faktorgruppen kann via Statistik → Mittelwerte vergleichen → einfaktorielle ANOVA Option Homogenität der Varianzen mit LEVENE-Test überprüft werden; Testentscheidung: weil $\alpha^* = 0{,}204 > \alpha = 0{,}05$ ist, besteht kein Anlaß, an der Varianzhomogenitätsannahme zu zweifeln

Testentscheidung für einfache ANOVA: wegen $\alpha^* = 0{,}011 < \alpha = 0{,}05$ muß die Homogenitätshypothese verworfen werden; demnach gibt es im Ensemble der betrachteten Gebrauchtwagentypen signifikante Unterschiede in der mittleren jahresdurchschnittlichen Fahrleistung; welche der Gebrauchtwagentypen sich allerdings im paarweisen Vergleich wesentlich voneinander unterscheiden, kann mit diesem Test nicht entschieden werden; dies ist eine Aufgabe von multiplen Mittelwerttests (Post-Hoc-Tests)

g) ein gleichermaßen für balancierte und unbalancierte Stichproben geeigneter Post-Hoc-Test ist der SCHEFFÉ-Test, der via **Statistik → Mittelwerte vergleichen → einfaktorielle ANOVA → Post-Hoc** angefordert werden kann; Testentscheidung: lediglich die mittleren jahresdurchschnittlichen Fahrleistungen der Gebrauchtwagen vom Typ Audi und Ford unterscheiden sich wegen $\alpha^* = 0{,}026 < \alpha = 0{,}05$ auf einem (multiplen) Signifikanzniveau von $\alpha = 0{,}05$ signifikant voneinander; dies ist auch der Grund dafür, warum die multiple Homogenitätshypothese aus f) verworfen werden mußte

h) SCHEFFÉ-Test auf der Basis des linearen Kontrasts:

$$L_0 = \mu_{Audi} - (\mu_{BMW} \; \mu_{Fia} + \mu_{Ford} + \mu_{Honda})/4 =$$
$$1 \cdot \mu_{Audi} - 0{,}25 \cdot \mu_{BMW} - 0{,}25 \cdot \mu_{Fiat} - 0{,}25 \cdot \mu_{Ford} - 0{,}25 \cdot \mu_{Honda} = 0$$

Testentscheidung: wegen $\alpha^* = 0{,}043 < \alpha = 0{,}05$ wird bei Annahme von Varianzhomogenität die Nullhypothese über den linearen Kontrast verworfen; demnach unterscheidet sich die mittlere jahresdurchschnittliche Fahrleistung von Gebrauchtwagen des Typs Audi wesentlich von der der restlichen vier Gebrauchtwagentypen

i) Testverfahren: KRUSKAL-WALLIS-Test, den man via **Statistik → Nichtparametrische Tests → k unabhängige Stichproben** anfordern kann; Testentscheidung: wegen $\alpha^* = 0{,}033 < \alpha = 0{,}05$ wird die Homogenitätshypothese bezüglich der Verteilungen der jahresdurchschnittlichen Fahrleistungen der fünf Gebrauchtwagentypen verworfen

j) Auswahlbedingung: alle erfaßten Gebrauchtwagen, die nicht vom Typ Ford sind; Testverfahren: einfache Varianzanalyse; Testvoraussetzungen: 1) gemäß d) kann Normalverteilung der jahresdurchschnittlichen Fahrleistung in den vier Faktorengruppen (PKW-Typen) unterstellt werden; 2) Varianzhomogenitätsannahme mit LEVENE-Test überprüfen; Testentscheidung: wegen $\alpha^* = 0{,}133 > \alpha = 0{,}05$ gibt es keinen Anlaß, an der Varianzhomogenität der vier Gebrauchtwagentypen zu zweifeln; Testentscheidung für einfache ANOVA: wegen $\alpha^* = 0{,}569 > \alpha = 0{,}05$ gibt es keinen Anlaß, an der Gleichheit der mittleren jahresdurchschnittlichen Fahrleistung in den vier Grundgesamtheiten der betrachteten Gebrauchtwagentypen zu zweifeln; Quantil der F-Verteilung für $p = 1 - \alpha = 0{,}95$, $df_1 = 3$ und $df_2 = 190$ Freiheitsgrade via **Transformieren** → **Berechnen** und der SPSS-Funktion **IDF.F(p,df$_1$;df$_2$)** bestimmen, wobei $F_{0.95;3;190} = 2{,}62$ gilt; klassische Testentscheidung: da für den Vergleich von Testvariablenwert und F-Quantil $F = 0{,}674 < F_{0.95;3;190} = 2{,}62$ gilt, wird die Homogenitätshypothese der mittleren jahresdurchschnittlichen Fahrleistungen der vier Gebrauchtwagentypen nicht verworfen

## Lösung 4-14

Merkmalsträger auswählen via **Daten** → **Fälle auswählen**; Auswahlbedingung: GROE $\geq$ 170 & GROE $\leq$ 176

a) Test auf Normalverteilung z.B. via **Statistik** → **Zusammenfassen** → **Explorative Datenanalyse** → **Normalverteilungsdiagramme mit Tests** anfordern; Testentscheidung im Kontext eines KOLMOGOROV-SMIRNOV-Tests in der LILLEFORS-Modifikation: wegen $\alpha^* = 0{,}001 < \alpha = 0{,}05$ wird die bei einem Stichprobenumfang von 42 die Normalverteilungshypothese verworfen

b) analog zu a) ergibt der KOLMOGOROV-SMIRNOV-Test in der LILLEFORS-Modifikation ein $\alpha^* = 0{,}000$ bei einem Stichprobenumfang von 24; Testentscheidung: wegen $\alpha^* = 0{,}000 < \alpha = 0{,}05$ wird die bei einem Stichprobenumfang von 24 die Normalverteilungshypothese verworfen

c) z.B. MANN-WHITNEY-U-Test via **Statistik** → **Nichtparametrische Tests** → **Zwei unabhängige Stichproben**, weil keine Normalverteilung vorliegt und die Stichproben klein sind; Testentscheidung: weil $\alpha^* = 0{,}517 > \alpha = 0{,}05$ gilt, läßt es sich nicht statistisch sichern, daß Raucher im Mittel weniger wiegen als Nichtraucher

## Lösung 4-15*

a) Vorbereitungen: via **Transformieren** → **Berechnen** für alle Merkmalsträger die Differenz (z.B. **diff = fläche − wunsch**) zwischen der tatsächlichen und gewünschten Wohnfläche bestimmen; via **Daten** → **Fälle auswählen** → **Falls Bedingung zutrifft** Merkmalsträger auswählen; Auswahlbedingung: ort = „Tre"; Testverfahren: z.B. (unvollständig spezifizierter) KOLMOGOROV-SMIRNOV-Test in der LILLEFORS-Modifikation, der via **Statistik** → **Zusammenfassen** → **Explorative Datenanalyse** → **Normalverteilungsdiagramme mit Tests** angefordert werden kann; Testentscheidung: wegen $\alpha^* \geq 0{,}2 > \alpha = 0{,}05$ wird die Normalverteilungshypothese beibehalten; das umseitig dargestellte Normal-Q-Q-Plot auf der Basis der 42 auswertbaren Befunde untermauert die getroffene Testentscheidung; Begründung: Punktekette der empirischen und theoretischen Quantile „wandert" auf der sog. „Normalverteilungsgeraden" entlang

Normal-Q-Q-Plot:

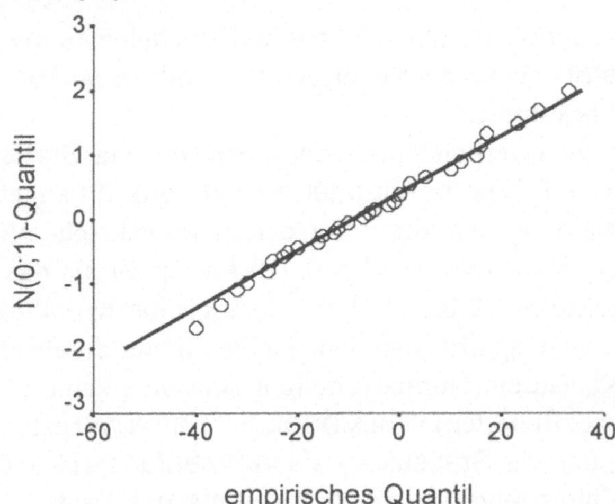


b) Vorbereitungen wie unter a); Testverfahren: t-Test für zwei verbundene Stichproben, der via **Statistik → Mittelwerte vergleichen → T-Test bei gepaarten Stichproben** angefordert werden kann; Testentscheidung: wegen $\alpha^* = 0,011 < \alpha = 0,05$ wird die Homogenitätshypothese verworfen; demnach besteht für Bewohner von Treptower Mietwohnungen ein signifikanter Unterschied zwischen der tatsächlichen und gewünschten Wohnfläche; die getroffene Testentscheidung wird durch die niveauverschobenen und streuungsinhomogenen Boxplots bildhaft unterlegt, die via **Grafiken → Boxplots → Auswertung über verschiedene Variablen** angefordert werden können:

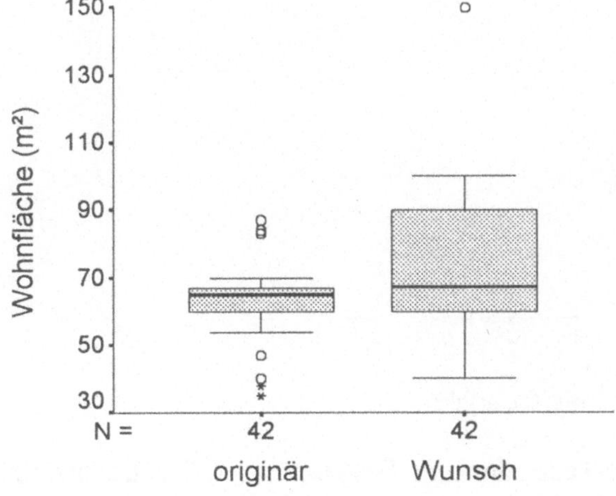

**Lösung 4-16**

via Transformieren → Berechnen für alle erfaßten 26 Fernstudenten die Differenz (z.B. diff = mathe − stat) zwischen den erreichten Punkten in der Mathematik- und Statistik-Klausur bestimmen

a) Testverfahren: t-Test für zwei verbundene Stichproben, der via Statistik → Mittelwerte vergleichen → T-Test bei gepaarten Stichproben angefordert werden kann; Testentscheidung: da die Überschreitungswahrscheinlichkeit (bzw. das empirische Signifikanzniveau) $\alpha^* = 0{,}010$ kleiner ist als das vorab vereinbarte Signifikanzniveau $\alpha = 0{,}05$, wird die Homogenitätshypothese verworfen; demnach gibt es einen signifikanten Unterschied in der durchschnittlichen Punktezahl beider Klausuren; Normalverteilungsannahme kann z.B. mittels des (unvollständig spezifizierten) KOLMOGOROV-SMIRNOV-Tests in der LILLEFORS-Modifikation, der via Statistik → Zusammenfassen → Explorative Datenanalyse → Normalverteilungsdiagramme mit Tests angefordert werden kann, überprüft werden; Testentscheidung: da die Überschreitungswahrscheinlichkeit (bzw. das empirische Signifikanzniveau) $\alpha^* \geq 0{,}2$ größer ist als das vorab vereinbarte Signifikanzniveau $\alpha = 0{,}05$, gibt es keinen Anlaß an der Normalverteilungshypothese zu zweifeln; aus Mangel an Abweichungen hält man an ihr fest, ohne allerdings damit ihre Berechtigung nachgewiesen zu haben; das zugehörige Normal-Q-Q-Plot unterlegt die getroffene Testentscheidung bildhaft, zumal die Punktekette nicht von der sog Normalitätsgeraden abweicht

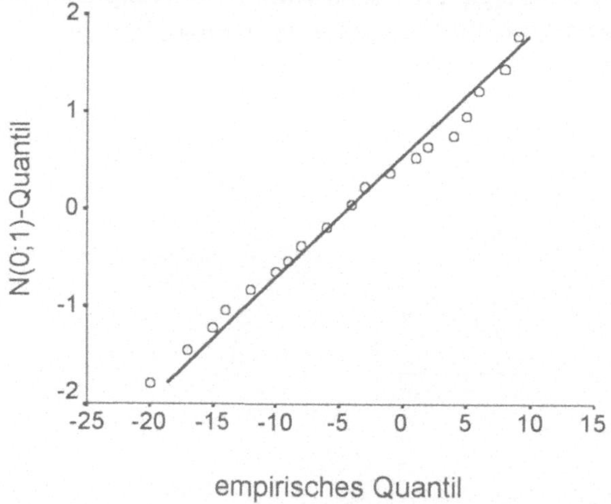


b) Testverfahren: WILCOXON-Test, der via Statistik → Nichtparametrische Tests → Zwei verbundene Stichproben angefordert werden kann; Testentscheidung: da die Überschreitungswahrscheinlichkeit (bzw. das empirische Si-

gnifikanzniveau) $\alpha^* = 0{,}017$ kleiner ist als das vorab vereinbarte Signifikanz-
niveau $\alpha = 0{,}05$, ist die Homogenitätshypothese hinsichtlich der mittleren
Punktezahlen zu verwerfen; demnach unterscheiden sich die Verteilungen der
Punktezahlen (speziell in ihrem mittleren Niveau) wesentlich voneinander

## Lösung 4-17

a) Auswahlbedingung: Wähle alle 2-Zimmer-Mietwohnungen aus, die eine mittlere Nord-Süd-Koordinate größer als 4, aber kleiner als 5 besitzen. Die folgenden Stadtbezirke genügen der Auswahlbedingung: Charlottenburg, Friedrichshain, Hellersdorf, Kreuzberg, Lichtenberg, Mitte, Tiergarten

b) Boxplots via Statistik → Zusammenfassen → Explorative Datenanalyse
→ Diagramme → Faktorstufen zusammen erstellen; abhängige Variable:
*fläche*; Faktorvariable: *bezirk*

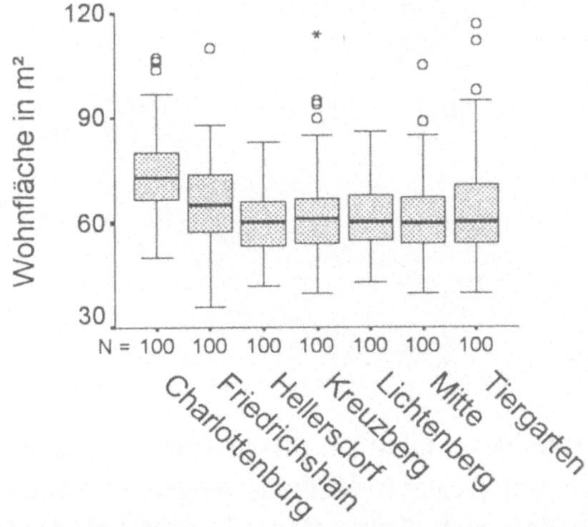

Boxplots deuten auf unterschiedliche Wohnflächenverteilungen von 2-Zim-
mer-Mietwohnungen in den besagten Berliner Stadtbezirken hin

c) Normalverteilungsannahme kann z.B. mittels des (unvollständig spezifizierten)
KOLMOGOROV-SMIRNOV-Tests in der LILLEFORS-Modifikation, der via Statistik → Zusammenfassen → Explorative Datenanalyse → Normalverteilungsdiagramme mit Tests angefordert werden kann, überprüft werden;
Testentscheidung: wegen $\alpha^* > \alpha = 0{,}05$ nur für die Stadtbezirke Friedrichshain und Lichtenberg eine Normalverteilung der Wohnflächen angenommen
werden

d) Testentscheidung im Zuge des KRUSKAL-WALLIS-Tests, den man via Statistik
→ Nichtparametrische Tests → k unabhängige Stichproben anfordern
kann: wegen $\alpha^* = 0{,}000 < \alpha = 0{,}05$ ist die Homogenitätshypothese hinsicht-

lich der Wohnflächenverteilungen von 2-Zimmer-Mietwohnungen der in a)
genannten sieben Berliner Stadtbezirke zu verwerfen

e) Stadtbezirke: Hellersdorf, Hohenschönhausen, Lichtenberg, Weißensee; 3D-
Boxplots mit LLR-Glättung via Grafiken → Interaktiv → Boxplot

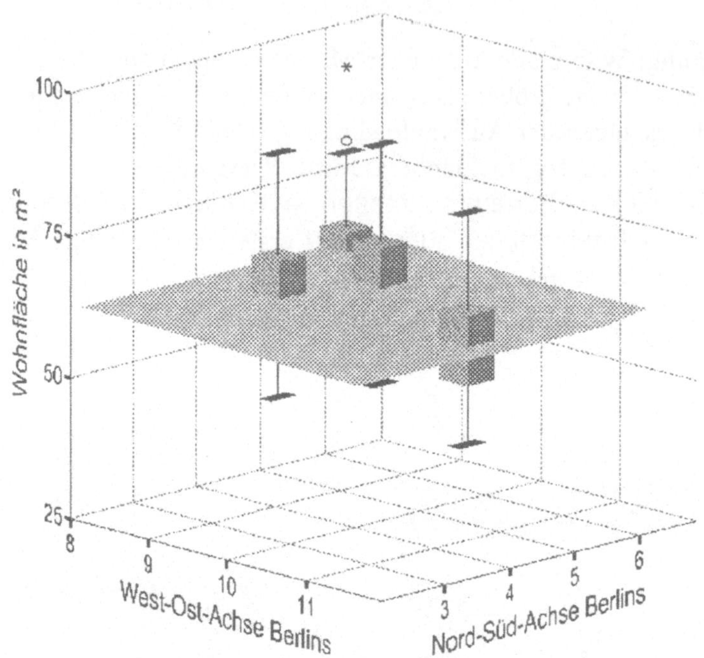


KRUSKAL-WALLIS-Test via Statistik → Nichtparametrische Tests → k unabhängige Stichproben anfordern; Testentscheidung: wegen $\alpha^* = 0,575 > \alpha$
$= 0,05$ besteht kein Anlaß, die Homogenitätshypothese hinsichtlich der Wohnflächenverteilungen von 2-Zimmer-Mietwohnungen in den besagten vier Berliner Stadtbezirken zu verwerfen; die getroffene Testentscheidung koinzidiert
mit der waagerecht liegenden „mittleren" Wohnflächenebene im dargestellten
(interaktiven) 3D-Diagramm mit Boxplots und LLR-Glättung

# 5 Lösungen zur Korrelationsanalyse

## Lösung 5-1*

a) Merkmalsträger: befragter Student; Erhebungsmerkmale jeweils nominal skaliert

b) Kreuztabelle via **Statistik → Zusammenfassen → Kreuztabellen** erstellen;

Herkunftsland * Einstellung zur FKK Kreuztabelle

Anzahl

|  |  | Einstellung zur FKK | | Gesamt |
|---|---|---|---|---|
|  |  | Fan | kein Fan |  |
| Herkunftsland | Ossi | 130 | 72 | 202 |
|  | Wessi | 39 | 56 | 95 |
|  | Ausland | 15 | 28 | 43 |
| Gesamt |  | 184 | 156 | 340 |

gemäß klassischer Wahrscheinlichkeit gilt: $P(F) = 184/340 = 0{,}541$; $P(\overline{O}) = (95 + 43)/340 = 0{,}406$; $P(F \cap \overline{O}) = (39 + 15)/340 = 0{,}159$

c) wegen $0{,}541 \cdot 0{,}406 \approx 0{,}22 \neq 0{,}159$ gilt das Theorem für zwei stochastisch unabhängige Ereignisse $P(F \cap \overline{O}) = P(F) \cdot P(\overline{O})$ nicht

d) die durch *fkk* definierten Konditionalverteilungen ergeben sich wie folgt:

- Fan: {(O, 130/184 = 0,706), (W, 39/184 = 0,212), (A, 15/184 = 0,082)}
- kein Fan: {(O, 72/156 = 0,462), (W, 56/156 = 0,356), (A; 28/156 = 0,179)}

da beide Konditionalverteilungen offensichtlich verschieden sind, deutet man diesen Befund als ein Indiz für eine nachweisbare Kontingenz zwischen dem Herkunftsland und der Einstellung zur FKK

e) Testverfahren: Chi-Quadrat-Unabhängigkeitstest nach PEARSON, der via **Statistik → Zusammenfassen → Kreuztabellen → Statistik → Chi-Quadrat** angefordert werden kann; Testentscheidung: wegen $\alpha^* = 0{,}000 < \alpha = 0{,}05$ ist zum vereinbarten Signifikanzniveau von $\alpha = 0{,}05$ die Unabhängigkeitshypothese zu verwerfen

f) bei Gültigkeit der Unabhängigkeitshypothese müßten es $184 \cdot 202/340 \approx 109$ (und nicht, wie beobachtet, 130) befragte Studenten sein

g) eine geeignete Maßzahl ist das normierte Kontingenzmaß V nach CRAMER, das via **Statistik → Zusammenfassen → Kreuztabellen → Statistik → Phi und Cramer V** angefordert werden kann; wegen $V = 0{,}251$ kennzeichnet man die empirisch nachweisbare Kontingenz als schwach ausgeprägt

**Lösung 5-2***

a) Merkmalsträger: Ehescheidungsfall; Erhebungsmerkmale: Antragsteller, nominal skaliert; Anzahl minderjähriger Kinder, verhältnisskaliert; Ehedauer in Jahren, verhältnisskaliert; Ehedauer, klassiert, ordinal skaliert; Altersunterschied zwischen den Ehepartnern in Jahren, verhältnisskaliert; älterer Ehepartner, nominal skaliert; Wohnort: nominal skaliert

b) via **Statistik → Zusammenfassen → Kreuztabellen**; Eingabefeld **Zeilen: a_st**, Eingabefeld **Spalten: aelter**; via Schaltfläche **Zellen** Unterdialogfeld **Zellen anzeigen: Häufigkeiten, Beobachtet; Prozentwerte, Zeilenweise, Spaltenweise, Gesamt**

Kreuztabelle: älterer Ehepartner versus Antragsteller

| älterer Ehepartner | | Antragsteller | | Gesamt |
|---|---|---|---|---|
| | | Mann | Frau | |
| Mann | Anzahl | 90 | 173 | 263 |
| | % von älterer Ehepartner | 34,2% | 65,8% | 100,0% |
| | % von Antragsteller | 73,2% | 73,0% | 73,1% |
| | % der Gesamtzahl | 25,0% | 48,1% | 73,1% |
| Frau | Anzahl | 33 | 64 | 97 |
| | % von älterer Ehepartner | 34,0% | 66,0% | 100,0% |
| | % von Antragsteller | 26,8% | 27,0% | 26,9% |
| | % der Gesamtzahl | 9,2% | 17,8% | 26,9% |
| Gesamt | Anzahl | 123 | 237 | 360 |
| | % von älterer Ehepartner | 34,2% | 65,8% | 100,0% |
| | % von Antragsteller | 100,0% | 100,0% | 100,0% |
| | % der Gesamtzahl | 34,2% | 65,8% | 100,0% |

der Stichprobenumfang beträgt $n = 360$ ausgewertete Ehescheidungsfälle mit validen Angaben zu den Merkmalen „Wer ist der Antragsteller?" und „Wer ist der ältere Ehepartner?"; univariate Verteilung des Merkmals „Antragsteller": in 34,2% der Fälle wurde der Antrag vom Mann eingereicht, in 65,8% der Fälle von der Frau; Verteilung des Merkmals „Antragsteller" unter der Bedingung, daß der Mann der ältere Ehepartner (bedingte Verteilung) ist: in 34,2% der 263 Ehescheidungsfälle „Mann ist der ältere Ehepartner" wurde die Scheidung vom Mann beantragt und in 65,8% von der Frau; ein fast gleiches Bild ergibt sich für die bedingte Verteilung des Merkmals „Antragsteller" unter der Bedingung „die Frau ist der ältere Ehepartner": 34% dieser Ehescheidungen wurden vom Mann beantragt und 66% von der Frau; die bedingten Verteilungen für das Merkmal „Antragsteller" sind somit fast identisch; folglich besteht zwischen den Merkmalen „Antragsteller" und „älterer Ehepartner" kein Zusammenhang; diese zwei Merkmale kann man offenbar als voneinander stochastisch unabhängige Merkmale ansehen

c) via Aktivieren der Option **Gruppierte Balkendiagramme anzeigen** im Dialogfeld **Kreuztabellen**; das gruppierte Balkendiagramm im **Diagramm Editor** bearbeiten, insbesondere via **Diagramm** → **Option** die Optionen **Gestapelt** und **Skala auf 100 %** aktivieren

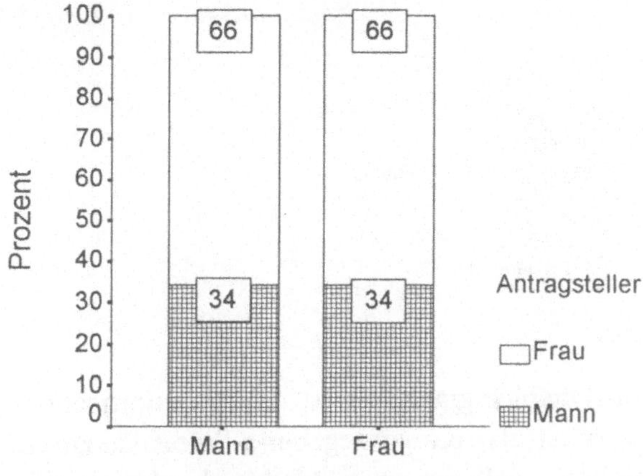


d) Chi-Quadrat Unabhängigkeitstest via Dialogfeld **Kreuztabellen**, Unterdialogfeld **Statistik**, Aktivierung der Option **Chi-Quadrat**; Testentscheidung: da das vorgegebene Signifikanzniveau 0,01 kleiner ist als das empirische Signifikanzniveau von nahezu 1, wird die Nullhypothese, daß die Merkmale „Antragsteller" und „älterer Ehepartner" stochastisch unabhängig sind, nicht verworfen

e) Kreuztabelle: *Wohnort* versus *Antragsteller*

| Wohnort | | Antragsteller | | Gesamt |
|---|---|---|---|---|
| | | Mann | Frau | |
| Berlin-Ost | Anzahl | 49 | 131 | 180 |
| | % von Wohnort | 27,2% | 72,8% | 100,0% |
| Berlin-West | Anzahl | 74 | 106 | 180 |
| | % von Wohnort | 41,1% | 58,9% | 100,0% |
| Gesamt | Anzahl | 123 | 237 | 360 |
| | % von Wohnort | 34,2% | 65,8% | 100,0% |

deutlich unterschiedliche bedingte Verteilungen des Merkmals *Antragsteller* weisen auf einen statistischen Zusammenhang zwischen den zwei Merkmalen *Antragsteller* und *Wohnort* hin

graphische Darstellung der Verteilung des Merkmals *Antragsteller* unter der Bedingung *Wohnort Berlin-Ost* und unter der Bedingung *Wohnort Berlin-West*:

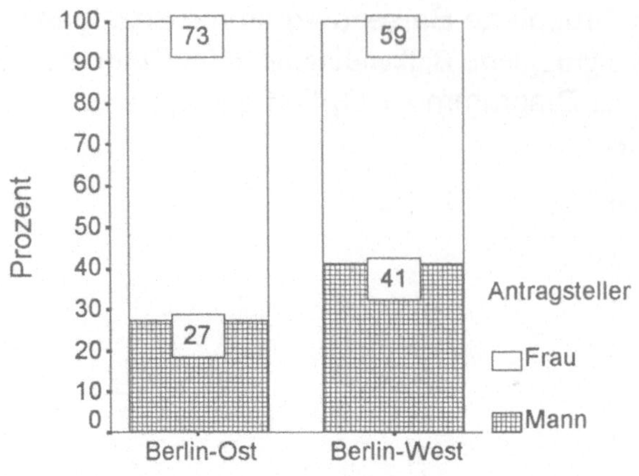


Ergebnisse des Chi-Quadrat Unabhängigkeitstests: da das empirische Signifikanzniveau von 0,008 kleiner ist als das vorgegebene Signifikanzniveau von 0,01, wird die Gegenhypothese, daß die zwei Merkmale *Antragsteller* und *Wohnort* stochastisch abhängig sind, angenommen

f) geeignete Maßzahlen: CRAMER'S V, weil unabhängig von der Tafelgröße $0 \le V \le 1$ gilt; Phi, weil für 2×2-Tafeln geeignet und (nur dafür) $0 \le Phi \le 1$ gilt; Dialogfeld **Kreuztabellen**, Unterdialogfeld **Statistiken**, Option Phi und **Cramer-V** aktivieren

Basis Kreuztabelle: *älterer Ehepartner* versus *Antragsteller*:

| | Wert | näherungsweise Signifikanz |
|---|---|---|
| Phi | ,002 | ,972 |
| Cramer-V | ,002 | ,972 |
| Anzahl der gültigen Fälle | 360 | |

für die Kombination *älterer Ehepartner* versus *Antragsteller* ergeben sich Zusammenhangsmaße nahe Null, also kein nachweisbarer statistischer Zusammenhang bzw. Kontingenz

Basis Kreuztabelle: *Wohnort* versus *Antragsteller*:

| | Wert | näherungsweise Signifikanz |
|---|---|---|
| Phi | -,146 | ,005 |
| Cramer-V | ,146 | ,005 |
| Anzahl der gültigen Fälle | 360 | |

die Werte für die Zusammenhangsmaße der Kombination *Wohnort* versus *Antragsteller* signalisieren die Existenz eines statistischen Zusammenhangs, der allerdings nicht sehr stark ausgeprägt ist

## Lösung 5-3

a) Kreuztabelle via **Statistik → Zusammenfassen → Kreuztabellen** erstellen; Z.B. kann in die Zeilen das *Geschlecht* und in die Spalten der *Erfolg* bei der ersten Praxisprüfung eingetragen werden; dabei ergibt sich eine Zeilenprozentzahl von 49,4%, d.h. 49,4% der männlichen Fahrschüler haben die erste Praxisprüfung nicht bestanden; die erwartete absolute Häufigkeit beträgt 43,6, d.h. gäbe es keinen stochastischen Zusammenhang zwischen dem Geschlecht eines Fahrschülers und seinem Erfolg bei der ersten Praxisprüfung, würde man erwarten, daß von den 200 Fahrschülern etwa 44 männliche Personen die Praxisprüfung nicht im ersten Anlauf schaffen

b) Balkendiagramm kann via **Grafiken → Balken → Gruppiert** erstellt werden

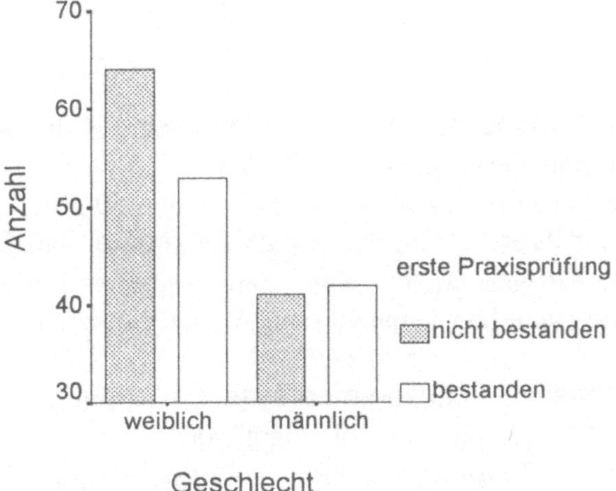


der Anteil der „Durchfaller" ist unter den weiblichen Personen höher (mehr als 50%) als unter den männlichen Personen (weniger als 50%); dies deutet auf einen Zusammenhang zwischen den beiden Merkmalen hin; allerdings ist nicht klar, ob der Unterschied signifikant ist

c) Chi-Quadrat-Unabhängigkeitstest nach PEARSON via **Statistik → Zusammenfassen → Kreuztabellen → Statistik → Chi-Quadrat** anfordern; Nullhypothese: Es gibt keinen stochastischen Zusammenhang zwischen dem Geschlecht und dem Erfolg eines Fahrschülers bei der ersten Praxisprüfung; weil die kleinste erwartete Häufigkeit 39,42 und somit größer als 5 ist, ist der Test anwendbar; Testentscheidung: weil $\alpha^* = 0,459 > \alpha = 0,05$ ist, wird die Nullhypothese nicht abgelehnt; somit läßt sich anhand der gegebenen Stichprobe ein Zusammenhang zwischen den beiden Merkmalen nicht statistisch sichern; das Stichprobenergebnis kann nicht auf die Grundgesamtheit aller Fahrschüler dieser Fahrschule verallgemeinert werden

**Lösung 5-4***

Kreuztabelle via Statistik → Zusammenfassen → Kreuztabellen

a) 9,7%

b) 22,2%

c) 26,3%

d) Chi-Quadrat-Unabhängigkeitstest nach PEARSON via Statistik → Zusammenfassen → Kreuztabellen → Chi-Quadrat; Testvoraussetzung ist erfüllt, weil die kleinste erwartete absolute Häufigkeit 21,6 > 5 ist; Testentscheidung: weil für das empirische Signifikanzniveau $\alpha^* = 0{,}049 < 0{,}05$ gilt, kann zum vorab vereinbarten Signifikanzniveau von $\alpha = 0{,}05$ ein stochastischer Zusammenhang zwischen der Einkommensklasse eines Kunden und dem Fakt, ob er Wein nur in diesem Fachgeschäft kauft, als statistisch gesichert angesehen werden

**Lösung 5-5**

Variablentransformation via Transformieren → Umkodieren → in andere Variable muß zweimal hintereinander angewendet werden

- Eingabevariable: *konsum*; Ausgabevariable: *kons*; falls *weinfg* = 0 gilt: Alte Werte: bis 100, Neuer Wert: 1; Alte Werte: ab 100, Neuer Wert: 2
- Eingabevariable: *konsum*; Ausgabevariable: *kons*; falls *weinfg* = 1 gilt: Alte Werte: alle anderen Werte (weil hier keine Missing-Werte vorliegen), Neuer Wert: 0

a) Häufigkeitstabelle via Statistik → Zusammenfassen → Häufigkeiten; 0 kommt 266 mal, 1 kommt 67 mal und 2 kommt 17 mal vor

b) Kreuztabelle via Statistik → Zusammenfassen → Kreuztabellen; Zeilen- bzw. Spaltenprozente ausgeben lassen; Ergebnis: 17,6%

c) 81,3%

**Lösung 5-6**

a) Grundgesamtheit: alle Besucher der zwei Raststätten Nord und Süd an der Autobahn A10, Herbst 1996

b) Raststätte: nominal skaliert; Zufriedenheit mit Preis-Leistungsverhältnis, Speisen: ordinal skaliert; Reisegrund: nominal skaliert

c) Chi-Quadrat Unabhängigkeitstest für folgende zwei Merkmalskombinationen: *Raststätte* versus *Zufriedenheit* Preis-Leistungsverhältnis bzw. *Reisegrund* versus *Zufriedenheit* Preis-Leistungsverhältnis; Dichotomisierung der Variablen zf_plv_s mittels Transformieren → Umkodieren → In andere Variablen;

- Formalisierung des Problems für Merkmalskombination *Raststätte* versus *Zufriedenheit* Preis-Leistungsverhältnis: Zufallsvariable X: vom Reisenden aufgesuchte Raststätte; Zufallsvariable Y: Zufriedenheit des Reisenden mit dem Preis-Leistungsverhältnis bei Speisen; Hypothesen: $H_0$: X und Y sind stochastisch unabhängig; $H_1$: X und Y sind nicht stochastisch unabhängig

- Formalisierung des Problems für Merkmalskombination *Reisegrund* versus *Zufriedenheit* Preis-Leistungsverhältnis: Zufallsvariable X: Reisegrund des Raststättenbesuchers; Zufallsvariable Y: Zufriedenheit des Raststättenbesuchers mit dem Preis-Leistungsverhältnis bei Speisen; Hypothesen: $H_0$: X und Y sind stochastisch unabhängig; $H_1$: X und Y sind nicht stochastisch unabhängig

Testentscheidungen:

- *Raststätte* versus *Zufriedenheit* (dichotomisiert): da das empirische Signifikanzniveau von 0,022 kleiner ist als das vorgegebene Signifikanzniveau von 0,05, wird die Unabhängigkeitshypothese verworfen
- *Reisegrund* versus *Zufriedenheit* (dichotomisiert): da das empirische Signifikanzniveau von 0,340 größer ist als das vorgegebene Signifikanzniveau von 0,05, wird die Unabhängigkeitshypothese nicht verworfen

## Lösung 5-7*

a) Merkmalsträger: Partnerannonce; Stichprobenumfang: 383 Annoncen; Skalierung der Erhebungsmerkmale: Geschlecht, Rauchen, Sport, Reisen, Kultur, Originalität jeweils nominal skaliert; Altersgruppe: ordinal skaliert; Körpergröße, Alter jeweils kardinal skaliert

b) Kontingenztabelle via Statistik → Zusammenfassen → Kreuztabellen anfordern

Interesse für Kultur * Interesse für Reisen Kreuztabelle

Anzahl

|  |  | Interesse für Reisen | | Gesamt |
|  |  | nein | ja |  |
|---|---|---|---|---|
| Interesse für Kultur | nein | 173 | 40 | 213 |
|  | ja | 64 | 106 | 170 |
| Gesamt |  | 237 | 146 | 383 |

Ereignisdefinition: R bzw. K: in einer zufällig ausgewählten Partnerannonce wird das Interessengebiet Reisen bzw. das Interessengebiet Kultur angegeben; klassische Wahrscheinlichkeiten nach LAPLACE: $P(R) = 146/383 = 0{,}381$; $P(\overline{R}) = 1 - P(R) = 237/383 = 0{,}619$; $P(K) = 170/383 = 0{,}444$; $P(R \cap K) = 106/383 = 0{,}277$; $P(R \mid K) = 106/170 = 0{,}624$; $P(K \mid R) = 106/146 = 0{,}726$; $P(K \mid \overline{R}) = 64/237 = 0{,}270$

c) für das KOLMOGOROVsche Additionsaxiom gilt z.B.: $P(R \cup \overline{R}) = P(R) + P(\overline{R}) = (146/383) + (237/383) = 383/383 = 1$; für die allgemeine Additionsregel gilt: $P(R \cup K) = P(R) + P(K) - P(R \cap K) = (146/383) + (170/383) - (106/383) = 210/383 = 0{,}548$; die Multiplikationsregel für zwei stochastisch unabhängig Ereignisse $P(R \cap K) = P(R)\cdot P(K) = 0{,}381\cdot 0{,}444 = 0{,}169 \neq 0{,}277$ gilt nicht; für die allgemeine Multiplikationsregel gilt z.B.: $P(R \cap K) = P(R)\cdot P(K \mid R) = (146/383)\cdot (106/146) = 106/383 = 0{,}277$; für die totale Wahrscheinlichkeit gilt z.B.: $P(K) = P(K \mid R)\cdot P(R) + P(K \mid \overline{R})\cdot P(\overline{R}) = (106/146)\cdot (146/383) + (64/237)\cdot (237/383) = (106/383) + (64/383) = 170/383 = 0{,}444$; für die Formel von BAYES gilt z.B.: $P(R \mid K) = P(R)\cdot P(K \mid R)/ P(K) = (146/383)\cdot (106/146)/ (170/383) = 106/170 = 0{,}624$

d) zur graphischen Darstellung der Konditionalverteilungen eignen sich sog. gruppierte Balkendiagramme, die man via Grafiken → Balken → Gruppiert → Auswertung über Kategorien einer Variablen → % der Fälle anfordern kann

da sich jeweils beide (bzw. insgesamt alle vier) Konditionalverteilungen voneinander unterscheiden (ja sogar gleichsam entgegengesetzt erscheinen), deutet man diesen Befund als ein Indiz für eine nachweisbare statistische Kontingenz zwischen dem Kultur- und Reiseinteresse

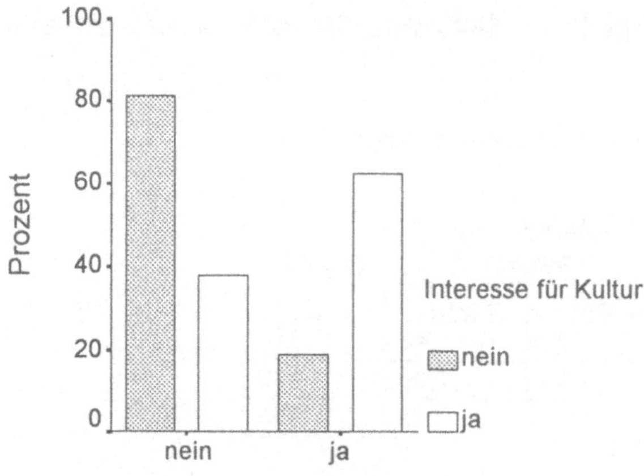

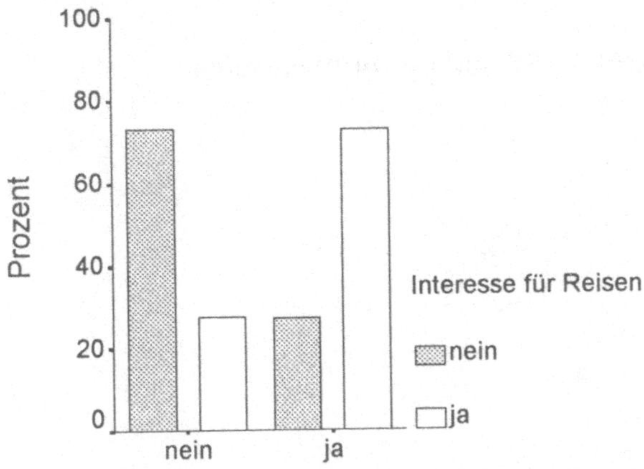


e) Testverfahren: Chi-Quadrat-Unabhängigkeitstest nach PEARSON, der via Statistik → Zusammenfassen → Kreuztabellen → Chi-Quadrat angefordert werden kann; Testentscheidung: wegen $\alpha^* = 0{,}000 < \alpha = 0{,}05$ ist zum vereinbarten Signifikanzniveau von $\alpha = 0{,}05$ die Unabhängigkeitshypothese zu verwerfen; demnach kann eine statistische Kontingenz zwischen dem Kultur- und dem Reiseinteresse von Partnersuchenden als statistisch gesichert angesehen werden

f) eine geeignete Maßzahl ist das normierte Kontingenzmaß V nach CRAMER, das via Statistik → Zusammenfassen → Kreuztabellen → Statistik → Phi und Cramer V angefordert werden kann; wegen $V = 0{,}446$ kennzeichnet man die durch die Stichprobe gegebene Kultur-Reise-Kontingenz als eine statistische Kontingenz von mittlerer Intensität

## Lösung 5-8

a) z.B. CRAMERS V via Statistik → Zusammenfassen → Kreuztabellen → Statistiken anfordern; wegen $V = 0{,}485$ kann von einem statistischen Zusammenhang mittlerer Intensität zwischen Ort und Zeit ausgegangen werden

b) Chi-Quadrat-Unabhängigkeitstest nach PEARSON via Statistik → Zusammenfassen → Kreuztabellen → Chi-Quadrat anfordern; Testvoraussetzung ist erfüllt, weil nur in 12,5% der Zellen die erwartete Häufigkeit größer 5 und die kleinste erwartete Häufigkeit $4{,}33 > 1$ ist; Testentscheidung: da $\alpha^* = 0{,}000 < 0{,}05$ gilt, ist ein stochastischer Zusammenhang zwischen dem Ort und der Zeit der Einnahme der warmen Mahlzeit statistisch gesichert

c) 46,6% beobachtet; bei stochastischer Unabhängigkeit müßten es $49{,}3/174 = 0{,}2833$ bzw. 28,33% sein

## Lösung 5-9

a) Streudiagramm via **Grafiken → Streudiagramm** erstellen:

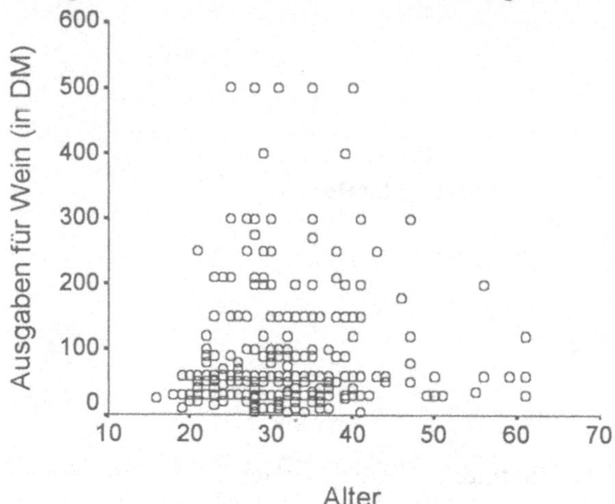


anhand des Streudiagramms ist kein linearer statistischer Zusammenhang zu erkennen

b) PEARSONscher Maßkorrelationskoeffizient, weil beide Merkmale metrisch sind; via **Statistik → Korrelationen → Bivariat** erhält man einen Wert von 0,09, d.h. es ist (so gut wie) kein linearer statistischer Zusammenhang nachweisbar

## Lösung 5-10

Interessierende Mietwohnungen auswählen via **Daten → Fälle auswählen → Falls Bedingung zutrifft → Falls**; Auswahlbedingung: **bezirk = „Tre" & zimmer = 3**

a) einfache lineare Korrelationskoeffizienten r via **Statistik → Korrelation → Bivariat** anfordern; zwischen Wohnfläche und monatlicher Kaltmiete von 3-Zimmer-Mietwohnungen kann wegen r = 0,544 ein signifikanter positiver linearer statistischer Zusammenhang mittlerer Intensität nachgewiesen werden; zwischen Wohnfläche und Quadratmeterpreis von 3-Zimmer-Mietwohnungen kann wegen r = 0,073 nur ein sehr schwacher, nicht signifikanter positiver linearer statistischer Zusammenhang nachgewiesen werden; zwischen monatlicher Kaltmiete und Quadratmeterpreis von 3-Zimmer-Mietwohnungen kann wegen r = 0,869 ein signifikanter positiver linearer statistischer Zusammenhang starker Intensität nachgewiesen werden

b) Analysekonzept: partielle lineare Korrelationsanalyse, die das Messen von statistischen Zusammenhängen zwischen zwei kardinal skalierten Merkmalen zum Gegenstand hat, wobei der Einfluß anderer kardinal skalierter Merkmale

„ausgeschaltet" bzw. „kontrolliert" wird; partielle lineare Korrelationskoeffizienten $r^*$ via Statistik $\rightarrow$ Korrelation $\rightarrow$ Partiell anfordern; wegen $r^* = 0{,}927$ und $\alpha^* = 0{,}000 < \alpha = 0{,}05$ kann zwischen Wohnfläche und Kaltmiete bei unveränderlichem Quadratmeterpreis ein signifikanter positiver partieller linearer Zusammenhang von starker Intensität nachgewiesen werden; analog sind die anderen Ergebnisse zu deuten: zwischen Kaltmiete und Quadratmeterpreis kann bei unveränderlicher Wohnfläche wegen $r^* = 0{,}990$ ein signifikanter positiver partieller linearer Zusammenhang von starker Intensität nachgewiesen werden; zwischen Wohnfläche und Quadratmeterpreis kann bei unveränderlicher Kaltmiete wegen $r^* = -0{,}962$ ein signifikanter negativer partieller linearer Zusammenhang von starker Intensität nachgewiesen werden

## Lösung 5-11

a) Merkmalsträger: Fahrschüler; Stichprobenumfang: 200 Fahrschüler; Erhebungsmerkmale: Alter, Fahrstundenbedarf, Anzahl der Prüfungswiederholungen Praxis bzw. Theorie jeweils kardinal skaliert; Geschlecht, nominal skaliert

b) einfache lineare Maßkorrelationsanalyse kann via Statistik $\rightarrow$ Korrelation $\rightarrow$ Bivariat bewerkstelligt werden; für alle 200 erfaßten Fahrschüler besteht wegen $r = 0{,}087$ ein sehr schwacher positiver linearer statistischer Zusammenhang zwischen dem Alter und dem Fahrstundenbedarf; ein analoges Ergebnis erhält man wegen $r = 0{,}187$ für alle 117 weiblichen Fahrschüler; für alle 83 erfaßten männlichen Fahrschüler mißt man mit $r = -0{,}111$ einen sehr schwachen negativen linearen Zusammenhang zwischen Alter und Fahrstundenbedarf

c) Umkodierung der Variablen via Transformieren $\rightarrow$ Umkodieren $\rightarrow$ In andere Variablen

d) wegen der jeweils auf eine ordinale Skala transformierten Daten, bewerkstelligt man die Korrelationsanalyse z.B. mit Hilfe des Rangkorrelationskoeffizienten nach SPEARMAN; wegen $r_S = 0{,}111$ bzw. $r_S = -0{,}021$ erhält man für alle 200 bzw. für alle 83 männlichen Fahrschüler eine sehr schwache und statistisch nicht signifikante Rangkorrelation zwischen den Alters- und Fahrstundenbedarfsklassen; dem steht wegen $r_S = 0{,}210$ eine gleichsam schwache, allerdings signifikante (von Null verschiedene) statistische Rangkorrelation bei den 117 weiblichen Fahrschülern gegenüber

## Lösung 5-12

a) Merkmalsträger: Fernstudent; Gesamtheit: 26 Fernstudenten; Identifikationsmerkmale: Fernstudent des Wirtschaftsingenieurwesens (Sache), FHTW Berlin (Ort), Wintersemester 1998/99 (Zeit); Erhebungsmerkmale: Name, nominal skaliert; erreichte Punkte in der Mathe- bzw. Statistikklausur jeweils kardinal bzw. absolut skaliert

b) Variablenvereinbarung via Daten → Variable definieren; Dateneingabe über die Tastatur; Daten speichern via Daten → Speichern unter

c) Maßzahl: einfacher linearer Maßkorrelationskoeffizient r (nach BRAVAIS und PEARSON), den man z.B. via Statistik → Korrelation → Bivariat anfordern kann; wegen r = 0,731 kann für die 26 Fernstudenten ein ausgeprägter positiver linearer statistischer Zusammenhang zwischen den Klausurergebnissen in Mathematik und Statistik nachgewiesen werden

d) zu 1) die jeweiligen Rangfolgen rmathe und rstat können via Transformieren → Rangfolge bilden erzeugt werden; zu 2) die Rangplatzdifferenzen diff = rmathe − rstat bzw. deren Quadrate diff2 = diff**2 können via Transformieren → Berechnen erzeugt werden

e) Rangsummen können z.B. via Statistik → Zusammenfassen → Häufigkeiten → Statistik → Summe angefordert werden;

|        | RANK of MATHE | RANK of STAT | Rangdifferenz | Quadrat Rangdifferenz |
|--------|---------------|--------------|---------------|------------------------|
| n      | 26            | 26           | 26            | 26                     |
| Summe  | 351           | 351          | 0             | 1158                   |

f) Rangkorrelationskoeffizient nach SPEARMAN:

$$r_s = 1 - \frac{6 \cdot 1158}{26 \cdot (26^2 - 1)} = 0{,}603,$$

d.h. zwischen den Rangfolgen besteht ein ausgeprägter gleichläufiger statistischer Zusammenhang; demnach sind z.B. die in Mathematik leistungsstarken (leistungsschwachen) Fernstudenten, in der Regel auch leistungsstark (leistungsschwach) in Statistik

g) durch die Rangfolgen werden die kardinal skalierten Punktezahlen auf die niedrigerwertige ordinale Skala transformiert; diese Transformation geht stets mit einem Informationsverlust einher, woraus sich letztlich auch der Unterschied in den Ergebnissen erklärt

h) PEARSONscher (bzw. einfacher linearer Maß)Korrelationskoeffizient der Rangfolgen: r = 0,603; das Ergebnis ist identisch mit dem Rangkorrelationskoeffizient nach SPEARMAN, da letzterer seinem Wesen nach nichts anderes ist, als der BRAVAIS-PEARSONsche Korrelationskoeffizient für Rangzahlen

i) wegen $\alpha^* = 0{,}000 < \alpha = 0{,}05$ muß die Unabhängigkeitshypothese verworfen werden; demnach ist davon auszugehen, daß in der Grundgesamtheit aller Fernstudenten ein Zusammenhang zwischen den Klausurergebnissen in Mathematik und Statistik besteht

## Lösung 5-13

a) Merkmalsträger auswählen via **Daten → Fälle auswählen → Falls Bedingung zutrifft → Falls**; Auswahlbedingung: **farbe = 0 & gewicht < 78 & breite < 48 & hoehe > 50 & hoehe < 65**; Anzahl: 136 Hühnereier

b) da für alle drei Merkmale jeweils $\alpha^* > \alpha = 0{,}05$ gilt, besteht im Kontext des jeweiligen vollständig spezifizierten KOLMOGOROV-SMIRNOV-Anpassungstests kein Anlaß, an der Normalverteilungsannahme zu zweifeln

c) Streudiagramm-Matrix kann via **Grafiken → Streudiagramm → Matrix** erstellt werden

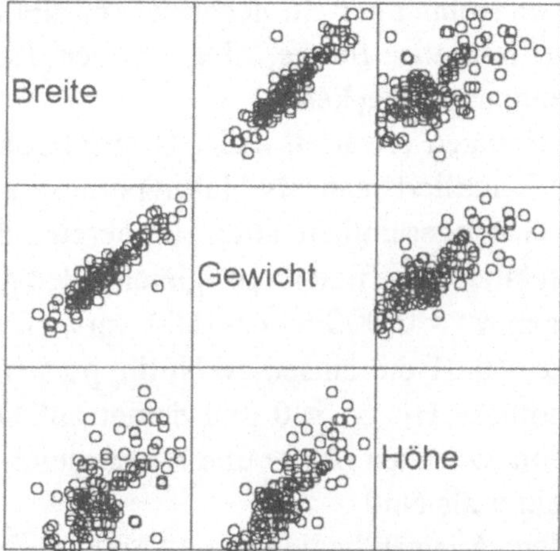


Interpretation: die für die Merkmale *Breite* und *Gewicht* angezeigte enge, gestreckte und gleichläufige Punktewolke ist ein Indiz für einen starken positiven linearen statistischen Zusammenhang zwischen *Breite* und *Gewicht* der unter a) ausgewählten Hühnereier; analog sind die Streudiagramme der restlichen zwei Merkmalspaarungen zu interpretieren, wobei hier offensichtlich der positive lineare statistische Zusammenhang nicht so stark ausgeprägt ist

d) einfache lineare Maßkorrelationskoeffizienten via **Statistik → Korrelation → Bivariat** anfordern:

einfache lineare Maßkorrelationskoeffizienten

|  | Breite in mm | Gewicht in g | Höhe in mm |
|---|---|---|---|
| Breite in mm |  |  |  |
| Gewicht in g | ,919 |  |  |
| Höhe in mm | ,597 | ,792 |  |

Interpretation: wegen r = 0,919 besteht zwischen *Breite* und *Gewicht* der unter a) ausgewählten Hühnereier ein starker positiver linearer statistischer Zusammenhang; demnach sind breite Hühnereier in der Regel schwerer als „schmale" Hühnereier und umgekehrt; analog sind die anderen Koeffizienten zu deuten, wobei im konkreten Fall zwischen *Breite* und *Höhe* lediglich ein positiver linearer statistischer Zusammenhang mittlerer Intensität nachgewiesen werden kann; beachtenswert ist die Tatsache, daß dieses Ergebnis mit dem graphischen Befund aus der Problemstellung c) koinzidiert

e) der partielle lineare Maßkorrelationskoeffizient r* = -0,542 kann via **Statistik → Korrelation → Partiell** angefordert werden; demnach besteht zwischen *Breite* und *Höhe* gleichgewichtiger Hühnereier ein negativer (partieller) linearer statistischer Zusammenhang mittlerer Stärke, d.h. in der Regel sind schmale Hühnereier höher als breite und umgekehrt

f) da man aus sachlogischen Überlegungen erwartet, daß z.B. breite Hühnereier weniger hoch sind als schmale, formuliert man als Nullhypothese genau das Gegenteil, nämlich, daß in der Grundgesamtheit aller Hühnereier der unbekannte partielle lineare Maßkorrelationskoeffizient $\rho*$ gleich oder größer als Null ist, also $H_0$: $\rho* \geq 0$ gilt; wegen $\alpha* = 0,000 < \alpha = 0,01$ verwirft man zum vereinbarten Signifikanzniveau $\alpha = 0,01$ die einseitige Nullhypothese, akzeptiert die einseitige Alternativhypothese $H_1$: $\rho* < 0$ und deutet auf Grund der Stichprobe die partielle Korrelation zwischen *Breite* und *Höhe* gleichgewichtiger Hühnereier als signifikant kleiner als Null

g) analog zu a) Hühnereier auswählen; Auswahlbedingung: **farbe = 0 & gewicht >= 61 & gewicht < 62 & breite < 48 & hoehe > 50 & hoehe < 65**; Anzahl: 13 Hühnereier; Streudiagramm via **Grafiken → Streudiagramm → Einfach** erstellen:

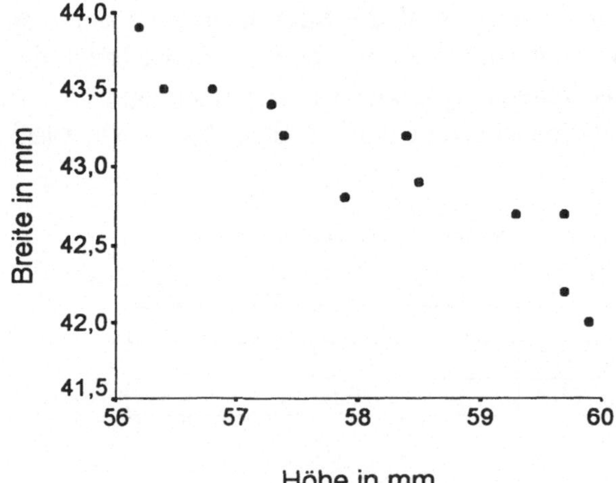

die gestreckte und fallende Punktewolke indiziert einen negativen linearen statistischen Zusammenhang zwischen *Breite* und *Höhe* der n = 13 (mehr oder weniger) gleichgewichtigen Hühnereier, der im konkreten Fall wegen r = -0,913 stark ausgeprägt ist

## Lösung 5-14

Merkmalsträger via Daten → Fälle auswählen → Falls Bedingung zutrifft → Falls auswählen; Auswahlbedingung: sex = 0 bzw. sex = 1; einfache lineare bzw. partielle lineare Maßkorrelationskoeffizienten können via Statistik → Korrelation → Bivariat bzw. Partiell angefordert werden

a) wegen r = 0,652 (r = 0,758) kann für die 218 (182) lebendgeborenen Knaben (Mädchen) ein ausgeprägter positiver linearer statistischer Zusammenhang zwischen Körpergröße und Körpergewicht gemessen werden

b) wegen r = -0,042 (r = 0,017) kann für die 218 (182) lebendgeborenen Knaben (Mädchen) lediglich ein sehr schwacher negativer (positiver) linearer statistischer Zusammenhang zwischen Körpergröße und Körper-Masse-Index gemessen werden

c) wegen r* = -0,992 (r* = -0,991) kann für die 218 (182) lebendgeborenen Knaben (Mädchen) ein fast funktionaler negativer (partieller) linearer Zusammenhang zwischen Körpergröße und Körper-Masse-Index bei gleichem Gewicht gemessen werden; dies leuchtet ein, zumal sich bei konstantem Körpergewicht der Körper-Masse-Index umgekehrt proportional zur Körpergröße verhält

d) wegen r* = 0,996 (r* = 0,995) kann für die 218 (182) lebendgeborenen Knaben (Mädchen) ein fast funktionaler positiver (partieller) linearer Zusammenhang zwischen Körpergewicht und Körper-Masse-Index bei gleicher Körpergröße gemessen werden; dies leuchtet ein, zumal sich bei konstanter Körpergröße der Körper-Masse-Index proportional zum Körpergewicht verhält

e) wegen r = 0,522 (r = 0,639) kann für die 218 (182) lebendgeborenen Knaben (Mädchen) ein ausgeprägter positiver linearer statistischer Zusammenhang zwischen Körpergröße und Kopfumfang gemessen werden

f) Unabhängigkeitshypothese: zwischen ... und ... besteht kein linearer statistischer Zusammenhang; bis auf die unter b) ausgewiesenen Maßkorrelationskoeffizienten sind alle anderen zum vereinbarten Signifikanzniveau von 0,05 wesentlich verschieden von Null; demnach sind bis auf b) alle Maßkorrelationen statistisch gesichert

# 6    Lösungen zur Regressionsanalyse

## Lösung 6-1

a) Streudiagramm mit einfacher linearer Regression z.B. via **Grafiken** → **Streu-diagramm** → **Einfach** erzeugen; Streudiagramm mit Doppelklick in den Diagramm-Editor projizieren und via **Diagramme** → **Optionen** → **Gesamt** Regressionsgerade über die Punktewolke „legen"

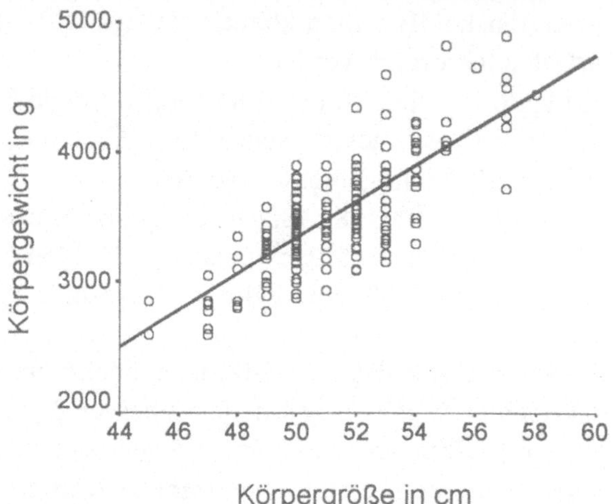


b) einfache inhomogene lineare Regression $Y^*(X) = -3653{,}56 + 140{,}05 \cdot X$ des Körpergewichts Y über der Körpergröße X erhält man via **Statistik** → **Regression** → **Linear**; wegen X = 0 cm ist die Regressionskonstante -3653,56 g sachlogisch nicht plausibel interpretierbar; wegen $dY^*/dX = 140{,}05$ g/cm steigt (fällt) im Durchschnitt das Körpergewicht um 140 Gramm, wenn die Körpergröße um einen Zentimeter steigt (fällt), d.h. für die 182 lebendgeborenen Mädchen stehen im Durchschnitt einem Zentimeter Körpergröße 140 g Körpergewicht gegenüber

c) wegen $R^2 = 0{,}574$ ist man mit Hilfe der inhomogenen einfachen linearen Regression bereits in der Lage, zu 57,4% die Variabilität des Körpergewichts allein aus der Variabilität der Körpergröße statistisch zu erklären

d) wegen $Y^*(50) = -3653{,}56 + 140{,}05 \cdot 50 = 3348{,}94$ hätte ceteris paribus ein lebendgeborenes Mädchen mit einer Körpergröße von 50 cm erwartungsgemäß ein Körpergewicht von ca. 3349 g

## Lösung 6-2*

a) Via **Statistik** → **Korrelationen** → **Bivariat** können die jeweiligen PEARSON-schen Maßkorrelationskoeffizienten angefordert werden:

- Preis versus Alter: -0,887 bei $\alpha^* = 0,000$
- Preis versus Laufleistung: -0,601 bei $\alpha^* = 0,000$
- Alter versus Laufleistung: 0,540 bei $\alpha^* = 0,000$

die ersten beiden Zusammenhänge sind gegenläufig, der dritte ist gleichläufig; der stärkste lineare Zusammenhang besteht zwischen Preis und Alter; alle drei Zusammenhänge sind signifikant (verschieden von Null)

b) Streudiagramm-Matrix via Grafiken → Streudiagramm → Matrix erstellen:

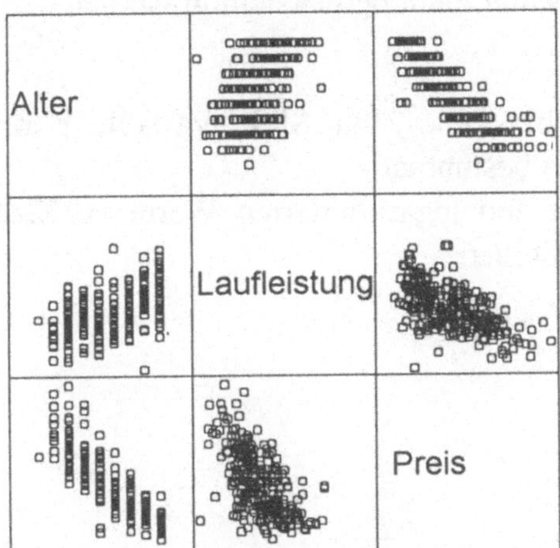


c) via Grafiken → Streudiagramm ein einfaches Streudiagramm erzeugen; mit Doppelklick das Streudiagramm in den Diagramm-Editor projizieren und via Diagramme → Optionen → Anpassungslinie Gesamt → Linear durch die Regressionsgerade komplettieren; Streudiagramm mit Regressionsgerade:

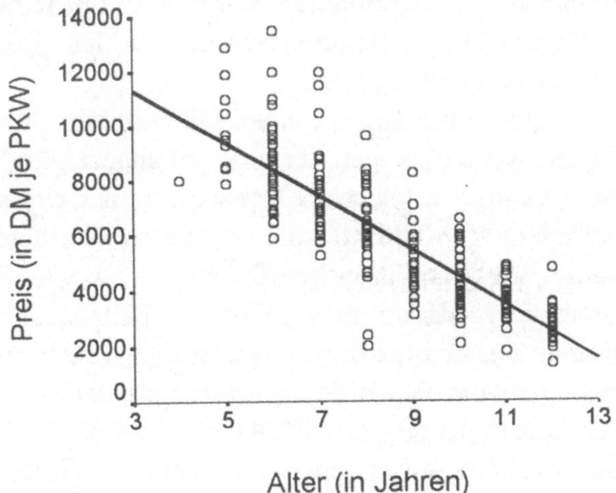

d) einfache lineare Regressionsfunktion: PREIS* = -980·ALTER + 14284 kann z.B. via Statistik → Regression → Linear bestimmt werden; Interpretation: pro Jahr muß mit einem durchschnittlichen Wertverlust von 980 DM gerechnet werden. Im Durchschnitt beträgt der Neupreis der Autos 14284 DM, dabei wird allerdings unterstellt, daß der Wertverlust in den ersten vier Jahren ebenfalls durchschnittlich 980 DM pro Jahr beträgt; in den ersten Jahren ist der Wertverlust aber sicher größer, da aber keine Angaben für bis zu vier Jahre alte Autos vorliegen, konnte das hier nicht berücksichtigt werden

### Lösung 6-3

a) natürliche Logarithmen ln(p) bzw. ln(a) für SPSS-Variable p bzw. a via Transformieren → Berechnen bestimmen

b) Streudiagramme der originären und logarithmierten Werte via Grafiken → Streudiagramm → Einfach erstellen

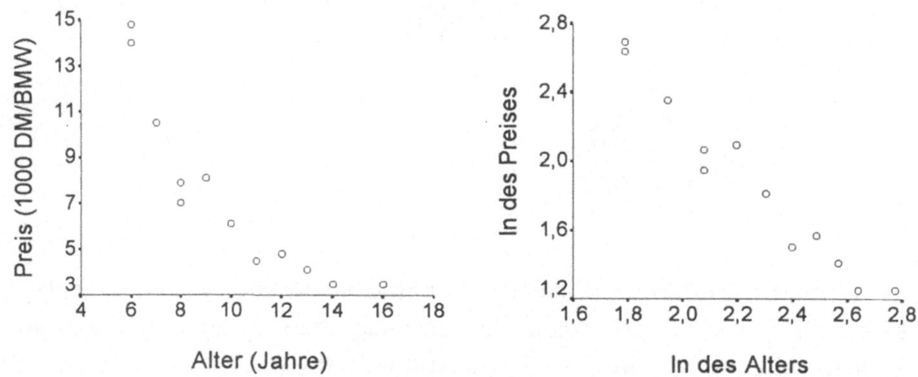


da im Streudiagramm der originären Werte eine nichtlinear fallende Punktewolke und im Streudiagramm der transformierten Werte eine linear fallende Punktewolke zu erkennen ist, modelliert man die statistische Abhängigkeit mit Hilfe einer inhomogenen einfachen Potenzfunktion

c) einfache lineare Maßkorrelationskoeffizienten können via Statistik → Korrelation → Bivariat angefordert werden; wegen der unter b) angezeigten Nichtlinearität des Zusammenhanges fällt in logischer Konsequenz der einfache lineare Maßkorrelationskoeffizient r = -0,885 für die originären Werte geringer aus als der einfache lineare Maßkorrelationskoeffizient r = -0,976 für die transformierten Werte; unabhängig davon kann in beiden Fällen ein starker negativer linearer statistischer Zusammenhang zwischen dem Preis und dem Alter der zwölf Gebrauchtwagen vom Typ BMW gemessen werden

d) inhomogene einfache nichtlineare Regression $P^*(A) = 195,285·A^{-1,505}$, die dem neoklassischen COBB-DOUGLAS-Ansatz entspricht, kann via Regression → Kurvenanpassung → Optionen: Exponent, Konstante in Gleichung

**einschließen, Diagramme der Modelle** bestimmt und im Streudiagramm graphisch darstellt werden

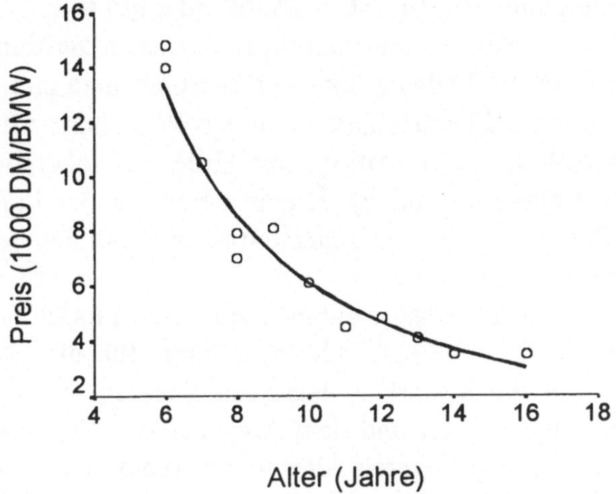


e) analog zu d) kann auch die inhomogene einfache quasi-lineare Regression $\ln(P)^* = 5{,}274 - 1{,}505 \cdot \ln(A)$ bestimmt und im Streudiagramm graphisch dargestellt werden

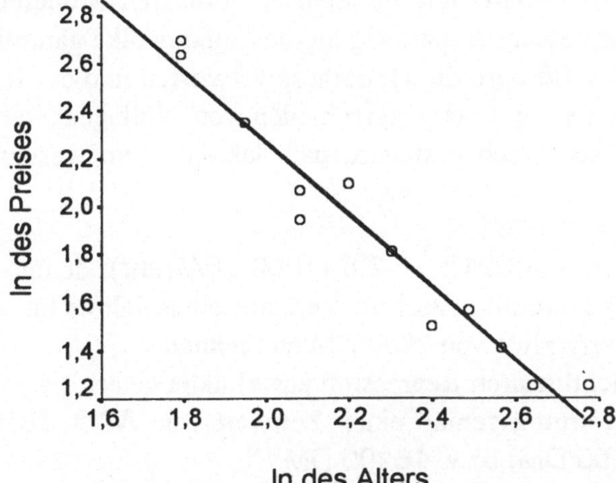


f) wegen $P^*(10) = 195{,}285 \cdot 10^{-1{,}505} \approx 6{,}1$ bzw. $\ln(P)^* = 5{,}274 - 1{,}505 \cdot \ln(10) = 1{,}8086$ und $e^{1{,}8086} = 6{,}1$ gelangt man in logischer Konsequenz aufgrund der äquivalenten Regressionen zu einem gleichen Ergebnis; demnach hätte man ceteris paribus für einen gebrauchten und 10 Jahre alten 3er BMW erwartungsgemäß mit einem Preis von ca. 6100 DM zu rechnen

**Lösung 6-4***

Merkmalsträger auswählen via Daten → Fälle auswählen → Falls Bedingung zutrifft → Falls; Auswahlbedingung: z.B. marke = „Audi" oder typ = 1

a) via Statistik → Regression → Kurvenanpassung liefert das logarithmische Modell $W^* = 38{,}762 - 14{,}001 \cdot \ln(A)$ das größte Bestimmtheitsmaß und damit die beste Anpassung an den jeweils beobachteten Zeitwert W und das Alter A

b) Bestimmtheitsmaß: $R^2 = 0{,}904$; Interpretation: mit Hilfe der inhomogenen einfachen logarithmischen Regression aus a) ist man bereits in der Lage, zu 90% die Variabilität des Zeitwertes eines gebrauchten Audi allein aus der Variabilität des Alters statistisch zu erklären

c) via Statistik → Korrelation → Bivariat ermittelt man einen PEARSONschen Korrelationskoeffizienten von r = -0,924, d.h. man kann für die 44 Gebrauchtwagen vom Typ Audi einen starken negativen linearen statistischen Zusammenhang zwischen dem Zeitwert und dem Alter messen; demnach besitzen Gebrauchtwagen mit einem geringeren Alter in der Regel einen höheren Zeitwert und umgekehrt

d) $(r = -0{,}924)^2 = 0{,}854$ ist identisch mit dem Bestimmtheitsmaß $R^2 = 0{,}854$ der inhomogenen einfachen linearen Regression $W^* = 26{,}824 - 1{,}963 \cdot A$ des originären Zeitwertes W über dem originären Alter A; der Unterschied von ca. 4,5% mehr „Bestimmtheit" erklärt sich aus dem nichtlinearen Modellansatz, der im konkreten Fall eine bessere Anpassung an die Punktewolke garantiert

e) wegen $\alpha^* = 0{,}000 < \alpha = 0{,}05$ wird die Hypothese verworfen und der Regressionskoeffizient $-14{,}001$ als signifikant verschieden von Null gedeutet; aufgrund der Stichprobe ist statistisch gesichert, daß das Alter ein wesentlicher Wertfaktor ist

f) Grenzfunktion: $dW^*/dA = -14{,}001/A$

g) marginale Zeitwertneigung: $-14{,}001/5 \approx -2{,}8$ (1000 DM/Jahr); demnach hat man ceteris paribus für 5 Jahre alte Audi im Verlaufe eines Jahres mit einem durchschnittlichen Zeitwertverlust von 2800 DM zu rechnen

h) unter Verwendung der nichtlinearen Regression aus a) hätte ceteris paribus ein fünf Jahre alter Audi erwartungsgemäß einen Zeitwert von $W^* = 38{,}762 - 14{,}001 \cdot \ln(5) \approx 16{,}2$ (1000 DM) bzw. 16200 DM

**Lösung 6-5**

Merkmalsträger auswählen via Daten → Fälle auswählen → Falls Bedingung zutrifft → Falls; Auswahlbedingung: z.B. marke = „Ford" oder typ = 4

a) Merkmalsträger: gebrauchter PKW; Erhebungsmerkmale: Marke, Typ jeweils nominal skaliert; Motorleistung, Alter A, Baujahr, Laufleistung, Zeitwert Z jeweils kardinal skaliert; Anzahl: 65 gebrauchte PKW vom Typ Ford

b) die einfache lineare Regression $Z^*(A) = 15{,}927 - 0{,}987{\cdot}A$ erhält man via Statistik → Regression → Linear; Parameter-Interpretation: wegen $A = 0$ Jahre läge der durchschnittliche Neuwert eines Ford bei ca. 15900 DM (was wenig realistisch zu sein scheint); wegen $dZ^*/dA = -0{,}987$ (1000 DM/Jahr) würde der Zeitwert im Durchschnitt um ca. 990 DM fallen, wenn das Alter um ein Jahr steigt; Bestimmtheitsmaß $R^2 = 0{,}624$ als Gütemaß: mit Hilfe der einfachen linearen Regression ist man bereits in der Lage, zu 62,4% die Veränderung des Zeitwertes allein aus der Altersveränderung statistisch zu erklären

c) via Grafiken → Streudiagramm ein einfaches Streudiagramm erzeugen

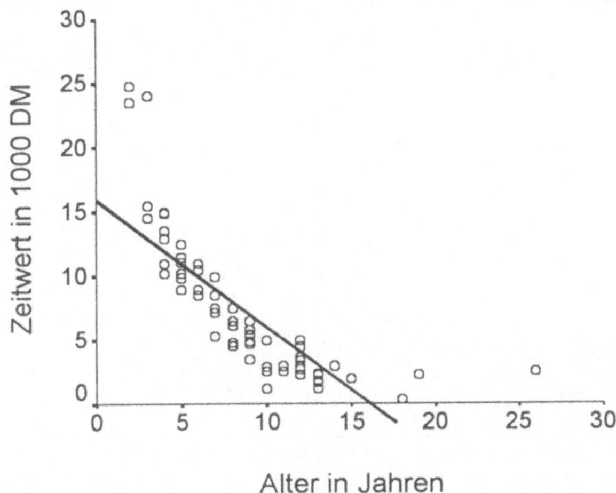


mit Doppelklick das Streudiagramm in den Diagramm-Editor projizieren und via Diagramme → Optionen → Anpassungslinie Gesamt → Linear durch die Regressionsgerade komplettieren

d) wegen $Z^*(20) = 15{,}927 - 0{,}987{\cdot}20 \approx -3{,}8$ (1000 DM) würde man mit Hilfe der linearen Regression einen negativen und sachlogisch nicht plausiblen Zeitwert schätzen; Schlußfolgerung: die in c) graphisch dargestellte lineare Zeitwertfunktion ist im konkreten Fall für Zeitwertabschätzungen nur bedingt plausibel anwendbar

e) via Statistik → Regression → Kurvenanpassung liefert die inverse Regressionsfunktion $Z^*(A) = -1{,}008 + 55{,}093{\cdot}A^{-1}$ das größte Bestimmtheitsmaß

f) Bestimmtheitsmaß: $R^2 = 0{,}902$; Interpretation: mit Hilfe der inversen Regression aus e) ist man bereits in der Lage, zu 90% die Variabilität des Zeitwertes eines gebrauchten Ford allein aus der Variabilität des Alters statistisch zu erklären; Unterschied von nahezu „28% höherer Bestimmtheit" erklärt sich im Vergleich zu b) aus der besseren Anpassung der inversen Regressionsfunktion an die Punktewolke im Streudiagramm (vgl. Lösung g))

g) Streudiagramm mit inverser Regression via **Regression → Kurvenanpassung → Optionen: Invers, Konstante in Gleichung einschließen, Diagramme der Modelle** erstellen; Zeitwertprognose: wegen $Z^*(20) = -1,008 + 55,093 \cdot 20^{-1} \approx 1,75$ (1000 DM) hätte man ceteris paribus und unter Verwendung der inversen Regression für einen 20 Jahre alten Ford im Durchschnitt einen Zeitwert von 1750 DM zu erwarten; im Vergleich zur Zeitwertprognose aus der Aufgabenstellung d) erscheint diese Zeitwertschätzung sachlogisch sinnvoll und plausibel; die offensichtlichen Unterschiede erklären sich aus den unterschiedlichen funktionalen Ansätzen für die aus den beobachteten Daten zu schätzenden Regressionen

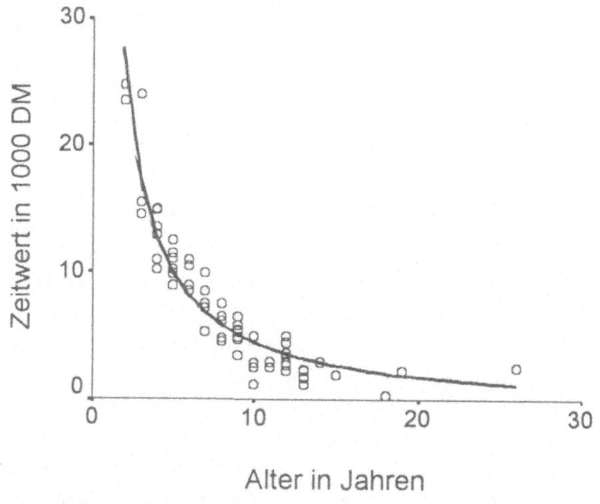


h) via **Transformieren → Berechnen**; Berechnungsvorschrift: **invers = 1/alter**
i) Streudiagramm mit quasi-linearer Regression analog zu c) erstellen

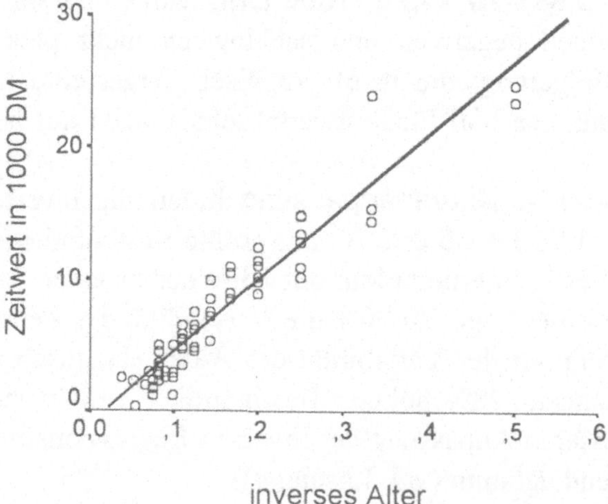

da die Punktewolke aus den originären Zeitwerten und den inversen Altersangaben einen linearen Verlauf erkennen läßt, erscheint ein inverser Funktionsansatz zur Bestimmung der nichtlinearen Regression des Zeitwertes über dem Alter als sinnvoll

j) einfache lineare Regression $Z^*(A') = -1,008 + 55,093 \cdot A'$ des originären Zeitwertes Z über dem inversen Alter $A' = 1/A = A^{-1}$ ist in ihren Parametern identisch mit der (nichtlinearen) inversen Regression aus e); in logischer Konsequenz erhält man wegen $A' = 1/20 = 0,05$ und $Z^*(0,05) = -1,008 + 55,093 \cdot 0,05 \approx 1,75$ (1000 DM) ein gleiches Prognoseergebnis wie unter g)

## Lösung 6-6*

Merkmalsträger auswählen via Daten → Fälle auswählen → Falls Bedingung zutrifft → Falls; Auswahlbedingung: z.B. marke = „Ford" oder typ = 4

a) die multiple quasilineare Zeitwertfunktion $Z^* = -1,335 + 50,565 \cdot A^{-1} + 0,026 \cdot M - 0,016 \cdot F$ des Zeitwertes Z über dem Alter A, der Motorleistung M und der Fahrleistung F erhält man via Statistik → Regression → Linear

b) da für alle drei Wertfaktoren $\alpha^* < \alpha = 0,05$ gilt, werden sie jeweils als wesentliche (bzw. signifikant von Null verschiedene) Zeitwertfaktoren gedeutet

c) zu ca. 94%; Maßzahl: Bestimmtheitsmaß $R^2 = 0,939$

d) wegen $A = 5$; $M = 100$ und $F = 100$ ergäbe sich ein Zeitwert von $Z^* = -1,335 + 50,565 \cdot 5^{-1} + 0,026 \cdot 100 - 0,016 \cdot 100 \approx 9,78$ (1000 DM)

e) partielle Grenzfunktionen: $\partial Z^*/\partial A = -50,565 \cdot A^{-2}$; $\partial Z^*/\partial M = 0,026$; $\partial Z^*/\partial F = -0,016$

f) partielle marginale Zeitwertneigungen: ceteris paribus hätte man für einen 5 Jahre alten Ford mit einer Motorleistung von 100 PS und einer Fahrleistung von 100000 km

- alterspezifisch: im Verlaufe eines Jahres wegen $-50,565 \cdot 5^{-2} \approx -2,03$ (1000 DM/Jahr) mit einem durchschnittlichen Zeitwertverlust von ca. 2030 DM zu rechnen, wenn zusätzlich unterstellt wird, daß sowohl die Motor- als auch die Fahrleistung unverändert bleiben

- motorspezifisch: bei Erhöhung der Motorleistung um ein PS wegen $0,026 \cdot$ (1000 DM/PS) mit einer durchschnittlichen Zeitwerterhöhung von 26 DM zu rechnen, wenn zusätzlich unterstellt wird, daß sowohl das Alter als auch die Fahrleistung unverändert bleiben

- fahrspezifisch: bei Erhöhung der Fahrleistung um 1000 km wegen $-0,016 \cdot$ (1000 DM/1000 km) mit einem durchschnittlichen Zeitwertverlust von 16 DM zu rechnen, wenn zusätzlich unterstellt wird, daß sowohl das Alter als auch die Motorleistung unverändert bleiben

g) Kollinearitätsaussage anhand der sog. VIF-Werte: da für alle drei Zeitwertfaktoren die VIF-Werte kleiner als 5 sind, können die multikollinearen Beziehungen zwischen den Regressoren bzw. Zeitwertfaktoren vernachlässigt werden

## Lösung 6-7*

a) Merkmalsträger auswählen via Daten → Fälle auswählen → Falls Bedingung zutrifft → Falls; Auswahlbedingung: typ = 2; via Transformieren → Berechnen die Zeitwerte logarithmieren; die multiple quasilineare Zeitwertfunktion $\ln(Z)^* = 3{,}2997 - 0{,}0146{\cdot}A + 0{,}0337{\cdot}H - 0{,}0025{\cdot}F$ des Zeitwertes Z über dem Alter A, dem Hubraum H und der Fahrleistung F erhält man via Statistik → Regression → Linear; das zugehörige Exponentialmodell ist dann: $Z^* = \exp(3{,}2997 - 0{,}0146{\cdot}A + 0{,}0337{\cdot}H - 0{,}0025{\cdot}F)$

b) Bestimmtheitsmaß $R^2 = 0{,}964$, d.h. mit Hilfe der multiplen quasilinearen Zeitwertfunktion $\ln(Z)^*$ aus a) ist man bereits in der Lage, zu 96,4% die Zeitwertvarianz allein aus der Alters-, Hubraum- und Fahrleistungsvarianz statistisch zu erklären

c) da für alle drei Wertfaktoren der quasilinearen Zeitwertfunktion $\ln(Z)^*$ aus a) $\alpha^* < \alpha = 0{,}05$ gilt, werden sie jeweils als wesentliche (bzw. signifikant von Null verschiedene) Zeitwertfaktoren gedeutet

d) wegen $A = 3{\cdot}12 = 36$ Monate; $H = 16{\cdot}(100 \text{ cm}^3) = 1{,}6$ Liter und $F = 50{\cdot}(1000$ km$) = 50000$ km ergäbe sich ein geschätzter Zeitwert von $Z^* = \exp(3{,}2997 - 0{,}0146{\cdot}36 + 0{,}0337{\cdot}16 - 0{,}0025{\cdot}50) \approx 24{,}8$ (1000 DM) bzw. 24800 DM

e) die altersbedingte partielle Grenzfunktion $\partial Z^*/\partial A = -0{,}0146{\cdot}\exp(3{,}2997 - 0{,}0146{\cdot}A + 0{,}0337{\cdot}H - 0{,}0025{\cdot}F)$ erscheint im konkreten Fall wiederum als eine nichtlineare Funktion der drei Zeitwertfaktoren

f) wegen $A = 3{\cdot}12 = 36$ Monate; $H = 16{\cdot}(100 \text{ cm}^3) = 1{,}6$ Liter und $F = 50{\cdot}(1000$ km$) = 50000$ km berechnet man eine altersbedingte partielle marginale Zeitwertneigung von $-0{,}0146{\cdot}\exp(3{,}2997 - 0{,}0146{\cdot}36 + 0{,}0337{\cdot}16 - 0{,}0025{\cdot}50) = -0{,}0146{\cdot}24{,}8 \approx -0{,}36$ (1000 DM/Monat); demnach hätte man ceteris paribus (besonders bei gleichem Hubraum und gleicher Fahrleistung) bei einem drei Jahre alten Audi A4 im Verlaufe des nächsten Monats mit einem durchschnittlichen Zeitwertverlust von 360 DM je Monat zu rechnen

## Lösung 6-8

a) Dateneingabe via Datei → Neu und Daten → Variable definieren; Datenspeicherung via Datei → Speichern unter

b) via Transformieren → Berechnen; Berechnungsvorschrift könnte man z.B. wie folgt vereinbaren: diff = auto − verkehr

c) Umkodierung via Transformieren → Umkodieren → In andere Variablen; Eingabevariable: *trans*; Ausgabevariable: z.B. *port*

d) Logit-Modell via **Statistik → Regression → logistisch**; abhängige Variable: *port*; Kovariate: *diff*; aus den verfügbaren Daten schätzt man das folgende Logit-Modell: **P* = 1/(1 + exp(-(0,3204 − 0,1124·diff)))**; Logit-Modell-Werte im Dialogfeld **Logistische Regression** via **Speichern → Wahrscheinlichkeiten** anfordern; das folgende Streudiagramm mit dem Graphen der logistischen Regressionsfunktion kann wie folgt erstellt werden:

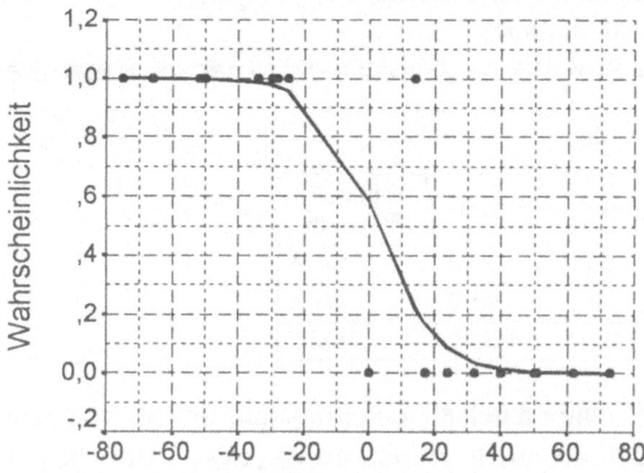


via **Daten → Fälle sortieren** die Merkmalsträger der Arbeitsdatei z.B. nach der Variablen *diff* aufsteigend sortieren und via **Grafiken → Streudiagramm → Überlagert** ein überlagertes Streudiagramm für die zwei Variablenpaare *port* versus *diff* und *prob* versus *diff* erstellen und entsprechend bearbeiten

e) insgesamt und im Durchschnitt wurden 9 von 10 beobachtete dichotome Fahrentscheidungen durch das Logit-Modell richtig nachgebildet

f) Gütemaß NAGELKERKE-$R^2$ = 0,891; Interpretation: mit Hilfe der unter d) angegebenen inhomogenen einfachen logistischen Regression ist man bereits in der Lage, zu 89% die alternative Transportmittelbenutzung der 20 Professoren allein aus der Fahrzeitdifferenz statistisch zu erklären

g) die Wahrscheinlichkeit, daß ein Professor, der mit dem Auto zur Hochschule fährt,

- genau so viel Fahrzeit benötigt wie mit den öffentlichen Verkehrsmitteln, beträgt **P*(0) = 1/(1 + exp(-(0,3204 − 0,1124·0)))** ≈ 0,58
- 20 Minuten weniger benötigt als mit den öffentlichen Verkehrsmitteln, beträgt **P*(-20) = 1/(1 + exp(-(0,3204 − 0,1124·(-20))))** ≈ 0,93
- eine halbe Stunde mehr benötigt als mit den öffentlichen Verkehrsmitteln, beträgt **P*(30) = 1/(1 + exp(-(0,3204 − 0,1124·30)))** ≈ 0,05

h) zu analogen Ergebnissen wie unter g) gelangt man, wenn man für die jeweilige Zeitdifferenz den zugehörigen Funktionswert des Logit-Modells auf der Ordinate (Wahrscheinlichkeitsachse) abliest

## Lösung 6-9*

a) Merkmalsträger: Unternehmen; Erhebungsmerkmale: Kennzahlen zum Eigenkapital, Anlagedeckung, Rentabilität, Finanzkraft, Fremdkapital jeweils kardinal skaliert; Bonität: nominal skaliert

b) Bonitätsverteilung z.B. via Statistik → Zusammenfassen → Häufigkeiten

Bonität

|         |        | Häufigkeit | Prozent | Gültige Prozente |
|---------|--------|------------|---------|------------------|
| Gültig  | nein   | 43         | 51,8    | 51,8             |
|         | ja     | 40         | 48,2    | 48,2             |
|         | Gesamt | 83         | 100,0   | 100,0            |

demnach sind in der SPSS-Datendatei 83 Unternehmen erfaßt, von denen 43 Unternehmen bzw. ca. 52% als nicht kreditwürdig (bzw. insolvent) und 40 Unternehmen bzw. ca. 48% als kreditwürdig (bzw. solvent) eingestuft wurden

c) Logit-Modell via Statistik → Regression → logistisch; abhängige Variable: *boni*; Kovariaten: *k1* bis *k5*; multiples Logit-Modell mit signifikant von Null verschiedenen Bilanzkennzahlen: $P^* = 1/(1 + \exp(-(-0{,}6556 + 2{,}9767 \cdot k1 + 0{,}2868 \cdot k2 + 4{,}1060 \cdot k4 - 2{,}8301 \cdot k5)))$; lediglich die Kennzahl *k3* zur Rentabilität wird als nicht signifikant von Null verschieden identifiziert und damit aus dem Logit-Modell ausgeschlossen

d) insgesamt und im Durchschnitt 79,5% der erfaßten Unternehmen

e) Trennwert für Bonitätsentscheidung: 0,5; wegen $P^* = 1/(1 + \exp(-(-0{,}6556 + 2{,}9767 \cdot 1 + 0{,}2868 \cdot 2 + 4{,}1060 \cdot 0{,}1 - 2{,}8301 \cdot 0{,}4))) \approx 0{,}90 > 0{,}5$ wird das Unternehmen A als solvent eingestuft; wegen $P^* = 1/(1 + \exp(-(-0{,}6556 + 2{,}9767 \cdot (-1) + 0{,}2868 \cdot (-2) + 4{,}1060 \cdot (-0{,}2) - 2{,}8301 \cdot 0{,}8))) \approx 0{,}000 < 0{,}5$ wird das Unternehmen B als insolvent eingestuft

# 7 Lösungen zur Zeitreihenanalyse

## Lösung 7-1*

a) äquidistante Zeitintervallreihe des monatlichen Umsatzes U (Angaben in 1000 DM) eines Billardsalons; Indexmengen zur Beschreibung des Beobachtungszeitraums $T_B = \{t \mid t = 1,2,...,46\} = \{t^* \mid t^* = \text{März } 1993,..., \text{Dezember } 1996\}$

b) Sequenzdiagramm via Grafiken → Sequenz... erstellen; aus dem Sequenzdiagramm wird ersichtlich, daß der Umsatz im Beobachtungszeitraum eine fallende Tendenz besitzt, die durch saisonale Schwankungen überlagert wird

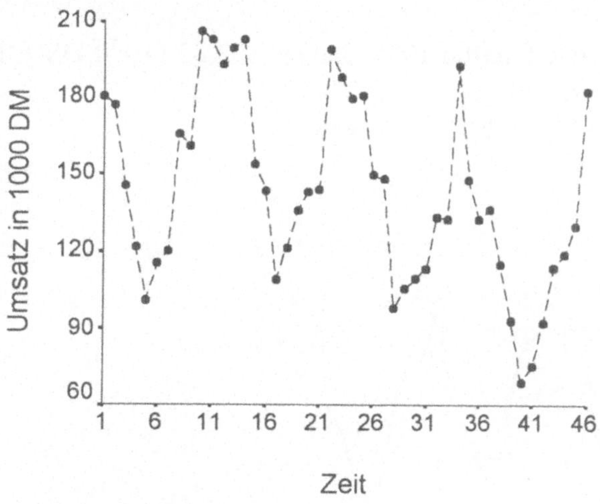


c) möglicher Lösungsweg:

Saisonkomponente

Trendresiduen

| Monat | Mittelwert | Anzahl |
| --- | --- | --- |
| 1 | 40,305 | 3 |
| 2 | 30,228 | 3 |
| 3 | 30,004 | 4 |
| 4 | 17,884 | 4 |
| 5 | -6,959 | 4 |
| 6 | -32,837 | 4 |
| 7 | -41,837 | 4 |
| 8 | -28,786 | 4 |
| 9 | -16,578 | 4 |
| 10 | 4,015 | 4 |
| 11 | 6,622 | 4 |
| 12 | 61,309 | 4 |

Trendwerte (die SPSS-Variable heiße *trend*) und Trendresiduen (die SPSS-Variable heiße *resi*) für die exponentielle Trendfunktion (Wachstumsfunktion) $U^*(t) = 5{,}1243 \cdot t^{-0{,}0083}$, $t \in T_B$, via Statistik → Regression → Kurvenanpassung → Speichern anfordern; die durchschnittlichen monatlichen Umsatzabweichungen von der exponentiellen Trendfunktion (die SPSS-Variable heiße *saison*) können z.B. via Statistik → Mittelwerte vergleichen → Mittelwerte (abhängige Variable: *resi*; unabhängige Variable *month_*) bestimmt und unter Beachtung ihrer richtigen zeitlichen Zuordnung in den Daten-Editor kopiert werden; darauf aufbauend können via Transformieren → Berechnen die Schätzwerte z.B. mittels modell = trend + saison für das Trend-Saison-Modell berechnet werden

d) Umsatzprognose für das erste Quartal 1997: Januar 153,82 (1000 DM); Februar: 142,80 (1000 DM); März: 141,64 (1000 DM)

e) Sequenzdiagramm kann anlog zu b) erstellt werden

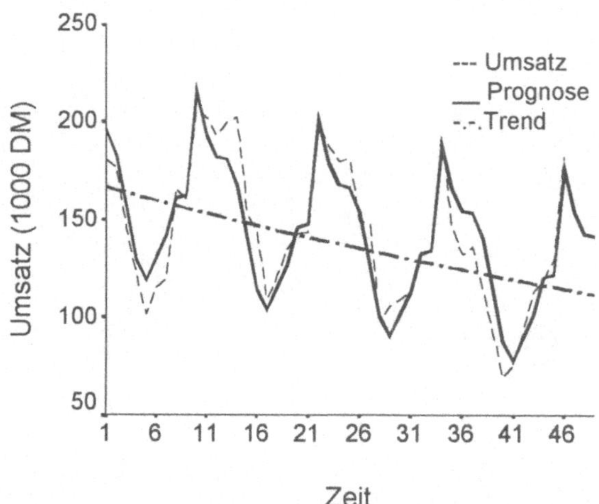


## Lösung 7-2

a) äquidistante Zeitpunktreihe, da der Ferkelbestand B zeitlich logisch in Tertialen jeweils am Tertialende erfaßt wurde

b) Zeitvariablen für die unterjährigen Tertiale können nicht automatisch via Daten → Datum definieren erstellt, sondern müssen selbst vereinbart und erzeugt werden etwa derart, daß der jeweilige April auf 1, der jeweilige August auf 2 und der jeweilige Dezember auf 3 abgebildet werden

c) Sequenzdiagramm via Grafiken → Sequenz... erstellen

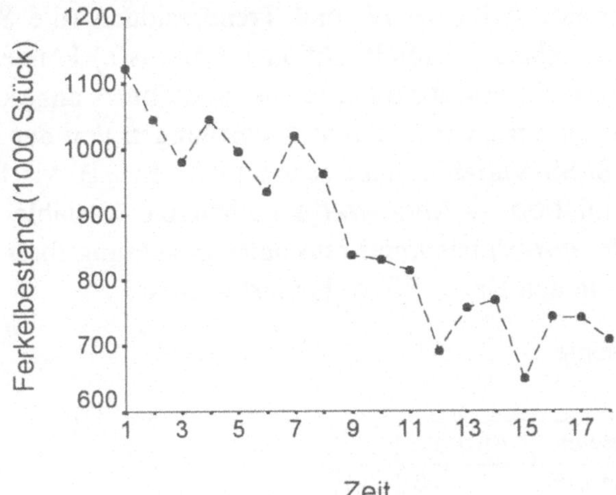



d) gleitende Durchschnitte zum Stützbereich von drei Tertialen via **Transformieren → Zeitreihe erstellen → Zentrierter gleitender Durchschnitt → Spanne: 3** erstellen und analog zu b) im Sequenzdiagramm gemeinsam mit beobachteter Zeitreihe graphisch darstellen

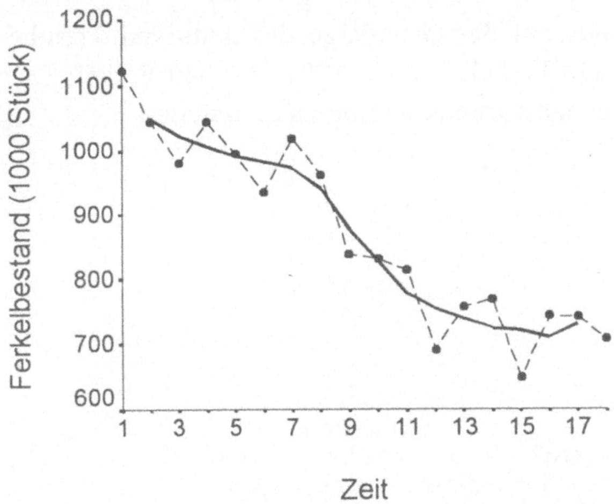



da die Länge des Stützbereichs (Spanne) mit den tertialen Saisonschwankungen koinzidiert, werden letztere mittels der zentrierten gleitenden Durchschnitte eliminiert

e) via **Statistik → Regression → Kurvenanpassung** identifiziert man die kubische Trendfunktion $B^*(t) = 1073{,}110 + 5{,}741 \cdot t - 4{,}947 \cdot t^2 + 0{,}198 \cdot t^3$, $t = 1$ für April 1991, $t = 2$ für August 1991 etc. als Trendfunktion mit der besten Anpassung, da sie das höchste Bestimmtheitsmaß von $R^2 = 0{,}9$ besitzt

f) Trendwerte (die SPSS-Variable heiße *trend*) und Trendresiduen (die SPSS-Variable heiße *resi*) für die kubische Trendfunktion $U^*(t)$ aus e) können via Statistik → Regression → Kurvenanpassung → Speichern angefordert werden; die durchschnittlichen tertialen Bestandsabweichungen von der kubischen Trendfunktion (die SPSS-Variable heiße *saison*) können z.B. via Statistik → Mittelwerte vergleichen → Mittelwerte (abhängige Variable: *resi*; unabhängige Variable heiße *tertial*) bestimmt und unter Beachtung ihrer richtigen zeitlichen Zuordnung in den Daten-Editor kopiert werden

Saisonkomponente

Residuen

| Zeitvariable Tertial | Mittelwert | Anzahl |
|---|---|---|
| 1 | 31,006 | 6 |
| 2 | 19,293 | 6 |
| 3 | -50,299 | 6 |

darauf aufbauend können via Transformieren → Berechnen die Schätzwerte z.B. mittels modell = trend + saison für das Trend-Saison-Modell berechnet werden

g) Prognose des Ferkelbestands auf der Grundlage des additiven Trend-Saison-Modells: April 1997: 783890 Ferkel; August 1997: 810640 Ferkel; Dezember 1997: 793350 Ferkel; Sequenzdiagramm analog zu c) erstellen

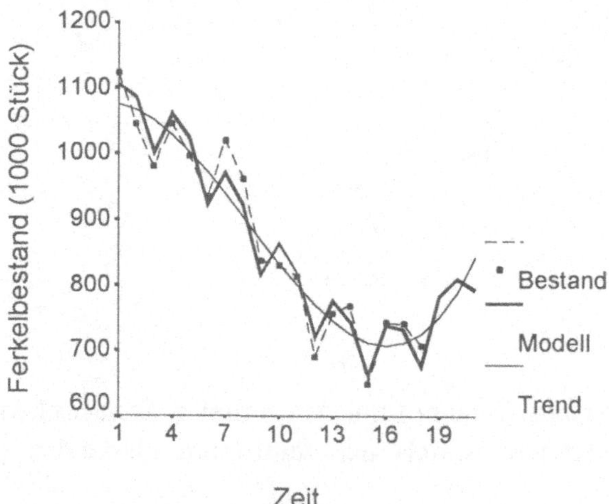


kritische Wertung: wohl beschreibt im Beobachtungszeitraum das unter f) konstruierte Trend-Saison-Modell den beobachteten Ferkelbestand recht gut, die darauf basierende Prognose ist allerdings wegen einer „sehr optimistischen Bestandsentwicklung" eher mit Skepsis zu betrachten

## Lösung 7-3

a) Anzahlen A der Berliner Arbeitslosen wurden in einer äquidistanten Zeitpunktreihe abgebildet; Indexmengen zur Beschreibung des Beobachtungszeitraumes: z.B. $T_B = \{t \mid t = 1,2,...,87\} = \{t^* \mid t^* = $ Januar 1992,..., März 1999$\}$

b) zentrierte gleitende Durchschnitte zum Stützbereich (Spanne) von 12 Monaten via **Transformieren → Zeitreihe erstellen** erzeugen und via **Grafiken → Sequenz...** gemeinsam mit beobachteter Anzahl graphisch darstellen

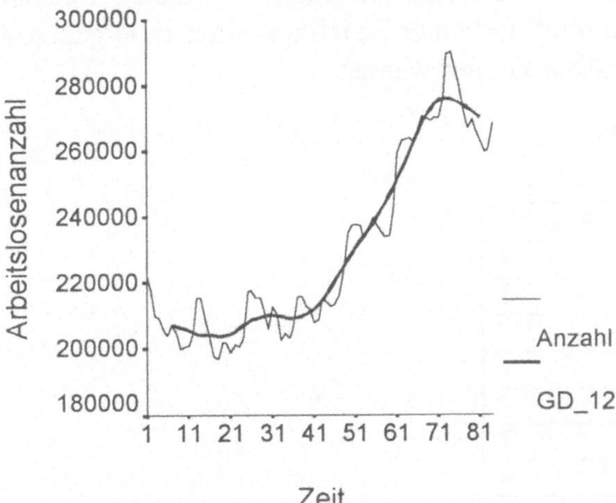


durch die gleitenden Durchschnitte GD_12 zum Stützbereich von 12 Monaten werden die monatlichen Schwankungen in den Arbeitslosenzahlen eliminiert; letztere sind durch einen nicht linear steigenden Trend gekennzeichnet

c) Sequenzdiagramm mit kubischem Trend via **Grafiken → Sequenz...** erstellen

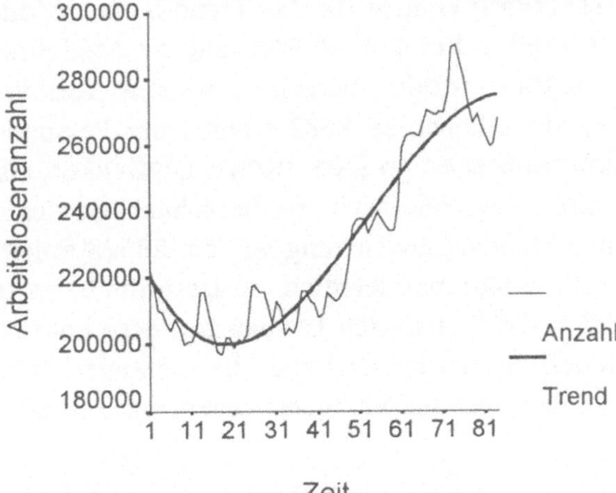

Trendpolynom 3. Grades (kubischer Trend), Trendwerte (die SPSS-Variable heiße *trend*) und Trendresiduen (die SPSS-Variable heiße *resi*) für die kubische Trendfunktion A*(t) = 223216 − 2593·t + 82·t² - 0,52·t³, t ∈ $T_B$, können via Statistik → Regression → Kurvenanpassung → Speichern angefordert werden

d) die durchschnittlichen monatlichen Abweichungen von der kubischen Trendfunktion A*(t) (die SPSS-Variable heiße *saison*) können z.B. via Statistik → Mittelwerte vergleichen → Mittelwerte (abhängige Variable: *resi*; unabhängige Variable: *monat*) bestimmt und unter Beachtung ihrer richtigen zeitlichen Zuordnung in den Daten-Editor kopiert werden

Saisonkomponente

Trendresiduen

| Monat | Mittelwert | Anzahl |
|---|---|---|
| Januar | 9355 | 7 |
| Februar | 9244 | 7 |
| März | 5262 | 7 |
| April | 3273 | 7 |
| Mai | -1849 | 7 |
| Juni | -3346 | 7 |
| Juli | 671 | 7 |
| August | -1707 | 7 |
| September | -5779 | 7 |
| Oktober | -6235 | 7 |
| November | -6706 | 7 |
| Dezember | -2180 | 7 |

e) via Transformieren → Berechnen können für das Trend-Saison-Modell die Modellwerte z.B. mittels modell = trend + saison und die Modellresiduen z.B. mittels residuen = anzahl − modell berechnet werden; Residualstandardfehler des Trend-Saison-Modells von ca. 8582 arbeitslosen Personen kann z.B. via Statistik → Zusammenfassen → Deskriptive Statistiken als Standardabweichung für die SPSS-Variable *residuen* berechnet werden; unter Verwendung der empirischen Standardabweichung von ca. 28528 arbeitslosen Personen der Variablen *anzahl* erhält man letztlich ein Bestimmtheitsmaß von R² = 1 − (8582)²/(28528)² ≈ 0,91; demnach ist man mit dem konstruierten additiven Trend-Saison-Modell bereits in der Lage, die Veränderlichkeit der Arbeitslosenzahlen zu 91% allein aus der Veränderlichkeit der Zeit statistisch zu erklären

f) Prognose der Arbeitslosenzahlen für Berlin und für das Wirtschaftsjahr 1999:
Januar: 284687; Februar: 284578; März: 280494; April: 278294; Mai: 272851;

Juni: 270918; Juli: 274381; August: 271329; September: 266460; Oktober: 265079; November: 263554; Dezember: 266893; Sequenzdiagramm kann analog zu c) erstellt werden, wobei der dünne Linienzug die beobachteten Arbeitslosenzahlen und der dicke Linienzug die Modell- und Prognosewerte darstellen

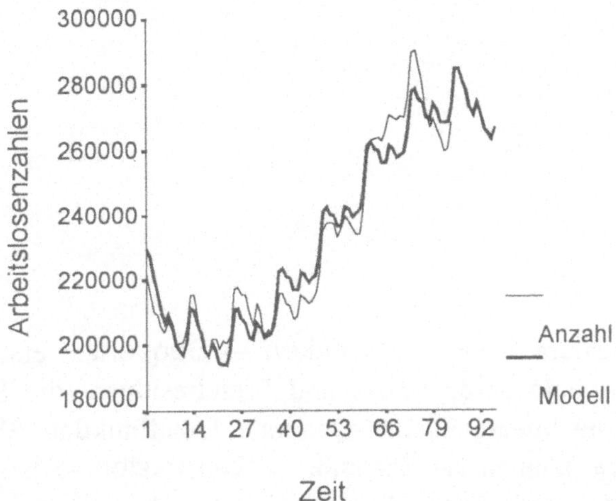


g) der ex-post Prognosefehler beläuft sich auf ca. 7800 Personen; demnach weichen für das erste Quartal 1999 die tatsächlichen Arbeitslosenzahlen von der Modellprognose durchschnittlich um 7800 Personen (nach oben und unten) ab

## Lösung 7-4*

a) äquidistante Zeitintervallreihe der monatlichen Anzahl A von Fluggästen (Angaben in 1000 Personen) auf den Berliner Flughäfen; Indexmengen zur Beschreibung des Beobachtungszeitraums $T_B = \{t \mid t = 1,2,...,60\} = \{t^* \mid t^* = $ Januar 1994, Februar 1994,..., Dezember 1998$\}$

b) zentrierte gleitende Durchschnitte zum Stützbereich (Spanne) von 12 Monaten (dicker Linienzug) via **Transformieren → Zeitreihe erstellen** erzeugen und via **Grafiken → Sequenz...** gemeinsam mit beobachteten Daten (Punkte, verbunden mit Stichlinien) im Sequenzdiagramm graphisch darstellen; da der Stützbereich (Spanne) von 12 Monaten für die gleitenden Durchschnitte identisch ist mit der Anzahl der unterjährigen Perioden (12 Monate), werden alle periodischen Schwankungen eliminiert und die glatte bzw. Trendkomponente sichtbar gemacht, die im konkreten Fall eine steigende Tendenz ausweist, die ausreichend genau durch eine Gerade beschrieben werden kann

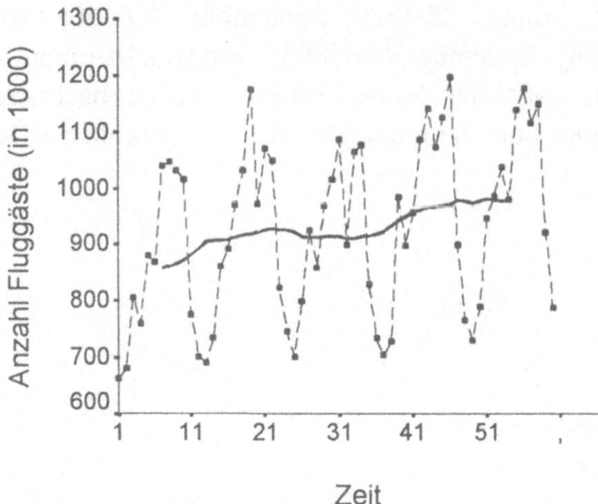


c) Sequenzdiagramm mit linearem Trend via Grafiken → Sequenz... erstellen; Trendwerte (die SPSS-Variable heiße *trend*) und Trendresiduen (die SPSS-Variable heiße *resi*) für die lineare Kleinst-Quadrate-Trendfunktion A*(t) = 836,696 + 2,937·t, t ∈ T_B, können via Statistik → Regression → Kurven-anpassung → Speichern angefordert und für 6 Monate vorhergesagt werden

d) die durchschnittlichen monatlichen Abweichungen

**Saisonkomponente**

Trendresiduen

| MONTH, period 12 | Mittelwert | n |
|---|---|---|
| 1 | -212,36 | 5 |
| 2 | -166,48 | 5 |
| 3 | -11,45 | 5 |
| 4 | -39,83 | 5 |
| 5 | 40,84 | 5 |
| 6 | 71,54 | 5 |
| 7 | 188,98 | 5 |
| 8 | 103,89 | 5 |
| 9 | 148,67 | 5 |
| 10 | 161,60 | 5 |
| 11 | -89,68 | 5 |
| 12 | -195,73 | 5 |

von der linearen Trendfunktion A*(t) (die SPSS-Variable heiße *saison*) können z.B. via Statistik → Mittelwerte vergleichen → Mittelwerte (abhängige Variable: *resi*; unabhängige Variable: *month_*) bestimmt und unter Beachtung ihrer richtigen zeitlichen Zuordnung in den Daten-Editor kopiert werden

e) via **Transformieren → Berechnen** können für das Trend-Saison-Modell die Modellwerte z.B. mittels **modell = trend + saison** und die Modellresiduen z.B. mittels **residuen = anzahl − modell** berechnet werden

f) Residualstandardfehler des Trend-Saison-Modells von 41,14 (1000 Fluggästen) kann z.B. via **Statistik → Zusammenfassen → Deskriptive Statistiken** als Standardabweichung für die SPSS-Variable *residuen* berechnet werden; unter Verwendung der empirischen Standardabweichung von 152,22 (1000 Fluggäste) der Variable *flug* erhält man letztlich ein Bestimmtheitsmaß von $R^2 = 1 − (41{,}14)^2/(152{,}22)^2 \approx 0{,}93$; demnach ist man mit dem konstruierten additiven Trend-Saison-Modell in der Lage, 93% der Veränderlichkeit der Fluggästezahlen statistisch zu erklären

g) via **Daten → Fälle auswählen** Filter **nr >= 37** setzen und die beobachteten sowie Modellwerte in einem Sequenzdiagramm analog zu b) darstellen;

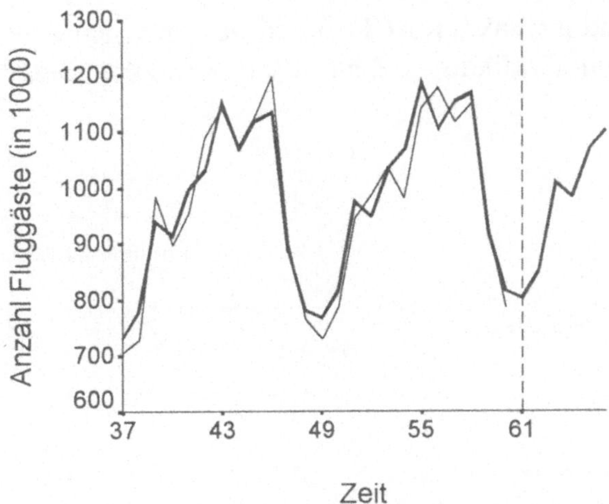


dabei markiert der dünne Linienzug die beobachteten Anzahlen, der dicke Linienzug die Modell- und Prognosewerte und die gestrichelte senkrechte Linie den Beginn des Prognosezeitraumes $T_P$, der mittels der folgenden Indexmengen beschrieben werden kann: $T_P = \{t \mid t = 61{,}62{,}...{,}66\} = \{t^* \mid t^* = $ Januar 1999, Februar 1999,..., Juni 1999$\}$

## Lösung 7-5*

a) Sequenzdiagramm via **Grafiken → Sequenz...** erstellen; Modellresiduen gleichen einem (zumindest schwach) stationären stochastischen Prozeß mit einem Erwartungswert von Null und einer (mehr oder weniger) konstanten Varianz

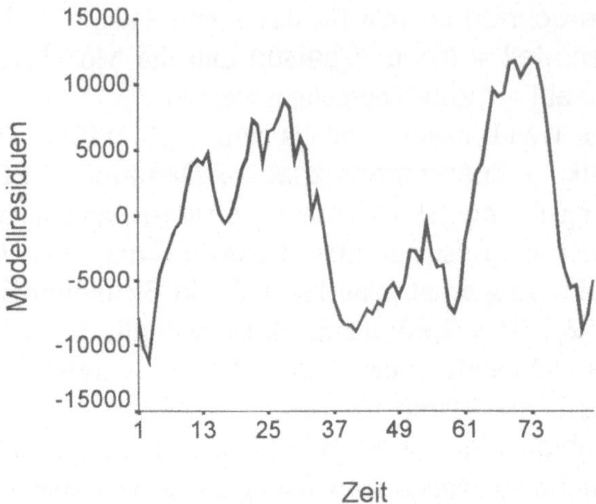

b) Diagramme der Autokorrelationsfunktion ACF(k) und der partiellen Autokorrelationsfunktion PACF(k) via **Grafiken → Zeitreihen → Autokorrelationen** anfordern

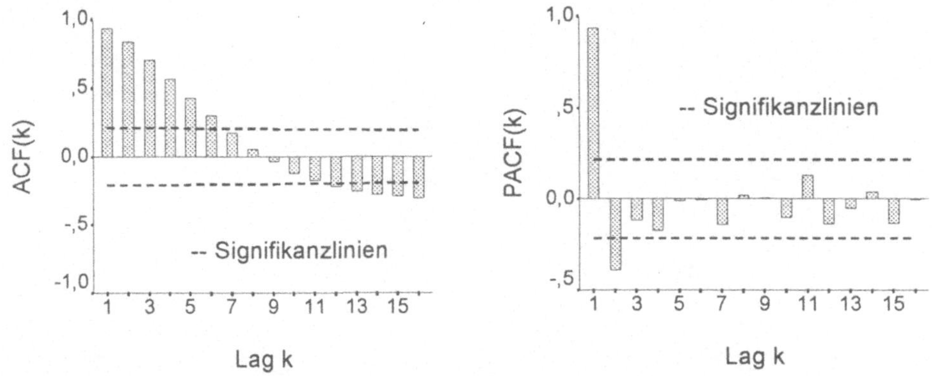

da die (geschätzten) Koeffizienten der Autokorrelationsfunktion ACF(k) mit zunehmendem k schnell aussterben und von den (geschätzten) Koeffizienten der partiellen Autokorrelationsfunktion PACF(k) in Folge zwei Koeffizienten signifikant von Null verschiedenen sind, identifiziert man gemäß dem BOX-JENKINS-Verfahren einen autoregressiven stochastischen Prozeß zweiter Ordnung, den man via **Statistik → Zeitreihen → ARIMA** mittels eines sog. AR(2)-Modells bzw. eines ARIMA(2,0,0)-Modells nachbilden kann

c) da der Residualstandardfehler des AR(2)-Modell ca. 1990 Personen und die Standardabweichung der originären Residualzeitreihe ca. 6423 Personen beträgt, ergibt sich ein Bestimmtheitsmaß von $R^2 = 1 - (1990)^2/(6423)^2 \approx 0{,}9$; demnach ist man mit dem AR(2)-Modell bereits in der Lage, zu 90% die Variabilität des Random Walk allein aus den Lags erster und zweiter Ordnung statistisch zu erklären

## Lösung 7-6

a) Sequenzdiagramm via Grafiken → Sequenz... erstellen; Verlauf gleicht einem Random Walk

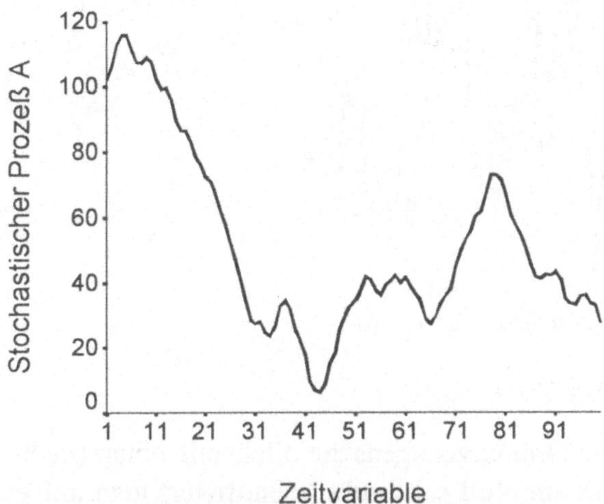


b) Diagramme der Autokorrelationsfunktion ACF(k) und der partiellen Autokorrelationsfunktion PACF(k) via Grafiken → Zeitreihen → Autokorrelationen anfordern

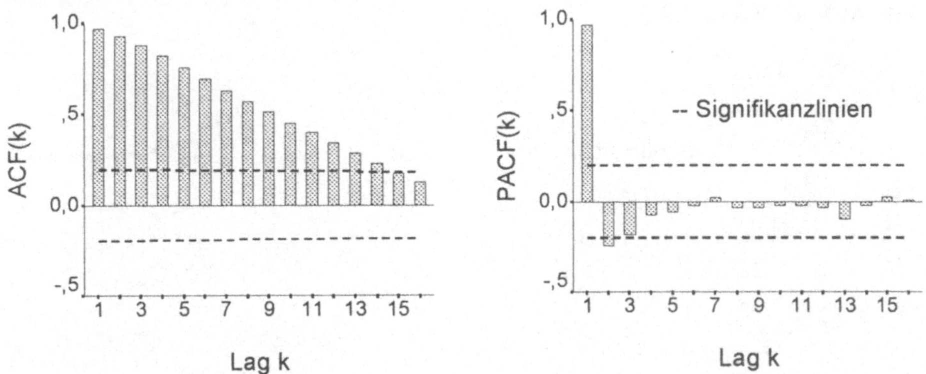


da die (geschätzten) Koeffizienten der Autokorrelationsfunktion ACF(k) mit zunehmendem k nur langsam aussterben und die partielle Autokorrelationsfunktion PACF(k) einen sog. Spike von der „Höhe Eins" für den Lag k = 1 anzeigt, identifiziert man den zugrundeliegenden stochastischen Prozeß als nicht stationär

c) Differenzenfilter erster Ordnung via **Transformieren → Zeitreihen erstellen** und transformierte Zeitreihe *a_1* via **Grafiken → Sequenz...** im Sequenzdiagramm graphisch darstellen

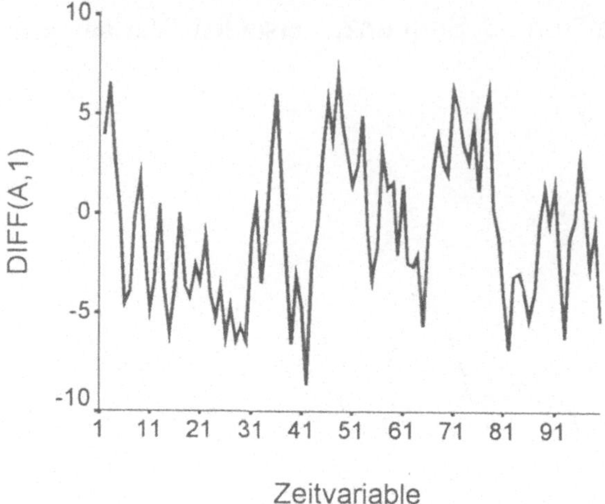


da die Differenzfolge erster Ordnung augenscheinlich mit einer (mehr oder weniger) konstanten Varianz um Null schwankt, identifiziert man auf graphischem Wege die Differenzenfolge erster Ordnung als einen (zumindest schwach) stationären stochastischen Prozeß und die originäre Zeitreihe A aus der Aufgabe a) als einen zum Grade Eins integrierten stochastischen Prozeß

Diagramme der Autokorrelationsfunktionen ACF(k) und PACF(k) analog zur Aufgabe b) erstellen:

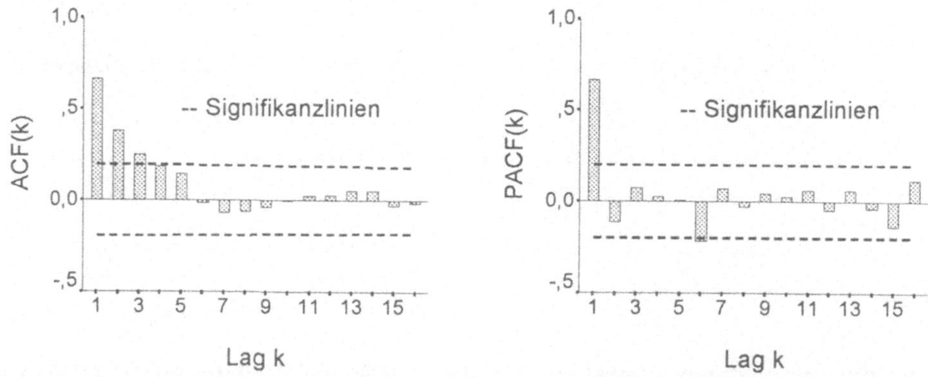


da die (geschätzten) Koeffizienten der Autokorrelationsfunktion ACF(k) mit zunehmendem k schnell aussterben und von den (geschätzten) Koeffizienten der partiellen Autokorrelationsfunktion PACF(k) in Folge nur ein Koeffizient signifikant von Null verschieden ist, identifiziert man gemäß dem BOX-

JENKINS-Verfahren für die Differenzenfolge erster Ordnung einen autoregressiven stochastischen Prozeß erster Ordnung, den man mittels eines sog. AR(1)-Modells bzw. eines ARIMA(1,0,0)-Modells nachbilden kann; diese Modellkonstruktion ist äquivalent mit dem Bau eines ARIMA(1,1,0)-Modells für die originäre Zeitreihe A

d) Lag-Variable erster Ordnung via Transformieren → Zeitreihen erstellen

e) Streudiagramm mit einfacher linearer Regression via Grafiken → Streudiagramm → Einfach; mit Doppelklick Streudiagramm in den Diagramm-Editor projizieren und Streudiagramm via Diagramme → Optionen → Gesamt mit Regressionsgerade komplettieren

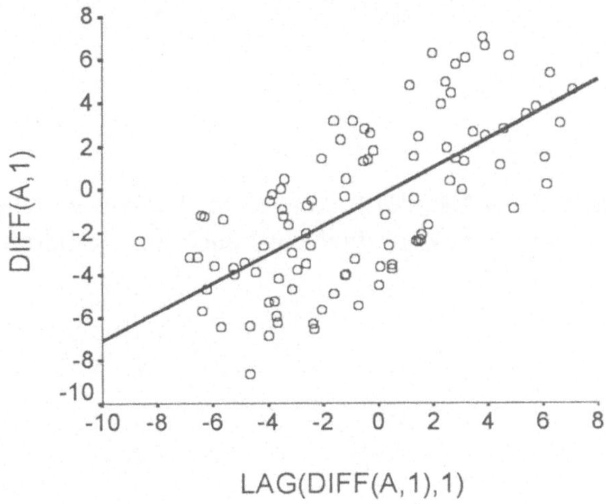


Kleinst-Quadrate-Regression: DIFF* = -0,323 + 0,676·LAG; wegen $\alpha^*$ = 0,000 < $\alpha$ = 0,05 wird Nullhypothese verworfen und der LAG-Koeffizient von 0,676 als signifikant verschieden von Null gedeutet

f) gemäß c) schätzt man für die originäre Zeitreihe A (abhängige Variable) via Statistik → Zeitreihen → ARIMA ein ARIMA(1,1,0)-Modell mit den Parametern p = 1, d = 1 und q = 0; Modellprognose und 95%-Konfidenzgrenzen via Speichern → Vorhersagen bis: 105 anfordern; Zeitvariable t via Transformieren → Berechnen mittels der Berechnungsvorschrift t = $casenum erweitern bzw. komplettieren; via Daten → Fälle auswählen → Falls Bedingung zutrifft und Auswahlbedingung t >= 90 Zeithorizont für Graphik festlegen; gewünschte Graphik des Prozeßverlaufs via Grafiken → Sequenz... erstellen und im Diagramm-Editor entsprechend bearbeiten; im folgenden Diagramm symbolisieren die gestrichelten Linien die 95%-Konfidenzgrenzen, die dünne Linie den beobachteten stochastischen Prozeß und die dicke Linie die Modellschätzung bzw. -prognose

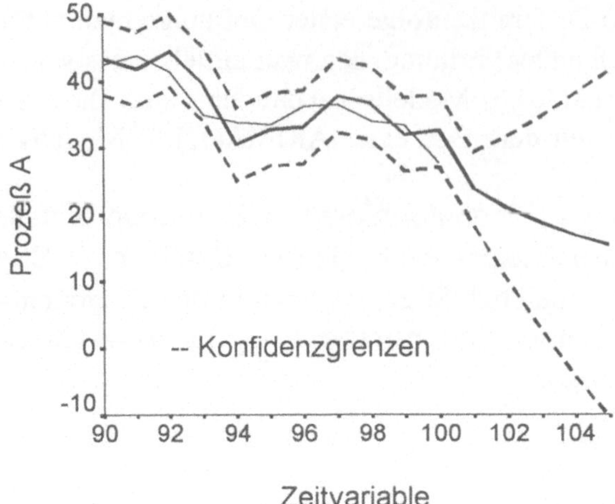


## Lösung 7-7

a) Sequenzdiagramm via **Grafiken → Sequenz...** erstellen; Verlauf gleicht einer trendbehafteten makro-ökonomischen Zeitreihe; wird auch als „Random Walk with Drift" bezeichnet

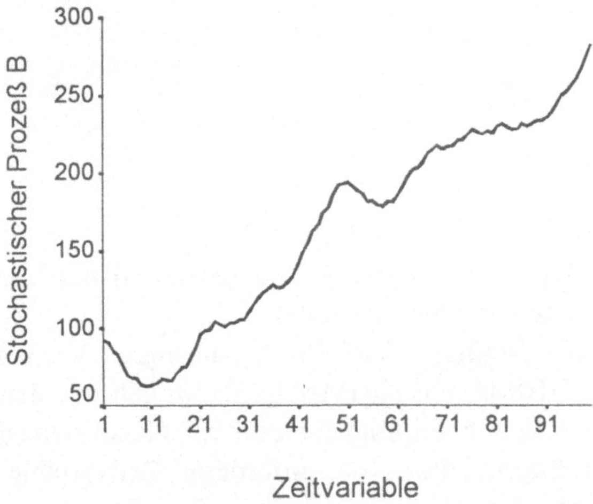


b) Diagramme der Autokorrelationsfunktion ACF(k) und der partiellen Autokorrelationsfunktion PACF(k) via **Grafiken → Zeitreihen → Autokorrelationen** anfordern; da die (geschätzten) Koeffizienten der Autokorrelationsfunktion ACF(k) mit zunehmendem k nur sehr langsam aussterben und die partielle Autokorrelationsfunktion PACF(k) einen sog. Spike von der „Höhe Eins" für den Lag k = 1 anzeigt, identifiziert man den zugrundeliegenden stochastischen Prozeß als nicht stationär, integriert bzw. trendbehaftet

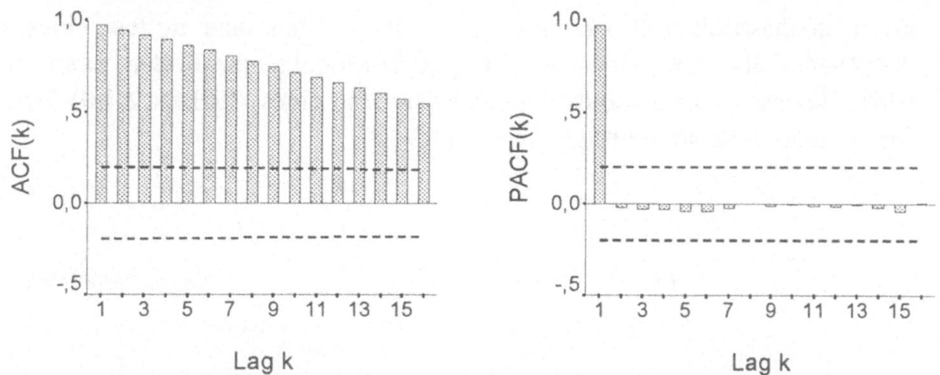

die Aussage koinzidiert augenscheinlich mit den Ergebnissen aus a)

c) da man bereits mit Hilfe des Differenzenfilters erster Ordnung einen (zumindest schwach) stationären stochastischen Prozeß erzeugt, kennzeichnet man den originären stochastischen Prozeß als integriert zum Grade Eins; Differenzenfolge via Transformieren → Zeitreihen erstellen und transformierte Zeitreihe *b_1* via Grafiken → Sequenz... im Sequenzdiagramm graphisch darstellen

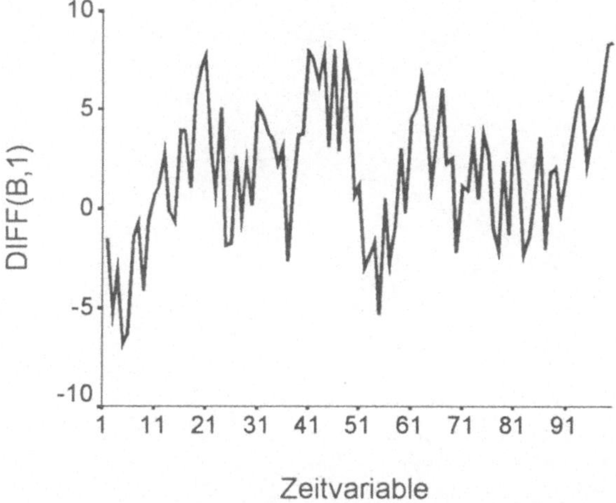

d) Diagramme der Autokorrelationsfunktion ACF(k) und der partiellen Autokorrelationsfunktion PACF(k) für die (stationäre) Differenzenfolge erster Ordnung via Grafiken → Zeitreihen → Autokorrelationen anfordern; da die (geschätzten) Koeffizienten der Autokorrelationsfunktion ACF(k) mit zunehmendem k schnell aussterben und von den (geschätzten) Koeffizienten der partiellen Autokorrelationsfunktion PACF(k) in Folge zwei Koeffizienten signifikant von Null verschieden sind, identifiziert man gemäß dem BOX-JENKINS-Verfahren für die Differenzenfolge erster Ordnung einen autoregressiven stochastischen Prozeß zweiter Ordnung, den man mittels eines sog. AR(2)-Modells bzw. eines ARIMA(2,0,0)-Modells nachbilden kann; diese Modellkonstruktion ist äquivalent mit dem Bau eines ARIMA(2,1,0)-Modells für die in a) dargestellte originäre Zeitreihe B

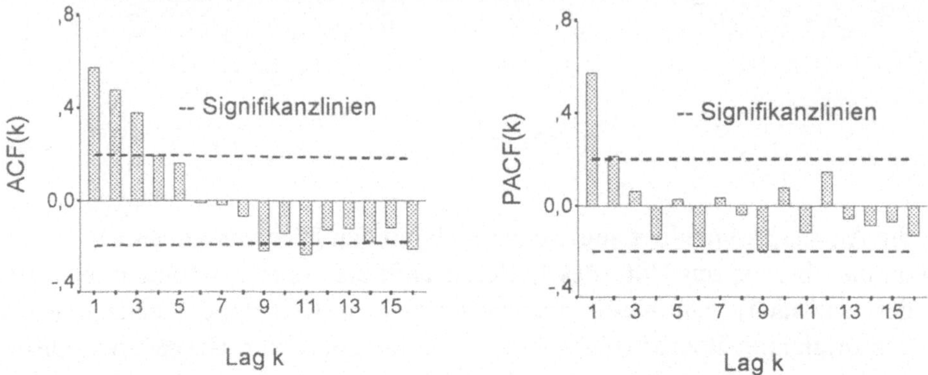


e) gemäß d) schätzt man für die originäre Zeitreihe B (abhängige Variable) via Statistik → Zeitreihen → ARIMA ein ARIMA(2,1,0)-Modell mit den Parametern p = 2, d = 1 und q = 0

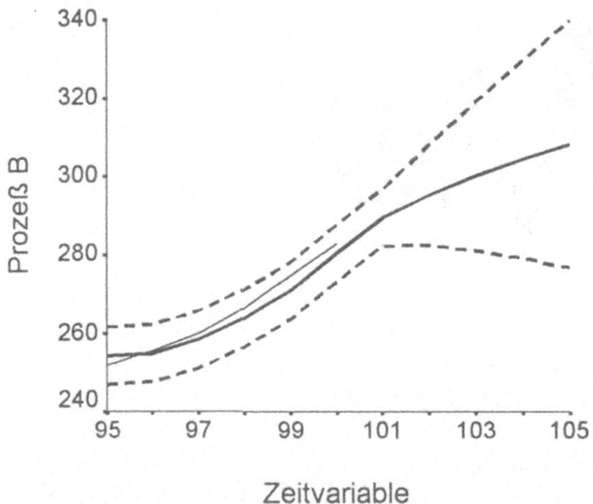


Modellprognose und 99%-Konfidenzgrenzen via Speichern → Vorhersagen bis: 105 anfordern; Zeitvariable t via Transformieren → Berechnen mittels der Berechnungsvorschrift t = $casenum erweitern bzw. komplettieren; via Daten → Fälle auswählen → Falls Bedingung zutrifft und Auswahlbedingung t >= 95 Zeithorizont für Graphik festlegen; gewünschte Graphik des Prozeßverlaufs via Grafiken → Sequenz... erstellen und im Diagramm-Editor entsprechend bearbeiten; im oben dargestellten Diagramm symbolisieren die gestrichelten Linien die 99%-Konfidenzgrenzen, die dünne Linie den beobachteten stochastischen Prozeß und die dicke Linie die Modellschätzung bzw. -prognose

## Lösung 7-8*

a) Sequenzdiagramm via Grafiken → Sequenz... erstellen; Verlauf gleicht der Kursentwicklung eines Wertpapiers bzw. einem sog. Random Walk

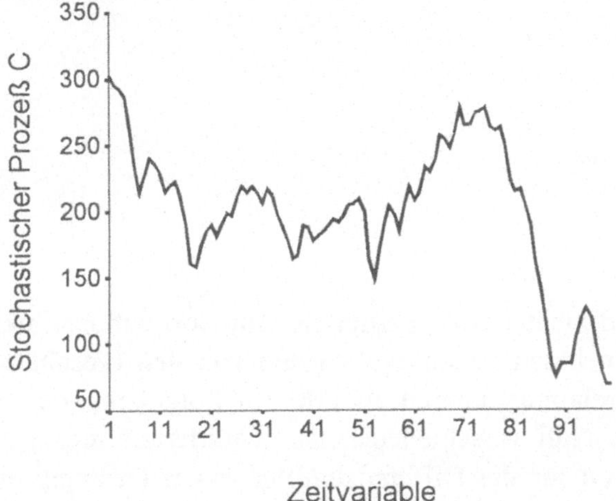


b) Differenzenfolge via Transformieren → Zeitreihen erstellen und transformierte Zeitreihe via Grafiken → Sequenz... im Sequenzdiagramm darstellen

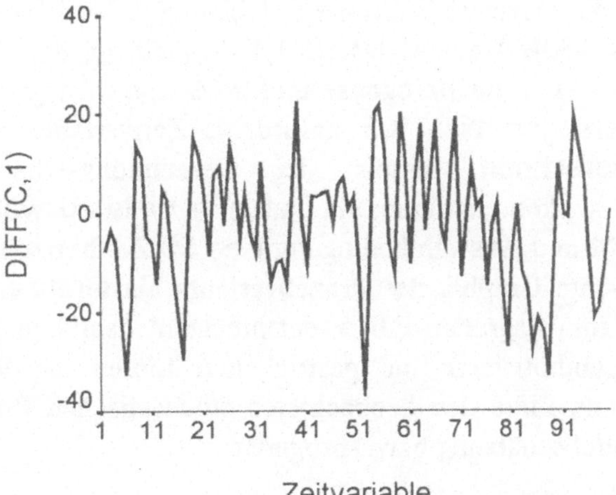


da man bereits mit Hilfe des Differenzenfilters erster Ordnung einen (zumindest schwach) stationären stochastischen Prozeß erzeugt, kennzeichnet man den originären stochastischen Prozeß als integriert zum Grade Eins; Diagramme der Autokorrelationsfunktion ACF(k) und der partiellen Autokorrelationsfunktion PACF(k) für die (stationäre) Differenzenfolge erster Ordnung via Grafiken → Zeitreihen → Autokorrelationen anfordern

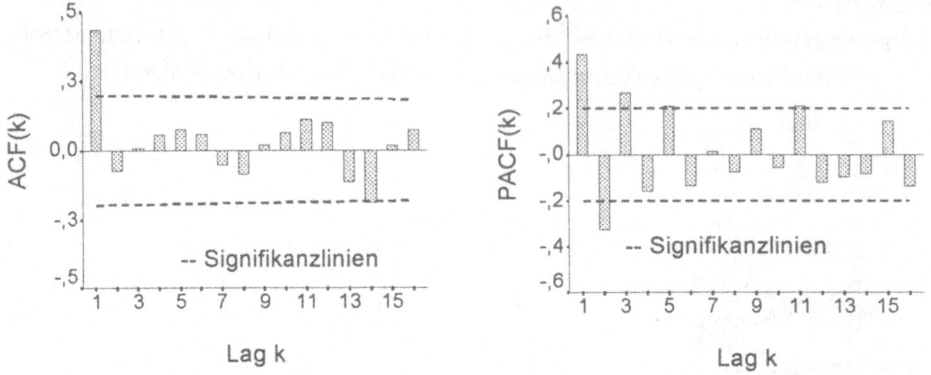


da die (geschätzten) Koeffizienten der partiellen Autokorrelationsfunktion PACF(k) mit zunehmendem k schnell aussterben und von den (geschätzten) Koeffizienten der Autokorrelationsfunktion ACF(k) (in Folge) nur der erste Koeffizient signifikant von Null verschiedenen ist, identifiziert man gemäß dem BOX-JENKINS-Verfahren für die Differenzenfolge erster Ordnung einen sog. Moving-Average-Prozeß erster Ordnung, den man mittels eines sog. MA(1)-Modells bzw. eines ARIMA(0,0,1)-Modells nachbilden kann; diese Modellkonstruktion ist äquivalent mit dem Bau eines ARIMA(0,1,1)-Modells für die in a) dargestellte originäre Zeitreihe C

c) gemäß b) schätzt man für die originäre Zeitreihe C (abhängige Variable) via Statistik → Zeitreihen → ARIMA ein ARIMA(0,1,1)-Modell mit den Parametern p = 0, d = 1 und q = 1; Modellprognose und 90%-Konfidenzgrenzen via Speichern → Vorhersagen bis: 105 anfordern; Zeitvariable t via Transformieren → Berechnen mittels der Berechnungsvorschrift t = $casenum erweitern bzw. komplettieren; via Daten → Fälle auswählen → Falls Bedingung zutrifft und Auswahlbedingung t >= 90 Zeithorizont für Graphik festlegen; gewünschte Graphik des Prozeßverlaufs via Grafiken → Sequenz... erstellen und im Diagramm-Editor entsprechend bearbeiten; im gewünschten Diagramm symbolisieren die gestrichelten Linien die 90%-Konfidenzgrenzen, die dünne Linie den beobachteten stochastischen Prozeß und die dicke Linie die Modellschätzung bzw. -prognose

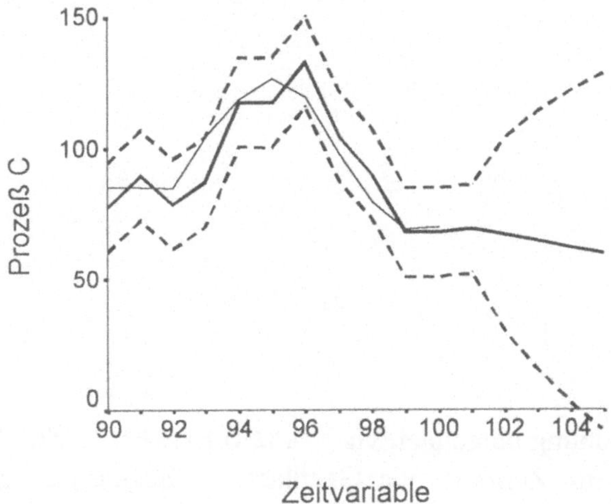


## Lösung 7-9

a) Sequenzdiagramm via **Grafiken → Sequenz...** erstellen; Verlauf gleicht dem Kursverlauf eines Wertpapiers bzw. dem eines Random Walk

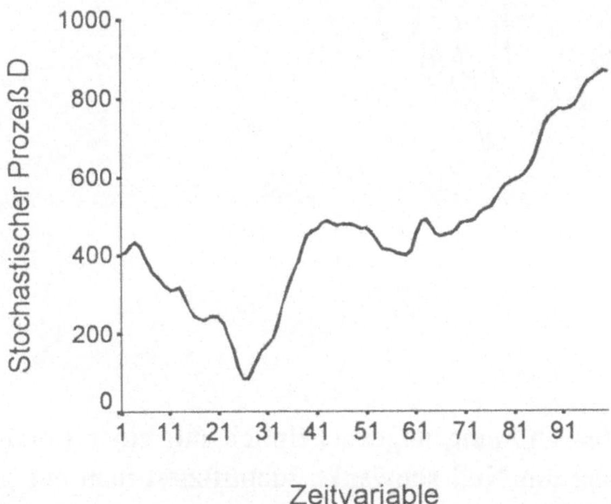


b) Diagramme der Autokorrelationsfunktion ACF(k) und der partiellen Autokorrelationsfunktion PACF(k) via **Grafiken → Zeitreihen → Autokorrelationen** anfordern; da die (geschätzten) Koeffizienten der Autokorrelationsfunktion ACF(k) mit zunehmendem k nur langsam aussterben und die partielle Autokorrelationsfunktion PACF(k) einen sog. Spike von der „Höhe Eins" für den Lag k = 1 anzeigt, identifiziert man den zugrundeliegenden stochastischen Prozeß als nicht stationär, integriert bzw. trendbehaftet

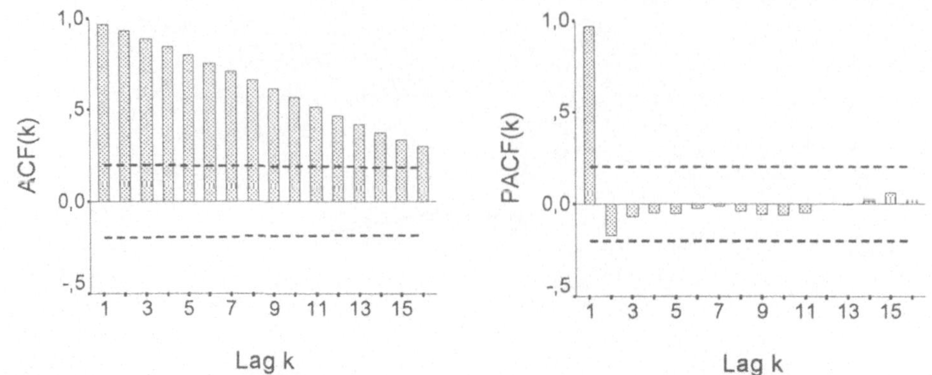

c) Differenzenfolge d-ter Ordnung berechnen via Transformieren → Zeitreihen erstellen und transformierte Zeitreihe via Grafiken → Sequenz... im Sequenzdiagramm graphisch darstellen

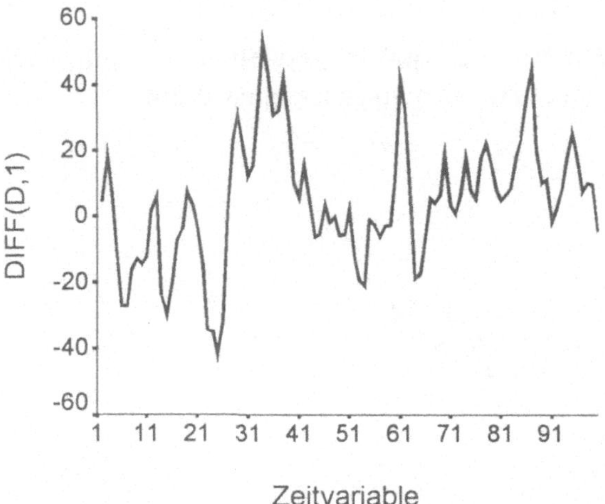

da die Differenzfolge erster Ordnung augenscheinlich mit einer (mehr oder weniger) konstanten Varianz um Null schwankt, identifiziert man auf graphischem Wege die Differenzenfolge erster Ordnung als einen (zumindest schwach) stationären stochastischen Prozeß und die originäre Zeitreihe D aus a) als einen zum Grade Eins integrierten stochastischen Prozeß

d) Diagramme der Autokorrelationsfunktionen ACF(k) und PACF(k) analog zu b) erstellen; da sowohl die (geschätzten) Koeffizienten der Autokorrelationsfunktion ACF(k) als auch die (geschätzten) Koeffizienten der partiellen Autokorrelationsfunktion PACF(k) mit zunehmendem k schnell aussterben, identifiziert man gemäß dem BOX-JENKINS-Verfahren für die Differenzenfolge erster Ordnung einen autoregressiven Moving-Average-Prozeß erster Ordnung, den man mittels eines sog. ARMA(1,1)-Modells bzw. eines ARIMA(1,0,1)-

Modells nachbilden kann; diese Modellkonstruktion ist äquivalent mit dem Bau eines ARIMA(1,1,1)-Modells für die originäre Zeitreihe D

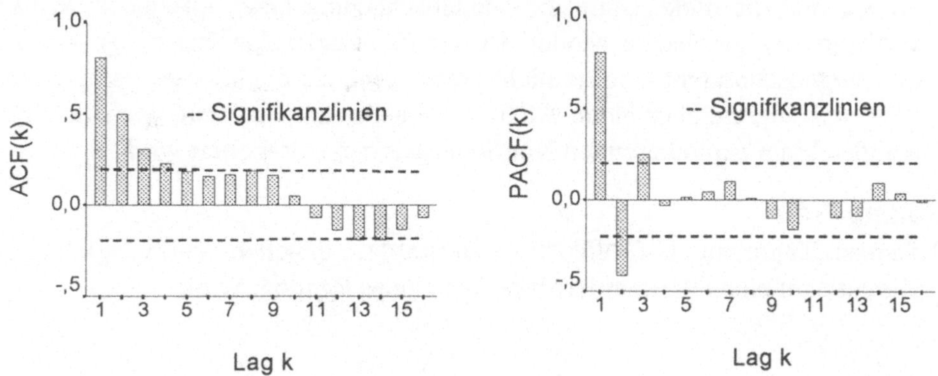


e) gemäß d) schätzt man für die originäre Zeitreihe D (abhängige Variable) via Statistik → Zeitreihen → ARIMA ein ARIMA(1,1,1)-Modell mit den Parametern $p = 1$, $d = 1$ und $q = 1$; da sowohl für den AR- als auch für den MA-Parameter $\alpha^* = 0{,}000 < \alpha = 0{,}05$ gilt, werden beide Modellparameter als signifikant von Null verschieden bzw. statistisch als wesentlich gedeutet

f) Modellprognose und 95%-Konfidenzgrenzen via Speichern → Vorhersagen bis: 107 anfordern;

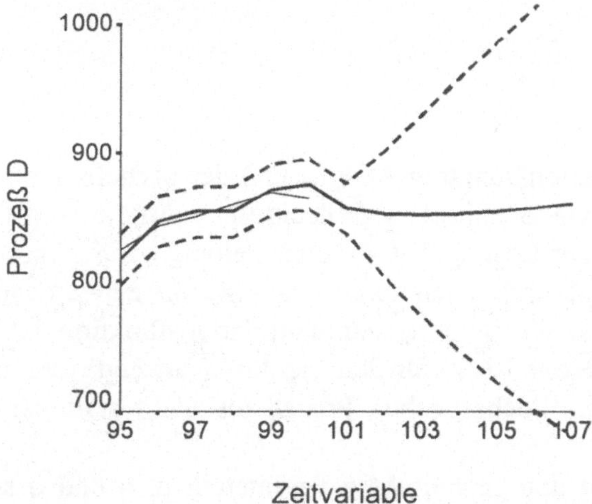


Zeitvariable t via Transformieren → Berechnen mittels der Berechnungsvorschrift t = $casenum erweitern bzw. komplettieren; via Daten → Fälle auswählen → Falls Bedingung zutrifft und Auswahlbedingung t >= 95 Zeithorizont für Graphik festlegen; gewünschte Graphik des Prozeßverlaufs via Grafiken → Sequenz... erstellen und im Diagramm-Editor entsprechend bearbeiten; im gewünschten Diagramm symbolisieren die gestrichelten Linien die 95%-Konfidenzgrenzen, die dünne Linie den beobachteten stochastischen Prozeß und die dicke Linie die Modellschätzung bzw. –prognose; kritische Wertung: das geschätzte Modell ist nur für kurzfristige Prognosen geeignet; der Prognosehorizont h sollte nicht größer sein, als die höchste Parameterordnung des zugrundeliegenden ARIMA-Modells, da sonst nur noch der Trend bei gleichsam explodierenden Konfidenzgrenzen extrapoliert wird

## Lösung 7-10

a) Sequenzdiagramm via **Grafiken → Sequenz...** erstellen; Verlauf gleicht dem Kursverlauf eines Wertpapiers bzw. dem eines Random Walk

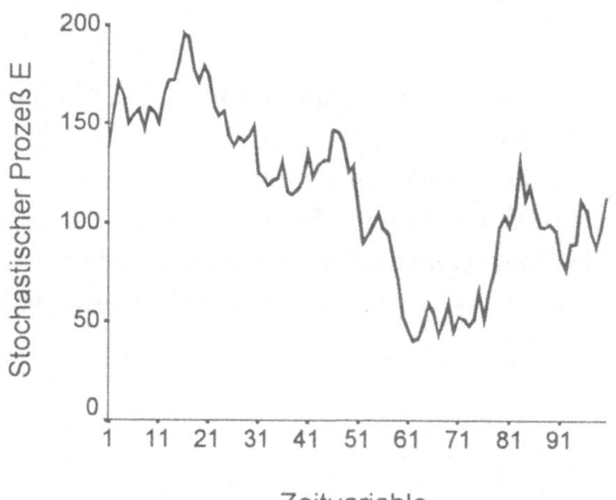


Diagramme der Autokorrelationsfunktion ACF(k) und der partiellen Autokorrelationsfunktion PACF(k) via **Grafiken → Zeitreihen → Autokorrelationen** anfordern; da (analog z.B. zur Lösung 7-9, Problemstellung b)) die (geschätzten) Koeffizienten der Autokorrelationsfunktion ACF(k) mit zunehmendem k nur langsam aussterben und die partielle Autokorrelationsfunktion PACF(k) einen sog. Spike von der „Höhe Eins" für den Lag k = 1 anzeigt, identifiziert man den zugrundeliegenden stochastischen Prozeß als nicht stationär, integriert bzw. trendbehaftet

b) ARIMA(p,d,q)-Modelle mit den gewünschten Parametern p, d und q schätzt man für die originäre Zeitreihe E (abhängige Variable) via **Statistik → Zeitreihen → ARIMA**; da für alle AR- und/oder MA-Parameter der drei Modelle stets $\alpha^* > \alpha = 0,05$ gilt, werden die jeweiligen Modellparameter als nicht signifikant verschieden von Null bzw. als statistisch nicht wesentlich gedeutet

c) Differenzenfolge d-ter Ordnung berechnen via **Transformieren → Zeitreihen erstellen** und transformierte Zeitreihe via **Grafiken → Sequenz...** im Sequenzdiagramm graphisch darstellen

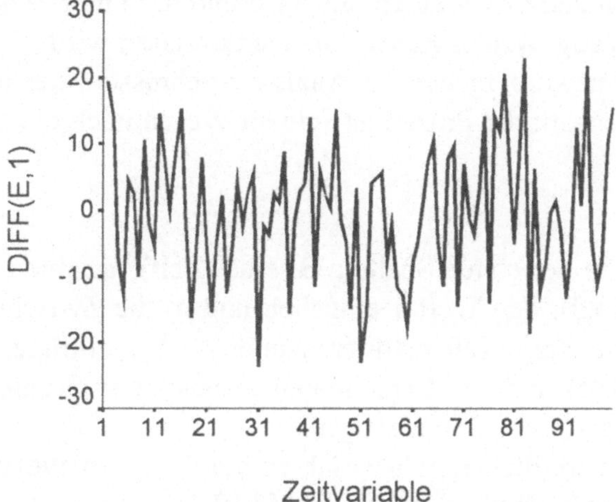


da die Differenzenfolge erster Ordnung augenscheinlich mit einer (mehr oder weniger) konstanten Varianz um Null schwankt, identifiziert man auf graphischem Wege die Differenzenfolge erster Ordnung als einen (zumindest schwach) stationären stochastischen Prozeß und die originäre Zeitreihe E aus a) als einen zum Grade Eins integrierten stochastischen Prozeß; Diagramme der Autokorrelationsfunktion ACF(k) und der partiellen Autokorrelationsfunktion PACF(k) für die erste Differenzenfolge analog zur Problemstellung b) erstellen; da in beiden Diagrammen kein Koeffizient die Signifikanzlinien überschreitet, deutet man sowohl die AR- als auch die MA-Parameter als nicht signifikant verschieden von Null bzw. als statistisch nicht wesentlich; demnach hat man lediglich einen Random Walk identifiziert; dieses diagnostische Ergebnis koinzidiert mit den unter b) getroffenen Aussagen

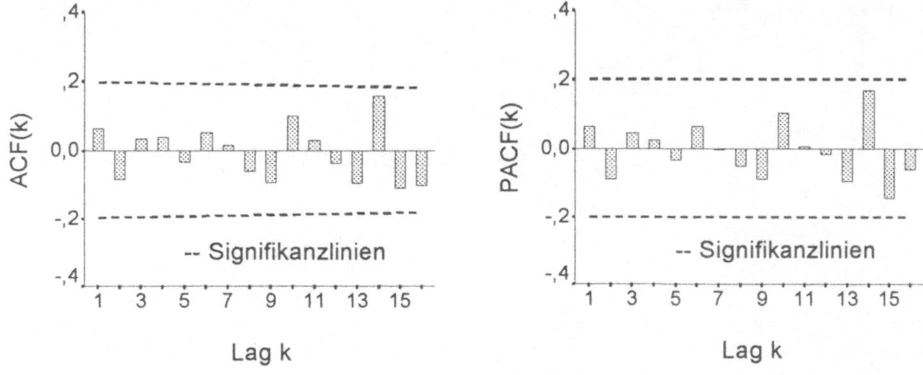

d) Normal Q-Q Plot z.B. via **Grafiken → Q-Q...** erstellen; da die sich Punktekette sehr eng an der sog. Normalitätsgeraden entlang schlängelt, deutet man diesen explorativen Befund wie folgt: die erste Differenzenfolge ist eine Realisation einer normalverteilten Zufallsvariablen, die aufgrund der unter c) dargestellten Trajektorie auch als sog. weißes Rauschen charakterisiert wird

e) Aussage koinzidiert mit allen vorhergehenden Analyseergebnissen; der in der Zeitreihe E abgebildete stochastische Prozeß ist seinem Wesen nach ein einfacher Random Walk

## Lösung 7-11

Im leeren SPSS Daten-Editor in der ersten Spalte z.B. eine (Zeit)Variable t definieren; in das Datenfeld (1;1) z.B. den Wert 1 eingeben und in die Zwischenablage kopieren; erste Spalte bis Zeile 150 markieren und Wert 1 einfügen; via **Transformieren → Berechnen** und der Berechungsvorschrift **t = \$casenum** eine äquidistante Zeitvariable t = 1,2,...,150 erzeugen

a) Realisationen einer N(0;1)-verteilten Zufallsvariablen via **Transformieren → Berechnen**; Berechungsvorschrift **v1 = RV.NORMAL(0,1)**

b) Kumulierte Summen via **Transformieren → Zeitreihen erstellen**

c) via **Transformieren → Berechnen**; Berechnungsvorschrift wie angegeben

d) analog zu b)

Modelldiagnostik analog zu den Lösungen 7-5 bis 7-10; Ergebnisse der Modelldiagnostik: Zeitreihe v1: stationärer stochastischer Prozeß; weißes Rauschen; Zeitreihe v2: Random Walk; Zeitreihe v3 und v4: Random Walk mit Drift

## Lösung 7-12

a) graphische Darstellung des Kursverlaufs via **Grafiken → Sequenz...**

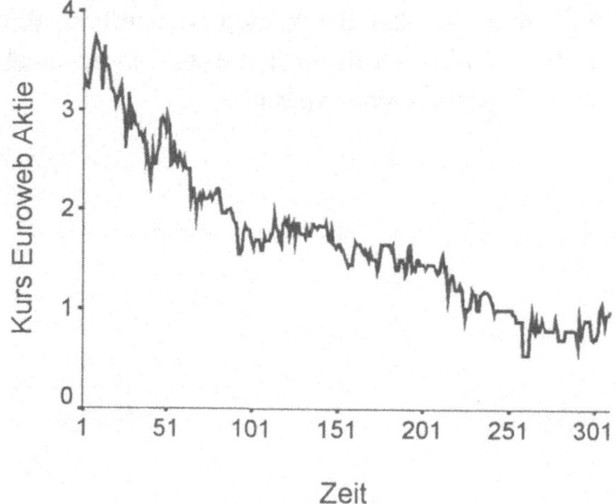

Beobachtungszeitraum erstreckt sich über 310 Börsentage und zwar vom 1. Januar 1997 bis zum 10. März 1998

b) Diagramme für Autokorrelationsfunktionen via Grafiken → Zeitreihen → Autokorrelationen

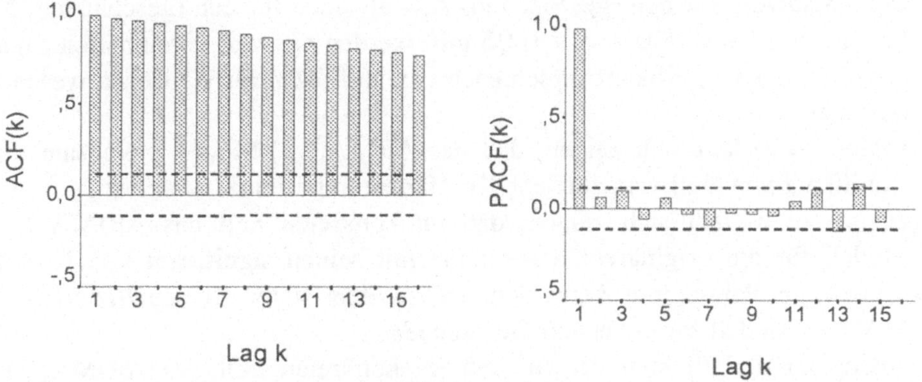

da die (geschätzten) Koeffizienten der Autokorrelationsfunktion ACF(k) mit zunehmendem k nur langsam aussterben und die partielle Autokorrelationsfunktion PACF(k) einen sog. Spike von der „Höhe Eins" für den Lag k = 1 anzeigt, identifiziert man den zugrundeliegenden stochastischen Prozeß als nicht stationär, integriert bzw. trendbehaftet; dieser Befund koinzidiert mit dem Sequenzdiagramm aus a), aus dem ein fallender Trend des EUROWEB Aktienkurses ersichtlich wird

c) da die Differenzenfolge erster Ordnung bereits einem (zumindest schwach) stationären stochastischen Prozeß gleicht, identifiziert man den originären Kursverlauf als einen stochastischen Prozeß, integriert zum Grade d = 1

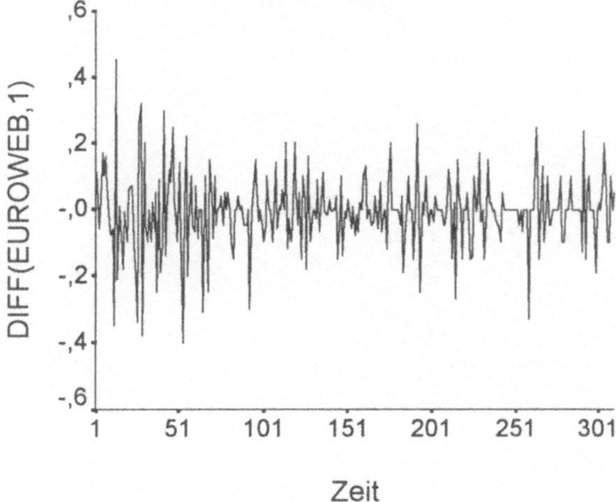

Differenzfolge erster Ordnung via Transformieren → Zeitreihen erstellen erzeugen und via Grafiken → Sequenz... graphisch darstellen

d) ARMA(1,1)-Modell als ARIMA(1,0,1)-Modell für die (zum Grade Null integrierte) erste Differenzenfolge via Statistik → Zeitreihen → ARIMA schätzen; da sowohl für den (geschätzten) AR- als auch für den (geschätzten) MA-Parameter $\alpha^* = 0{,}000 < \alpha = 0{,}05$ gilt, werden sie zum vereinbarten Signifikanzniveau als signifikant verschieden von Null bzw. als statistisch wesentlich gedeutet

e) analog zu d) läßt sich zeigen, daß das ARMA(2,1)-Modell gleichsam durch signifikant von Null verschiedene Koeffizienten gekennzeichnet ist

f) analog zu d) läßt sich zeigen, daß im konkreten Fall das ARIMA(1,1,1)-Modell für die originäre Kurszeitreihe mit seinen signifikant von Null verschiedenen Parametern äquivalent ist zu dem unter d) spezifizierten ARMA(1,1)-Modell für die ersten Differenzen

g) analog zu d) läßt sich zeigen, daß im konkreten Fall das ARIMA(2,1,1)-Modell für die originäre Kurszeitreihe mit seinen signifikant von Null verschiedenen Parametern äquivalent ist zu dem unter e) spezifizierten ARMA(1,1)-Modell für die ersten Differenzen

h) beide Modelle müssen als überspezifiziert angesehen werden, da sowohl der AR-Parameter der Ordnung p = 3 als auch der MA-Parameter der Ordnung q = 2 nicht signifikant von Null verschieden sind

i) Modellprognose und 95%-Konfidenzgrenzen via Speichern → Vorhersagen bis: 314 anfordern; Zeitvariable t via Transformieren → Berechnen mittels der Berechnungsvorschrift t = $casenum erweitern bzw. komplettieren

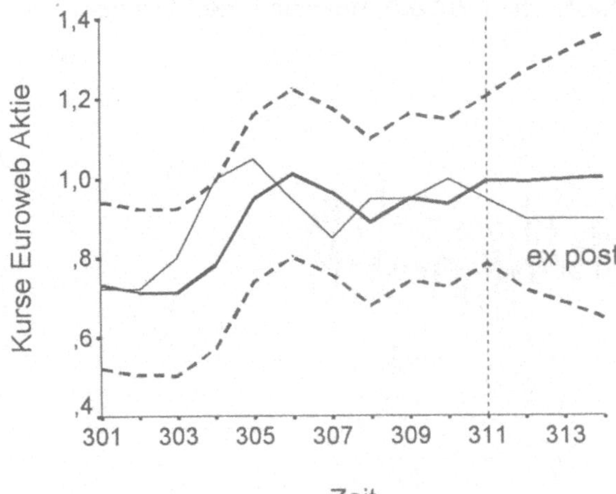

via Daten → Fälle auswählen → Falls Bedingung zutrifft und Auswahlbedingung t >= 300 Zeithorizont für Graphik festlegen; gewünschte Graphik des Prozeßverlaufs via Grafiken → Sequenz... erstellen und im Diagramm-Editor entsprechend bearbeiten; im gewünschten Diagramm symbolisieren die gestrichelten Linien die 95%-Konfidenzgrenzen, die dünne Linie den beobachteten stochastischen Prozeß und die dicke Linie die Modellschätzung bzw. –prognose; ex-post Prognosefehler: 0,102 Kurs-Punkte

## Lösung 7-13*

a) Chart für PORSCHE Aktie via Grafiken → Sequenz...

b) Aktienkursverlauf als integrierter stochastischer Prozeß
c) erste Differenzenfolge via Transformieren → Zeitreihen erstellen

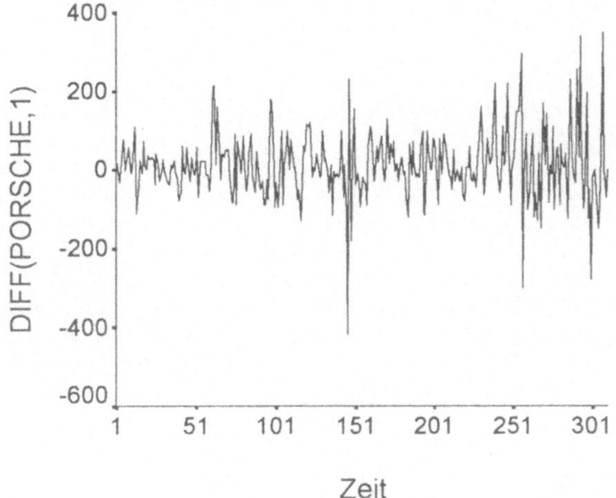

**d) Diagramme für Autokorrelationsfunktionen via Grafiken → Zeitreihen →
Autokorrelationen**

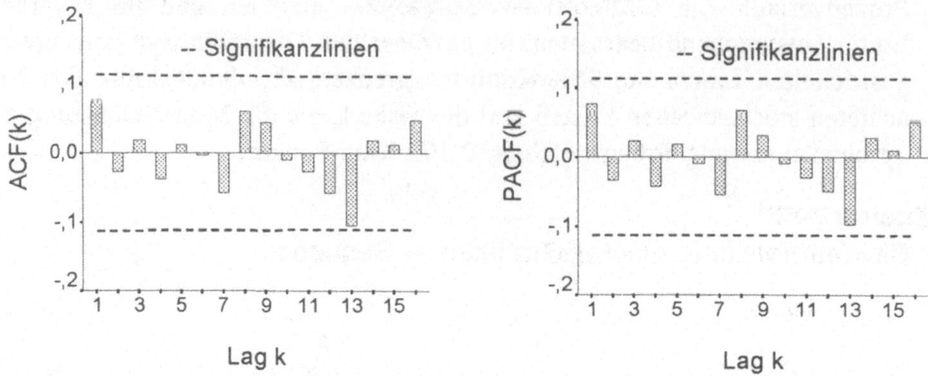


da in beiden Diagrammen kein Koeffizient die Signifikanzlinien überschreitet,
deutet man sowohl die AR- als auch die MA-Parameter als nicht signifikant
verschieden von Null bzw. als statistisch nicht wesentlich; demnach ist im Beobachtungszeitraum vom 1. April 1997 bis zum 30. Juni 1998 die erste Differenzenfolge des PORSCHE Aktienkurses bloßes weißes Rauschen und der originäre Kursverlauf der PORSCHE Aktie ein Random Walk mit Drift, der lediglich mittels eines ARIMA(0,1,1)-Modells beschrieben werden kann und offensichtlich für Prognosezwecke ungeeignet ist

# Anhang

## A  Symbolverzeichnis

| | |
|---|---|
| $A \cup B$ | Ereignis A vereinigt mit Ereignis B |
| $A \cap B$ | Ereignis A geschnitten mit Ereignis B |
| $\overline{A}$ | Komplementärereignis zu Ereignis A |
| CDF | Verteilungsfunktion |
| $D(X)$, $D^2(X)$ | Standardabweichung bzw. Varianz einer Zufallsvariablen X |
| df | Anzahl von Freiheitsgraden |
| $E(X)$ | Erwartungswert einer Zufallsvariablen X |
| $F_{p;df1;\,df2}$ | p-Quantil der F-Verteilung für $df_1$ und $df_2$ Freiheitsgrade |
| $H_0$ bzw. $H_1$ | Null- bzw. Alternativhypothese |
| IDF | Inverse Verteilungsfunktion |
| n | Anzahl von Merkmalsträgern bzw. Stichprobenumfang |
| $N(\mu;\sigma^2)$ | Normalverteilung mit den Parameter $\mu$ und $\sigma^2$ |
| $N(0;1)$ | Standardnormalverteilung |
| p | Stichprobenanteilswert bzw. Ordnung eines Quantils |
| $P(A)$ | Wahrscheinlichkeit des Eintretens eines Ereignisses A |
| $P(A \mid B)$ | bedingte Wahrscheinlichkeit für Ereignisse A und B |
| $R^2$ | Bestimmtheitsmaß |
| $r$, $r_{X,Y}$ | Maßkorrelationskoeffizient |
| $r_S$ | Rangkorrelationskoeffizient nach SPEARMAN |
| $r^*$ | partieller Korrelationskoeffizient |
| t | Zeitvariable bzw. Testvariablenwert einer Testvariablen T |
| $T_B$, $T_P$, $T_R$ | Beobachtungs-, Prognose- bzw. Relevanzzeitraum |
| $t_{p;\,df}$ | p-Quantil der t-Verteilung für df Freiheitsgrade |
| V | Kontingenzmaß nach CRAMER |
| $V(X)$ | Varianz einer Zufallsvariablen X |
| X | Merkmal bzw. Zufallsvariable (ZV) |
| $x_p$ | Quantil der Ordnung p eines Merkmals bzw. einer ZV X |
| $z_p$ | Quantil der Ordnung p der Standardnormalverteilung $N(0;1)$ |
| $\alpha$, $1-\alpha$ | Signifikanz- bzw. Konfidenzniveau |
| $\alpha^*$ | Empirisches Signifikanzniveau (siehe Anhang B) |
| $\mu$ | Erwartungswert einer Grundgesamtheit |
| $\pi$ | Anteil (in) einer Grundgesamtheit |
| $\sigma^2$, $\sigma$ | Varianz bzw. Standardabweichung einer Grundgesamtheit |
| $\Phi$ | Verteilungsfunktion einer $N(0;1)$-verteilten Zufallsvariablen |
| $\chi^2$ | PEARSON's Chi-Quadrat, Testvariablenwert |
| $\chi^2_{p;\,df}$ | p-Quantil der $\chi^2$-Verteilung für df Freiheitsgrade |

# B      Testentscheidungen unter SPSS

In SPSS werden sämtliche Testentscheidungen auf der Basis eines Vergleichs eines Signifikanzniveaus $\alpha$ mit einer Überschreitungswahrscheinlichkeit $\alpha^*$ herbeigeführt. Während das Signifikanzniveau $\alpha$ stets im Vorfeld eines Tests zu vereinbaren bzw. festzulegen ist, wird die Überschreitungswahrscheinlichkeit $\alpha^*$ unter Einbeziehung der jeweiligen Prüfverteilung aus dem konkreten Stichprobenbefund ermittelt. Eine Überschreitungswahrscheinlichkeit kann allgemein wie folgt charakterisiert werden:

> Ist T eine Testvariable und $t_n$ ein Testvariablenwert, der aufgrund einer Zufallsstichprobe vom Umfang n ermittelt wurde, dann heißt die Wahrscheinlichkeit dafür, daß unter einer Nullhypothese $H_0$ die Testvariable T Werte annimmt, die gleich oder kleiner bzw. gleich oder größer sind als der Testvariablenwert $t_n$, Überschreitungswahrscheinlichkeit $\alpha^*$.

**Anmerkungen zur Überschreitungswahrscheinlichkeit**
1. Synonyme: *empirisches Signifikanzniveau*, engl.: *p*(robability)-*value*, p-Wert, Signifikanz, *Alpha**, $\alpha^*$
2. Gleichwohl der Begriff Überschreitungswahrscheinlichkeit semantisch nicht zutreffend erscheint, wenn eine Testvariable T Werte annimmt, die gleich oder kleiner sind als ein Testvariablenwert $t_n$, also streng genommen eine *Unterschreitungswahrscheinlichkeit* angegeben wird, kann der Begriff der Überschreitungswahrscheinlichkeit im weitesten Sinn als zutreffend angesehen werden, zumal formal jede Unterschreitung letztlich auch als eine Form der Überschreitung eines als Schwelle gesetzten Wertes interpretiert werden kann.

Unabhängig davon, welchen Test man in SPSS praktiziert, es gelten stets die folgenden Testentscheidungen:

> Ist die Überschreitungswahrscheinlichkeit $\alpha^*$ kleiner oder gleich dem vorgegebenen Signifikanzniveau $\alpha$, dann wird die Nullhypothese $H_0$ verworfen. Ansonsten wird die Nullhypothese $H_0$ beibehalten.

**Anmerkungen zur den Testentscheidungen**
1. Im Fall, daß $\alpha^* \leq \alpha$ gilt, sagt man auch: *Das Testergebnis ist statistisch signifikant* (zum Signifikanzniveau $\alpha$). Gilt $\alpha^* > \alpha$ dann sagt man: *Das Testergebnis ist statistisch nicht signifikant* (zum Signifikanzniveau $\alpha$).
2. Aus der Anmerkung 1 wird deutlich, daß man mit Hilfe eines statistischen Tests lediglich erkennen kann, ob ein Ergebnis im statistischen Sinne bedeutungsvoll ist. Statistische Signifikanz ist nicht ohne weiteres gleichzusetzen damit, daß ein Ergebnis auch unter sachlogischen Gesichtspunkten bedeutend ist.

## C    Daten, Skalen und logische Operatoren

Für eine exakte Datenanalyse ist die Festlegung bzw. die Berücksichtigung der für die zu analysierenden Daten verwendeten Skala von substantieller Bedeutung.

Ausprägungen eines statistischen Erhebungsmerkmals, die für eine computergestützte Analyse unter SPSS formalisiert werden, heißen *Daten*. Die für einen Merkmalsträger aufbereiteten Daten bilden einen *Datensatz*. Eine Menge gleichartiger und unter SPSS erfaßter Datensätze bilden eine *SPSS-Datendatei*.

Eine *Skala*, für die in SPSS der Begriff *Meßniveau* synonym verwendet wird, ist eine Art Meßlatte für die Ausprägungen von statistischen Erhebungsmerkmalen. Die in der angewandten Statistik verwendeten Skalen und Merkmalsklassifikationen sind in der folgenden Tabelle zusammengefaßt. Die in der Rubrik Operationen aufgeführten Symbole kennzeichnen die für die jeweilige Skala zulässigen Vergleichs- und Rechenoperationen.

| Skala | | | | | |
|---|---|---|---|---|---|
| Typ | Kategorial- | | Kardinal- | | |
| Name | Nominal- | Ordinal- | Intervall- | Verhältnis- | Absolut- |
| Operation | $=\ \neq$ | $=\ \neq\ >\ <$ | $=\ \neq\ >\ <\ +\ -$ | $=\ \neq\ >\ <\ +\ -\ \cdot\ /$ | |
| Beispiel | Geschlecht | Prädikat | Temperatur | Umsatz | Anzahl |
| Merkmal | | | | | |
| Art | qualitativ | | quantitativ | | |
| Skalierung | nominal | ordinal | kardinal, metrisch | | |
| Ausprägung | Kategorie | | Wert | | |
| | Begriff | Intensität | stetig | quasi-stetig | diskret |
| Beispiel | männlich | sehr gut | 20,2°C | 1,2 Mio. DM | 20 Stück |

Für das Formulieren von Auswahlbedingungen unter SPSS erweisen sich die in der folgenden Tabelle zusammengefaßten logischen Operatoren als sehr nützlich.

| Logische Operationen | | |
|---|---|---|
| Symbol | Semantik | |
| | numerische Variable | Stringvariable |
| < | kleiner als | niedrigerwertig als |
| > | größer als | höherwertig als |
| < = | kleiner oder gleich | niedrigerwertig oder identisch |
| > = | größer oder gleich | höherwertig oder identisch |
| = | gleich | identisch |
| ~ = | nicht gleich | nicht identisch |
| & | sowohl als auch | sowohl als auch |
| \| | entweder oder (oder beide) | entweder oder (oder beide) |
| ~ | nicht | nicht |